本项目获得国家自然科学基金项目《令人敬畏：伦理型领导的行为特征及其对员工工作结果的多路径影响研究》（72162009）资助

中国企业家的伦理精神：

理论与实践

李建玲◎著

The Ethical Spirit of Chinese Entrepreneurs:

Theory and Practice

中国财经出版传媒集团

经济科学出版社
Economic Science Press

·北京·

图书在版编目（CIP）数据

中国企业家的伦理精神 ：理论与实践 / 李建玲著 . 北京 ：经济科学出版社，2024. 12. -- ISBN 978 -7 -5218 -6574 -5

Ⅰ. F279. 23

中国国家版本馆 CIP 数据核字第 20242EE546 号

责任编辑：冯　蓉
责任校对：孙　晨
责任印制：范　艳

中国企业家的伦理精神：理论与实践
李建玲　著
经济科学出版社出版、发行　新华书店经销
社址：北京市海淀区阜成路甲 28 号　邮编：100142
总编部电话：010 -88191217　发行部电话：010 -88191522
网址：www. esp. com. cn
电子邮箱：esp@ esp. com. cn
天猫网店：经济科学出版社旗舰店
网址：http：//jjkxcbs. tmall. com
北京季蜂印刷有限公司印装
710 ×1000　16 开　17. 75 印张　247000 字
2024 年 12 月第 1 版　2024 年 12 月第 1 次印刷
ISBN 978 -7 -5218 -6574 -5　定价：88. 00 元
（图书出现印装问题，本社负责调换。电话：010 -88191545）

PREFACE 前言

改革开放40多年，中国经济社会发展实现跨越式腾飞，催生了一批批敢于尝试、大胆创新、推动变革、追求效率的创业者、企业家群体。他们抛开传统道德对利益追求的含情脉脉和精神桎梏，开始高举“市场经济”的大旗，完成了社会财富的快速创造和积累。目前仅中国民营企业对国家财政收入的贡献率就超50%，企业发展活力成为我国经济韧性的重要保障。然而，市场经济的功利性和资本的逐利性容易诱使人们淡漠精神价值，若没有相应的道德规范和制度监管，市场经济意识则会毫无节制地扩大到非市场经济活动领域（如政治、文化、教育等），侵害公众利益和社会福祉。

近年来个别企业或行业出现罔顾公众利益、破坏生态环境、行贿腐败、不正当竞争等问题，正是向我们敲响警钟，提醒我们要时刻警惕市场经济意识的泛化。2023年7月由国家卫健委会同九部门启动的医药反腐行动就是一个例证。此轮医药反腐风暴从医疗系统延伸至医药企业，据中新健康不完全统计，自2023年下半年开始已有30余位药企高管被查。当然，这并非中国企业家精神的集体写照，我们看到越来越多的企业及其掌舵者开始扛起“社会责任”的大旗，履行社会责任成为他们必要的战略选择。

当代中国正处于大变革、大发展、大提升的历史关键期，构成了整个社会的全面大转型，这是当前中国企业家所面临的特殊境遇。在过去百余年间，主宰中国数千年的传统伦理格局被打破，改革开放促生了经济转型带动的社会转型，伦理道德体系围绕经济要素而构建，旗帜鲜明地肯定个人价值、经济利益，一种被极大简化的功利主义道德观在社会蔓延。新时代新征程，我们发现以经济理性为基础的伦理道德体系滋生出一系列问题，亟须构建一种适应中国历史发展潮流，融合传统与现代、中国特色与全球价值观，具有现实性和前瞻性的伦理秩序和道德价值观。如今在商业领域，经济考量不再是最重要的，效率优先不再是第一位的，“平等”“公平”“尊严”“正义”“合作”成为新时代的呼吁。这是摆在中国企业家面前的时代问题。

变革正在发生！中国伦理秩序的建立必须回到中国现实，企业家伦理精神的寻根与重构也必须回到中国商业实践，这是撰写本书的初衷，笔者尝试从理论和实践两个角度对中国企业家伦理精神进行理论扫描和深刻描述。笔者认为，中国企业家伦理精神的构建，不仅需要从历史优秀伦理资源中吸取具有普遍意义的价值理念，保证其现实性和可操作性；还要充分考虑后现代社会的特征，确保伦理体系与社会发展、时代要求相适应，使之具有前瞻性和指导意义。本书分为两个篇章：理论篇和实践篇。理论篇包括第一至第五章，涉及中国企业家伦理精神的概念内涵、缘起发展、理论重构和实现路径等方面内容；实践篇包括第六至第十章，涉及中国企业家伦理精神量表开发、制度化组织化过程及其对员工合作行为、组织社会行为的影响机制探讨。

本书撰写过程中，参考采用了清华经管学院中国工商管理案例中心的部分案例，在此表示衷心的感谢和支持。

必须指出的是，囿于笔者有限的学术水平和实践经验，本书虽进行了认真构思和实践论证，但仍存在瑕疵和疏漏，书中观点仅做参考，笔者诚恳地希望广大读者批评指正。

李建玲

2024年9月

CONTENTS 目录

理 论 篇

实　践　篇

理论篇

第一章

企业家伦理缘何重要?

“我凭什么能拥有这么多的财富，而这些财富对于我的人生又意味着什么。一个人带着财富死去，是可耻的。”

——安德鲁·卡内基（1889）

企业在当今世界扮演的角色越发重要，即使是素来有“重义轻利”传统观念的中国也无法否认这一事实。2018 年，时任中国人民银行行长易纲在《关于改善小微企业金融服务的几个视角》的演讲报告中指出，中国小微企业最终产品和服务价值占 GDP 的比例约 60%。可以窥见，我国 114 万亿 GDP 的体量里，中国企业贡献巨大①！那么，企业存在的意义就是创造经济价值吗？这无疑是许多商人和管理学者的圭臬。1976 年诺贝尔经济学奖获得者米尔顿·弗里德曼认为，企业存在的最高理由就是股东利益最大化。在许多人看来，在商业情境中讨论伦理似乎是“不务正业”的行为。

但我们必须看到这一现实，近年来企业面临伦理情境所做出的决策直接关乎企业生存与发展。有些企业因商业道德丑闻而一落千丈，如三鹿奶粉的三聚氰胺事件；而有些企业则因社会责任担当而美名远

---

① 2022 年 1 月 17 日，国家统计局发布数据，初步核算，2021 年中国国内生产总值 1 143 670 亿元，按不变价计算，比上年增长 8.1%，两年平均增长 5.1%。

播，如新东方转型困难时期仍坚持公益捐赠。这意味着，“在商言商”不再是企业发展的唯一准则，当今社会期待企业履行更多的社会责任。越是知名的企业，越是如此。相应地，企业家因为掌握着重要资源且经济实力雄厚，整个社会对他们的个人道德提出了更高要求。一旦他们带领的企业出现有违社会伦理道德的行为或实践，更容易引起公愤，这是社会普遍存在的一种心理。如此一来，商业情境中企业家要不要讲求伦理道德不再是“可有可无”，而是企业稳健发展的“必然选择”。

在更为系统地解释企业家伦理的价值和意义之前，我们首先要厘清道德和伦理的有关讨论。

第一节　道德、伦理与企业家伦理

长期以来，学者们普遍将“道德”（morality）与“伦理”（ethics）互相替用，并未对两者做认真区分，这很大程度上阻碍了对核心构念的科学解读，由其所衍生的相关概念也就更难以言明。因此，只有从学理层面将伦理和道德的内涵特点梳理清晰，才能进一步探讨企业家伦理的真实状况和固有特点。

一、道德与伦理

从词源学角度考查，“伦理”和“道德”两个词是有区别的。古希腊用 ethos 一词表达“符合人伦关系的习俗”之意，随着部落联盟发展到城邦形态后，产生了符合城邦人伦的学问，即伦理学。另外，希腊文用 arete 一词表示“善”“好”之意，认为“人”“物”应该尽其本性，发挥最好的功能，对人而言，就是“有品有德”。随后，西塞罗采用拉丁文 mores 代替 arete 一词，表达“德行伦理”“道德规范”。可见，“伦理”和“道德”的概念内涵具有本质差别，将两词混用有违学术严谨，不利于伦理一词内涵及外延的界定（朱贻庭，2018）。

（一）伦理及其本质

西方伦理思想史上最早对“伦理”和“道德”做出区别的典型代表是黑格尔。他在《法哲学原理》指出，“道德本身是没有现实性的，须以伦理的东西为其承担者和基础”（黑格尔，1982），这样道德才具有现实性。在他看来，道德是主观精神层面的内心自由意志，需要在客观伦理关系中才能成为现实。黑格尔将伦理视为“实体”，表现为“家庭”“市民社会”和“国家”三种形态，体现了人与人之间的关系和秩序，而道德则是这些伦理实体对个体的规范和要求，“在伦理共同体中，一个人有什么样的义务，应该做什么，才能成为有德之人，这是很明确的：他只需根据所处环境要求的、规定的方式做事就行了”（黑格尔，1982）。黑格尔的伦理道德论传递了一个非常重要的思想：伦理是现实世界和特定秩序，道德是主观精神体现，伦理秩序决定了道德内容，而非道德精神决定伦理秩序（高兆明，2014）。值得指出的是，虽然黑格尔等西方哲学家明确指出伦理与道德的本质差异，但西方应用型学者（如管理学家）仍倾向于从个体道德角度来解读伦理系统，属于“个人本位”的伦理，即个人自由意志的“道德反思精神”（朱贻庭，2018）。这与西方个人主义文化不无关系，西方主流文化所理解的个体是异于“他者”的存在，与他人、社会、自然等外在事物相互独立。这一视角解读下的伦理内涵就如同黑格尔所说“原子式地进行探讨，即以单个的人为基础而逐渐提高”（黑格尔，1982），属于市民社会伦理和契约道德。

在中国，伦理是建立在以宗法等级制为核心的人际关系及其秩序上的，规定了人与人之间的上下、亲疏、远近的人伦关系，规定了人伦关系的行为规范，从而形成了伦理秩序，即“五伦十义”（父慈子孝、兄良弟悌、夫义妇听、长惠幼顺和君仁臣忠），所有人际关系均是以上关系的延伸与发展。从形式上看，中国伦理与黑格尔对伦理一词的界定是相吻合的，是人与人之间的关系及其秩序，而道德是在伦理关系中的个人品格呈现。但就本质来看，中国伦理属于“关系本位”的伦理，这里的个体不是原子式的、独立的道德个人，而是嵌入于一定的人伦关系中，是相互间的一种义务关系（朱贻庭，2018；梁漱溟，2005）。人们是在这一人伦关系中，确立各自的道德义务，进而稳固既定的社会结构和秩序，如君仁臣忠、父慈子孝。因此，不同于西方伦理由外至内发展的个体内化过程，中国伦理道德水平的发展表现为个体由内向外扩展的影响过程，试图与人伦关系中的其他节点发生联系，实现伦理感化或传递，建立起稳固的、相互的义务关系。正如韩（Hang，2012）指出，中国伦理文化强调个体在人际交往和社会互动中遵循约定俗成的秩序和规范，而西方伦理文化则强调个人对自由意志的追求。

中西方关于伦理本质的认识并无二致。与道德相比，伦理显然偏重强调秩序规范，是人际交往所必须遵从的基本原则（如正直、公平、忠诚等）。基于这些原则，人类建立了一系列的权利、义务和责任观，进而规定了社会关系的结构框架，社会发展和文明进步所需要的稳定与秩序由此而来。

（二）道德及其标准

如果说伦理是关于人与人之间的结构、秩序，那么道德则是这个结构中对人的具体要求与规范。个体道德标准总是受制于所在群体和社会，何为道德？何为不道德？往往与其所在家庭、群体、社会的习俗和信仰分不开，即道德是嵌入特定伦理实体的。亚当·斯密在《道德情操论》中将同情、正义、仁慈、克己视为当然的道德标准，这与当时社会推崇极端利己主义的时代背景是分不开的。中国古代社会强调道德的自我反省与养成，儒家学说将“道德”提升至很高的地位，成为个人品性的衡量标准，“士”成为古代中国人的精神追求。同样，这与当时封建集权下超稳固的社会结构是密不可分的。

作为一种价值判断，道德标准除了是对当时社会伦理秩序的反映，还具有以下特征（Pratley，2002；Velazquez，2005）：

（1）道德标准与人类自身重大利益密切相关。道德与所在社区、群体和社会存在紧密关联，但这并不影响人类社会存在一些普适性的道德标准，如倡导诚实、公正、善良，反对欺骗、腐败、恶行等。无论政治体系、意识形态如何相异，这些标准放在任何一个国度或民族均是受用的。也正是这些共同准则对人类行为进行了约束，人类社会才会区别于丛林世界。

（2）道德标准的成立与否取决于其适当性。道德标准的成立取决于社会群体的共同选择，而不是以权威为基础的帝王命令或法律威严。例如，中国人认为人与人之间的交往算得太清楚了就是“见外”；而在西方社会，中国人的交往标准则不具备适当性，他们之间的交往算得越清楚越好。

（3）道德标准优先于其他标准。道德源自人类内心对责任的认同，而非利益博弈的结果。因此，当道德标准与个人或组织利益产生分歧时，道德标准具有天然的优先顺位。如果允许将道德标准置于其他标准下，那么一定会产生更为严重的问题。

（4）道德标准建立在公正思考之上。无论社会形态如何各异，我们总是能在差异中找到一些共同之处。共同价值观的存在，使不同社会以及不同社会成员之间能够和谐生存，甚至是通力合作。

（5）道德标准往往与情感密切相连。因为道德源于内心，根植于人类内在价值，因而对于违反道德标准的行为，人们会自然而然产生厌恶之情。即使是炙手可热、深受观众喜爱的明星人物，如果做出与社会伦理相违背的行为，也很难再得到观众的认可。

可以说，今天出现的道德滑坡现象根源上是伦理实体（当下的社会结构）的失序和混乱所致。老人倒地，扶还是不扶？这本不该成为争议的话题却在当今社会引起了强烈讨论。在“老吾老以及人之老”的大同社会，悲悯众人是中国传统社会维系人际关系的重要法则。老人倒地，肯定扶！那些不扶之人必将遭到严厉谴责。而如今这一现象成为争议事件的背后，一个逻辑在若隐若现——“既明且哲，以保其身”。明智的人不参与可能给自己带来危险的事，万一被人讹了，岂不是吃力不讨好？所以，当今社会背景下，老人倒地扶不扶？答案成了“不扶”。那些不扶之人甚至会得到人们的同情与理解。毋庸赘述，这种逻辑所彰显的道德水准与社会普遍盛行的功利主义不无关系。

以上对伦理与道德的区别和联系进行了较为充分的阐释，将“伦理”和“道德”二词混用有违社会规范和学术严谨。霍斯特·辛德曼将“伦理”和“道德”之间的关系总结为“理性规范”和“实际规范”之间的相互作用：道德在超验的基础上形成了伦理，伦理则进一步验证了道德的合法性（Steinmann & Lohr，2001）。这样看来，个人道德水平的提升，关键还在于整个社会伦理结构的调整与优化。换句话说，社会主流价值导向在很大程度上影响了大多数个体的道德水平。

因此，我们不得不思考：商业情境中应该建立什么样的伦理范式，企业家又应该奉行什么样的道德标准？

二、商业与企业家伦理

伦理道德具有深刻的社会性，与时下的社会情境、群体习俗分不开。我们要讨论企业家伦理，必须用动态的眼光去洞察和剖析商业情境的变化，在具体情境中讨论企业家伦理才具有现实性和启发性。

（一）商业情境中的伦理

在与各领域人士打交道时，笔者特别喜欢问一个问题：你如何看待当今的企业和企业家？这是一个非常开放的问题，得到的回答也很宽泛，但答案都有一个共同点，认为企业及企业家对于促进社会进步和经济发展发挥着非常重要的作用。然而查看历史资料，中外无不充斥着对商业及其从业者的偏见。莎士比亚眼中的“威尼斯商人”是冷酷无情的，中国民间也盛行“无商不奸”之说。在中国传统“士农工商”等级说的支配下，人们普遍轻商、贱商，商贾的位置都排在士、农之后，不过比乞丐、盗窃略高一二。陆游的家训《绪训》曾这样描述：

子孙才分有限，无如之何，然不可不使读书。贫则教训童稚以给衣食，但书种不绝足矣……仕宦不可常，不仕则农，无可憾也。但切不可迫于衣食，为市井小人之事耳，戒之戒之。

西方著名学者坎贝尔（Campbell，2005）也有一段相似的言论描述了人们对商界的认知：

我们所生活的世界可以分为两个部分：一个是商业的世界，这是一个现实而冷酷的世界——在这个世界里，人们获得高额的回报，但是需要付出艰苦的工作，充满了不安全感；而另一个世界是非商业的世界，包括学校、医院、我们的家庭和朋友等，这是一个温暖、舒缓的世界，为我们逃离现实的商业竞争提供了避风港。

可见，古今中外，商业在很长一段时间受到排挤、漠视甚至是打压。这里暂且不论这一现象产生背后的政治体制、阶级划分等深层次因素。我们欣喜地看到，随着商品经济的发展和社会进步，中外统治者均看到了商业的重要性和对国家财政收入的巨大作用，商业由此得到空前重视。西方经历文艺复兴后，经济理性代替宗教信仰在整个社会占据上风，商业获得长足发展。而在中国，宋明时期中国传统“四民观”发生松动，士、农、工、商的传统秩序逐渐转变为士、商、农、工，商人在中国的社会价值系统中地位上升（余英时，2004）。

无论是中国还是西方，整个社会对商业的价值观念基本上经历了“排斥→提防→接纳→倡导”的发展过程。商人（企业家）在这一历程中所感受到的身份认同是完全不同的，这直接影响到他们的责任感和义务感。在美国，商业价值与其他国家相比可能更为强大，但是经济伦理并没有完全主宰美国商业情境。在《伦理与卓越——商业中的合作与诚信》一书中，罗伯特·C. 所罗门（Robert C. Solomon）如是阐述：

我们的社会价值从本质上说就是商业价值，就是“自由企业”的价值，也是需要、创新、改革和个人首创精神的价值。但是这样的价值并不意味着“每一个人都为自身牟利”，是一个“人吃人的社会”，也不意味着是一个“为所欲为”的世界。相反地，它是一个被人们心照不宣的理解和隐含的规则所定义的世界，也是一种被相互的理解和信任所定义的惯例，就像其他所有的惯例一样，并且不是由其经济利益而是由其所带来的普遍繁荣所证明（Solomon，2006）。

不同于之前冷酷无情的商业情景，这个描述向我们呈现了一个温馨和谐、造福人类的商业图景。举这些例证，并无意说古时候就没有为社会作出贡献的商业因素，也无意断定现如今的企业都是良心做事，所有的必然中都会发生一些偶然。这些例子不过向我们传达了商业情境变迁的一种趋势。毋庸置疑，现在人们对商业世界更加宽容和尊重，我们听到和感受到越来越多对商业世界的褒奖，他们是推动社会进步的重要动力。就中国而言，当前商业发展环境空前开放与明朗，党的十八届三中全会关于“使市场在资源配置中起决定性作用”的论断一锤定音，商业在进一步解放和发展生产力、进一步激发和增强社会活力方面必定大有可为。在这一变迁过程中，商人（企业家）的主体意识更加觉醒，也更加拥有话语权，承担的责任也会更加重大和广泛。

（二）企业家的道德

放在古代轻商、贱商的商业情境，商业行为不会面临来自社会过高的伦理期待，商人们也不用背负太多道德负担。即使是这样，古代社会也有不乏数量的商人表现出较高的道德水平。春秋时期郑国商人弦高，经常来往于各国之间做生意，在国家危难之时，他临危不惧，机智用计骗秦军退兵。16 世纪，徽州汪凤龄出身于兼为士商的家族，他教育后来成为商人的 8 个儿子做事“不愧于儒术”，诸如此类，不胜枚举……商人也能超越社会伦理期待，成为道德典范。可见，个体完全可以冲破社会结构和伦理实体的束缚，充分发挥个人的主体性和能动性，引领社会道德风尚。

在现代商业语境中，遵从社会伦理规范更是商人（企业家）不容推卸的责任，他们在追求商业利益的同时，不得不基于一种普遍的道德标准来寻求自己商业版图的可持续发展。大体看来，企业家伦理先后经历了经济伦理、法律伦理、利益相关者伦理和公民伦理四个发展阶段，分别是：（1）经济层面是基本面，企业家的责任是盈利，在可以接受的水平满足股东的目标并创造价值；（2）法律层面是强制性的，企业家需要遵守相关法律法规，不能违规办企；（3）企业家做决策必须考虑利益相关者尤其是关键相关者，有时候弱关联相关者也会引发“蝴蝶效应”，给企业发展带来重要影响；（4）公民伦理是企业家超出法律要求的责任，出于情感和愿望而作出更多无偿贡献，履行利益相关者所期望的社会责任。其中，慈善行为是最高衡量标准。慈善责任对于企业家来说属于“自由裁量权”，非必须但可促进人类福祉。

以上是西方学者的观点，中国企业家伦理经历了“义利离”到“义利合”的变化，同西方学者所提出的经济伦理到公民伦理的转变不谋而合。从孔子到王阳明，儒家认为义与利基本上是互不相容的，人选择了“利”，就不能做到“义”，这也是中国长期实行“重农抑商”政策的社会心理和文化根源。17 世纪初，新义利观出现，商人家庭中成长起来的“儒士”顾宪成的观点最具代表性——“以义主利，以利佐义，合而相成，通为一脉”。至今，儒商都是中国企业家追求的精神境界，他们不仅追求个人的成功与荣光，也希望自己的商业活动能带来社会繁荣与人类进步，正所谓“以天下为己任”。

第二节　企业家伦理的价值与意义

在讨论企业家伦理重要性时，以下问题是无法回避的：当代商业情境中，企业家伦理真的重要吗？商业根植于理性，伦理道德源于内心的情感，二者能否统一？企业家会不会背负沉重的道德包袱而裹足不前？

这些问题不明确，企业家伦理精神的建构就是一个伪命题。笔者将从以下五个方面论证企业家伦理的合理性，明确回答了商业与伦理是相互交融的，二者实现平衡则共赢，二者失衡则俱损。

一、伦理情境是企业家不可回避的

从表面上看，商业和伦理相去甚远，似乎不存在内在联系。然而，企业家在创办和经营一家公司的时候，必然会面临一系列的伦理问题，需要做出一系列的伦理决策。企业家的管理活动涉及人、财、物等方方面面，绕不开伦理。在员工关系上，企业家将员工视为“人”还是“物”，直接决定了企业的组织架构、工作设计、薪酬结构、培训体系和绩效考核等方面。在财务管理上，合理避税与违规避税之间的尺度怎么把握？稍微不慎，将面临法律严惩和声誉滑坡。在工厂选址上，虽能促进当地就业但存在环境污染隐患，又做何选择？这些涉及的伦理问题都非常复杂和深刻，也是企业家不可回避的现实问题。

二、伦理规范为企业家决策提供路径

如上所说，面临这些伦理情境，企业家如何决策？在论及伦理与道德之间的关系时已经指出，社会伦理为个人道德提供方向指引和行为准则。同样，商业伦理设定的规范和要求也为企业家决策提供了行动遵循。在商业情境中，有些伦理规范具有其普适性，比如诚实、公正、守信等，世界各国企业家都应该遵守；而有些伦理规范则存在较大的文化差异，不同社会的人有着不同认知。具有特定情境的商业伦理规范对企业家决策具有重要参考，特别是对跨国公司，若企业家不遵循当地伦理规范，则有可能遭到社会谴责，甚至是面临法律制裁。

三、企业家伦理是市场经济的内在要求

发展市场经济已不再是判定姓“资”姓“社”的根本性问题，中国正大踏步发展社会主义市场经济，允许市场发挥资源配置的决定性作用。但是，如果将市场经济理解为“完全自由”则是另一种极端。市场经济的有效运作离不开以下关键因素：对财产所有权的保护、产品与服务的公平和自由交易、准确透明的信息等（Fritzsche，1999）。在实际运作中，这几个关键因素是依托契约的订立来实现的，然而契约是有限理性的，这为市场经济的野蛮生长留下了空间。只要契约没有相关规定，市场经济就可以依照其逐利逻辑“肆意妄为”。正如以下故事呈现的情景：

相传有个小村庄，村民们约定每人都要从自己家里带一杯酒倒入酒缸，大家相聚饮酒。一个村民心想，那么多酒，我掺点水没有关系，他就把一杯水倒入了酒缸中。当所有人聚在一起的时候，都满怀期待从酒缸中舀一杯美酒。故事的结局是：每个人喝到的都是一杯水。

每个村民都期望他人是诚实可靠的，每个人都只带了水而不是酒，结果大家喝到的都是水。这让我们想起“囚徒困境”的博弈论，其核心思想是：一个选手采纳的策略必须是根据其他选手所采取的策略而做出的最佳选择。这一过程涉及对他人行为策略的准确评估，评估容易，但要做到准确却很难。上面的这个例子就说明了，基于理性的自利行为可能导致集体非理性结果。所以，市场经济不能完全基于理性规则来自行运作。

解决“小村庄品酒会”困境的关键在于社会伦理规则的建立和遵守，否则当欲望占据了主导地位，往往会使行为偏离规则既定的航线。因此，当企业A决定进入市场与其他企业同场竞技时，他们要遵守普遍性的商业伦理规范，如诚实、公正、可靠，大家才能实现共赢。否则，要么终将因为失信被市场淘汰（被其他人发现不再与之合作），要

么整个行业坍塌式垮掉（这个行业大家都不提供优质服务或产品，最终失去价值被抛弃）。所以说，市场经济绝不是说市场是万能的，更不是认为社会或政府对市场可以撒手不管。我国的市场化改革是坚持中国特色社会主义方向的经济市场化，市场在资源配置中起决定性作用，并不是起全部作用。市场经济是法治经济，也是讲道德、讲诚信的经济。

企业出现的伦理违规事件基本上是企业伦理文化和氛围的问题，而企业家决定着组织伦理制度的制定和伦理文化的营造。所以，企业家讲不讲求伦理道德，决定了这家公司的伦理基调和水准。对于市场经济体制存在的固有缺陷（无限逐利性），除了期待政府发挥“有形之手”的调节作用，企业家伦理至关重要。

四、企业家伦理是企业竞争力的重要来源

企业家伦理不仅是市场经济的保障，对于企业组织而言，也是十分必要的。20 世纪 90 年代开始，越来越多的企业尤其是领先企业不断投入更多资源用于企业伦理建设。全球最佳企业伦理指数也表明，合乎伦理的企业其财务表现更佳，获得更高回报。有学者对企业家伦理如何提高企业竞争力进行了归纳（Ferrel，2008）：（1）有助于员工忠诚。有伦理的企业家尊重员工，员工越忠诚，其奉献精神和工作积极性也越高，进一步促进企业业绩。（2）有助于投资者的忠诚。企业家合乎伦理的行为会提升股东的忠诚度。虽然投资者坚持利润底线或股票价格的潜在增长，但他们深知，负面新闻、诉讼或罚款会拉低股价，威胁企业的长期生存。因此，企业家伦理有助于稳定投资者信心，维持企业的财务稳定。（3）有助于提升客户满意度。2022 年 12 月尼尔森 IQ① 发布的《不断变化的可持续发展环境》报告显示，55% 的全球消费者非常关注

① 尼尔森 IQ 是一家监测和数据分析公司，提供全面、公正的消费者行为洞察，在开拓性消费者数据平台的支持以及分析功能的助推下，为消费品公司及零售商提供决策。

可持续性，69%认为可持续性相比两年前更为重要。在中国，84%的消费者认为可持续性在他们的日常生活占有重要影响，是选择品牌时的首要考虑因素。客户满意度高的企业，能够不断增强客户对公司的依赖，进而保持甚至是提升市场占有率。

五、企业家伦理是个人身心健康的重要保证

学者布雷特·布利茨（Brett Blitz）对越南战争和阿富汗战争退役军人进行研究，发现军人在战争中会面临道德和伦理上的挑战，比如自身的作为（或不作为）违背了道德准则，会感到良心上的不安，因此陷入持久的内疚、羞愧、愤怒或焦虑的情绪当中，产生类似创伤后应激障碍甚至出现物质滥用、自我伤害或社会退缩等行为，这种现象叫作道德损伤（Blitz，2009）。后续一系列研究揭示了每个人都可能面临来自道德层面的伤害。正如前面所说，企业家无时无处不面临着充满挑战的伦理困境，他们所做出的抉择事关员工、顾客、股东等相关者的切身利益，损害任何一方都有可能引起他们源自内心的道德谴责和愧疚。试想，如果负有重大责任的企业家在商业活动中经常从事不道德的决策和行为，他极大可能长期处于焦虑、歉疚的情绪中而身心俱疲。所以，遵从社会普遍追求的伦理规范，是企业家保持健康心理状态的最佳选择。

第三节　企业家面临的伦理情境与思考

企业经营管理过程中，企业家及高管所作出的决策将影响企业的生存壮大和发展走向。从战略定位、业务选择，到企业文化、人才培养等企业经营管理的方方面面，企业家彰显着强大的影响力和决定权，也面临着许多需要进行伦理抉择的时刻。本节回到真实的商业情境中，梳理当前企业家可能面临的主要伦理情境和具体问题。

一、企业经营中的伦理

在市场经济条件下，对于一个企业来说，经营和管理缺一不可，但两者存在着重要区别。管理所要解决的是合理组织企业内部各方活动，建立健全各种规章制度，事关企业能不能活好；经营所要解决的是正确确定企业发展方向、确定企业同整个社会经济活动的关系的问题，事关企业能不能生存。简而言之，经营涉及目标方向的确定，追求如何取得更好效果；管理涉及统筹执行层面，追求如何取得更高效率。管理不善，会给经营目标和效果的实现带来困难；经营不善，即使管理再好，也不能取得良好的经济效果。方向目标错了，效率越高，效果反而越糟。故相较而言，在企业发展中，经营处于更高层次。企业经营主要包括战略制定和业务选择两个方面。这里我们讲讲企业经营中企业家常见的伦理问题。

战略制定和业务选择是做企业的头等大事，其核心是做什么和不做什么。中国上市公司协会会长、中国企业改革与发展研究会会长宋志平先生为《铁马秋风集：企业如何向军队学打胜仗》作序时表示：战是占领，略是放弃。但人性存有贪欲，往往放弃很难。很多轰然倒下的企业，概因于此。国家改革开放 40 多年，经济发展快，城镇化和乡村振兴激发了巨大的商品房需求，致使国内房地产发展进入快车道，大大小小的房企都赚得盆满钵满。这本是政策红利，但有些企业家开始“膨胀”，不断涉足不熟悉的业务领域，造成尾大难掉、资金周转困难，最终泡沫破灭、事业倾覆。

即使是专业化企业，在其发展过程中也要持续关注消费者体验。还记得胶卷时代的霸主柯达公司吗？发明世界第一台数码相机的伊士曼柯达公司，直到 2003 年才宣布全面进军数码产业，并于其后陆续出售医疗影像业务以及相关专利权。但是，当时佳能、富士等日本品牌已占据“数码影像”的龙头地位，就连韩国三星，甚至中国华旗等企业亦已初具规模。此时，庞然大物的柯达已经丧失占领“数码影像”的先机。任何故步自封不思创新均难以赢得未来，而傲慢和忽视消费体验更将令其难以持久。

可见，战略和业务选择是非常考验人性和智慧的，企业家完全可能会因为贪婪、懒惰、骄傲、自满等因素作出错误决定，致使企业陷入万劫境地。所以，企业经营中的伦理决策非常值得研究和探讨。

二、员工关系中的伦理

知识经济的到来把人才推到了重要位置，不乏知名学者和企业家将企业之间的竞争等同于人才的竞争。在这种大的人才观的影响下，员工与企业的关系必然从冲突与对立走向和谐与合作，从单赢走向多赢，雇佣关系逐渐演变为共生关系。员工关系中的伦理要素更易引起关注。所以，员工关系管理不是只根据国家法律法规和行业协会规定被动处理员工与企业之间的劳动关系，而是从更积极的角度来看待员工关系，以更积极的方式处理员工关系，引导、构建和谐的劳动环境。越来越多的企业尝试建立积极正向的员工关系，以期吸引留住员工、提高员工生产力、增加员工忠诚度……事实上，积极健康的员工关系对员工表现和组织绩效的确产生了促进作用，这在很多研究中都已得到证实。

我们欣喜地看到一系列举措正在促进和谐劳动关系的构建，例如利于员工沟通合作的扁平化组织、共享利益机制的合伙人制度、强调员工个性化福利的家庭关爱行动等。但是随着新经济、新要素、新挑战的涌现，一些新的劳动关系问题开始涌现，我们不容忽视其中涉及的伦理问题。

（一）特定情境下的裁员

2020 年，新冠疫情在全球肆虐，各国经济陷入冬季，加之国家之间的政治博弈，全球经济更是雪上加霜。倒下的中小微企业很多，而一些大公司也难以幸免。据全国企业破产重整案件信息网数据显示，2020年1月1日至4月15日，已经披露的全国企业破产案件数为6 272件。作为对比，2019年同期，这一数据为4 049件。再追溯至2018年同期，这一数据更是只有1 179件[①]。因国家教育政策调整，加之疫情因素影响，教育界巨头“新东方”一度陷入危机，现在仍在转型之路上探索新业态。其创始人在处理裁员问题上曾被推上热搜，有人用道义、悲壮等词汇来形容，也有人用冷漠无情来形容，同一行为为何会面临完全不同性质的评价，这就显示了裁员决定本身就增加了公司的伦理困境。

（二）数字经济时代的平台零工

零工经济的发展使工作被重新定义，也创造了更多的工作形式，发展了基于网络的分布式就业。世界银行发布的《2019年世界发展报告》指出，一方面，数字技术的发展催生了零工经济这一工作形式，虽然目前全球积极参与零工经济的劳动力比例不足0.5%，但“零工”却使人们更容易获得某些类型的工作；另一方面，零工经济在各国发展存在不平衡性。在我国，零工经济发展迅速，送外卖、网约车等“互联网+”类零工工作不断涌现。零工经济工作者拥有市场需要的技能、具有相应的技能资格，只要获准加入平台，他们在工作之余就可随时进入市场从事相应工作。这种松散式平台—员工关系，是未来人力资源管理需要关注的重要领域。

员工拥有富余的知识、技能和能力等人力资本，而人力资本可以通过共享的方式提高其使用价值。共享经济理念下的“共享员工”应运而生。2020年初新冠疫情期间，阿里巴巴旗下零售平台公司盒马鲜生与多家实体餐饮业合作，吸纳暂时待业在家的员工到盒马鲜生各门店临时工作。其后，其他传统型与平台型企业也纷纷效仿。这既解决了用工企业的“用工荒”问题，也为待业员工提供了临时的工作机会。“共享

① 可登录全国企业破产重整案件信息网（http://pccz.court.gov.cn/）进行查询。

员工”促进了人力资本在不同区域、不同平台间的自由流动。这种灵活的用工方式显示了企业人力资源管理的创新性，体现了人力资本价值共享的重要性，人力资本价值共享为企业人力资源管理创新提供了可能。但必须指出，这种新型的用工方式，同零工经济一样，还涉及一系列法律风险、管理制度、保障措施等问题，是未来人力资源管理需要关注的难题。

（三）工作—家庭关系

你的工作与家庭之间有界限吗？如果你的回答是“有”，那恭喜你实现了工作—家庭关系的平衡。全球通信的“7 天 24 小时”世界，极大模糊了工作时间与家庭和社区活动时间的边界。晚上 23 点你可能还会收到来自同事关于工作的微信，周末你可能接到领导临时要求加班的电话，有些工作感觉“白加黑”、“五加二”都干不完……诸如此类的情况在当今人们的工作生活中并不鲜见。对于具有人情味的中国而言，公与私相互交织，工作与家庭的关系更是水乳交融、难以分割。企业家在面临员工工作—家庭关系冲突问题，所持的立场、采纳的态度、做出的决定，即使没有形成明文规定，也会成为一个风向标，直接决定企业的伦理氛围。

一方面，企业在处理员工关系上会将其范围扩展至他的家庭成员。例如浙江中兴精密设置黄金老人、幸福宝宝、孝亲金等特别项目，对员工家中年满 80 岁的老人、诞生新宝宝给予慰问奖金，对于那些十分孝顺的员工发放奖金。近些年尝试用家庭感恩教育凝聚员工的企业文化十分盛行，也取得了非常显著的成果。另一方面，员工在处理与企业管理者的关系上，也难以做到界限分明，总是期望能够更多卷入领导的私人空间，逢年过节登门拜访、跑腿处理私人事宜，似乎这样的事情频率越高，越能够在工作中得到信任。无论是企业管理者对员工，还是员工对企业管理者，这种对彼此私生活的卷入，于情是恰当的，但于理则容易滋生腐败和偏私。

三、政商关系中的伦理

政商关系是政治关系、经济因素、社会文化叠加而成的产物，同时也受到时代背景的影响。作为政府和企业互动过程及结果的集中体现，政商关系是企业面临的最重要的社会资本和制度环境。高度计划经济体制下的政商庇护关系将商业活动简化为具体的指令，从而出现以政代企、政企不分的狭隘行政隶属关系，直接导致营商规则失范、营商活力衰减、营商主体缺失等问题。一个国家的经济社会发展，离不开良好健康的政商关系。那何为健康的政商关系？其中的伦理问题自然显现。

（一）政商关系的人格化

当谈论政商关系，大家想到的是什么？可能是政府官员与企业家握手言谈，甚至是把酒言欢的图景。是的，我们首先想到的是他们之间的私人交往。当然，这是不符合政商关系本意的，其本质侧重于表达政府与企业组织之间的关系，而不仅仅是官员与商人之间的交往。但为什么会出现这种联想，这就是政商关系常见的一种扭曲表现：人格化。由于政府和商业组织的抽象性，政商关系往往具象为政府公职人员和企业负责人的个人交往。若没有法理性框架和制度性指导，个人之间的交往一旦产生了独有的“人情味”，必将侵蚀其他人的合法利益。

改革开放初期，为了解决当时“人民日益增长的物质文化需要同落后的社会生产之间的矛盾”这一主要问题，我们大刀阔斧发展市场经济。其后 40 多年，中国自觉选择了一条政府主导的市场化路径，无论是传统行业巨头、新兴“独角兽”公司，还是小微企业，都尝试在与政府的互动中建立起长期、广泛的联系。然而在这一过程中，由于底子薄、经验不足，加之缺乏相关的制度安排，无论是代表政府的公职人员，还是代表企业的商人，他们都是具备一定自由裁量权的理性行为人，极易基于个人利益做出非伦理行为——别有用心的商人“围猎”官员让其充当保护伞，一朝升天的官员将手中的权力“待价而沽”。一旦政商关系人格化畸变为官员与商人之间的私人交往，贪污腐败的温床也铺就而成，他们将全然忘记自己所代表的广大人民的公共利益。基于私人利益建立起来的政商关系对营商环境造成了严重污染，我们来看下面一组数据（毕思斌、张劲松，2020）：

世界银行编制的《全球营商环境报告》2018年版显示，我国营商总指数排名全球第46位，横向比较其中10项具体测评指标的全球位次，“办理施工许可证”排名最末，列全球第121名，平均花费155.1天。假设甲、乙两个企业同时需要取得施工许可，如果二者都不谋求或排斥政商关系人格化的异化形式，坚守营商环境正常规则，它们办理施工许可证所需时间均为155.1天。如果甲、乙当中有一方积极谋求或接纳政商关系的异化，而另一方不谋求或排斥，积极谋求或接纳一方办证所需时间缩短一半至77.55天，而另一方增加一半至232.65天。若双方都积极谋求政商关系的异化，双方办理时间均需延长至200天。

（二）政商关系的合谋化

政府作为公共产品和公共服务的主要供给方，肩负完成分包任务与提高绩效的双重刚性使命，学界将其称为纵向行政发包和横向晋升竞争组合（毕思斌、张劲松，2020）。为了完成任务和提高地方绩效，政府有时候会容忍企业选择“坏的”生产方式，这一现象被称为合谋而非合作，导致的结果是极具破坏性的。还记得海南成片烂尾的工程和荒废的吊车、云南洱海边上的违法建筑吗？企业以利益捆绑的方式与政府交织成稳定的政商利益生产网络，共生性庇护秩序应运而生（聂辉华、张雨潇，2015）。在这一关系中，官员和商人基于互惠原则实现个人私利：一方提供市场准入、项目获取、税收优惠、处罚豁免等诸多方面的帮助；另一方则提供金钱、物品和其他服务以作为回报。这种互动关系模式造成的结果是私利侵蚀公共利益，同时破坏了公平竞争的市场环境，甚至导致市场逆向选择现象的发生。

（三）亲清新型政商关系

针对政商关系可能出现人格化、合谋化等异化现象，构建“亲且清”的新型政商关系被提上日程。从 2016 年全国两会期间第一次用“亲”和“清”两个字精辟概括并系统阐述新型政商关系，到 2017 年党的十九大报告强调“构建亲清新型政商关系，促进非公有制经济健康发展和非公有制经济人士健康成长”，亲清政商关系话题在多个场合提及和强调，对政商健康交往产生了巨大的引领促进作用。几年间，构建亲清新型政商关系已深入人心。当前，对领导干部而言，与企业家搞利益输送、权钱交易的少了，但却存在“清”而不“亲”、“清”而不为等问题。比如一些党员干部以“甩手掌柜”“软拒绝”等方式，将企业的一些正常诉求拒之门外，该见的人不见，该办的事不办。这警示我们，亲清新型政商关系，只“清”远远不够，还得“清”上加“亲”、“清”上有为。既要杜绝勾肩搭背、过从甚密的官商不分，也要防止谈商色变、为官不为的过犹不及。

【案例思考】

俞敏洪与新东方的东山再起*

提到新东方，就不得不提及它的创始人俞敏洪，草根出身的他，一手创立了新东方。可是谁也没想到就是这样一个站在教培行业巅峰的一个存在，也败给了时代的发展。随着“双减”政策的施行，教培行业突入“寒冬”，而俞敏洪带领新东方上演了精彩的浴火重生。

---

* 笔者根据新京报、腾讯新闻、网易新闻等相关内容整理。

一、新东方的崛起

俞敏洪出生在江苏的一个普通的家庭，家庭条件并不好。在经历两次高考失利之后，第三次终于考进了北大。在北大毕业后，他选择了留校任教，这一留就是6年的时间。直到他另一个梦想出现："出国留学"，可是运气不好，留学备考三年都没能成功。

出国失败后他去了校外的培训机构教书，但因违反校纪被北大行政记过处分，就是这个处分把他推出了北大。之后他就辗转各个培训机构讲课，当他接触的培训机构和管理者多了之后，他发现他其实能做得更好。就是这样一个小小的想法，促使俞敏洪正式创办了"北京新东方学校"。后来在北大同学王强和北大教师徐小平的加盟下，新东方强势崛起。2003年，新东方学校正式注册为新东方教育集团。2006年新东方在美国纽约正式上市。

二、新东方的寒冬

2021年5月17日，俞敏洪在个人公众号"老俞闲话"上发文表示，"疫情的管控，对于新东方的业务有比较大的影响。所有地面业务基本停止，能够移到线上的移到线上，不能移到线上的就只能退费或者延迟"。但是给新东方造成"致命一击"的不是疫情，而是同年7月份政府发出的"双减"政策。7月24日，国家发布了《关于进一步减轻义务教育阶段学生作业负担和校外培训负担的意见》，简称"双减"政策。受此影响，作为教育龙头股的新东方在一天内股价暴跌超50%。紧接着在新东方内就有各种消息爆出，原定的业绩报告会取消，各大机构开启裁员潮，机构老师面临失业，只有转行的选择，令人唏嘘不已。

随着"双减"政策出台，教培行业不得不退出历史舞台。新东方的市值缩水近八成，关店的关店，辞退的辞退，光是教学点，就退租了近1 500多个。俞敏洪曾坦言：这些教学点光是装修就花费了将近六七十个亿，再加上学生退的学费，员工的遣散费，无疑是一笔巨大的支出。俞敏洪也做了最坏的打算，他在公司内部高层的会议上说："大不了尝试所有业务都失败了，新东方账上没钱了，我们喝顿酒散伙。"

三、新东方的转型

2021年11月4日，俞敏洪在朋友圈宣布“教培时代”结束，并透露了部分资产的处置方法，“把崭新的课桌椅，捐给了乡村学校，已经捐献近八万套”。这一举动也被公众认为是俞敏洪和新东方的“体面退场”。虽然新东方受到了“双减”的冲击，但他却并没有就此消沉下去。

（一）转型素质教育成长中心

在“双减”政策出台一个多月以后，新东方宣布成立“北京新东方素质教育成长中心”，下设艺术创作学院、人文发展学院、语商素养学院、自然科创空间站、智体运动训练馆、优质父母智慧馆六大板块。主要是面对学生，例如编程、机器人、美术、书法、国际象棋等。其中“优质父母智慧馆”主要包含家庭教育、育儿方法、时间分配以及高效学习等内容。

（二）转型海外教中文

“新东方转型海外教中文了”，看到这个消息，大家都感到非常吃惊！而且报名现场更是十分火热，不仅吸引众多想要到中国留学的学生，还有很多对中文感兴趣的外国人，再加上还有着长期定居海外的华人家庭等，这无疑是让新东方打了一场漂亮的“翻身仗”！

（三）成立东方甄选，开启直播带货

2022年6月，从教育转型直播带货许久的新东方直播间突然爆火，几度登上热搜实现霸榜。在新东方的东方甄选直播间里，主播中英文来回切换，把新东方诙谐幽默的上课风格发挥到了极致。俞敏洪更是亲自来到直播间，和众多老师们一起直播带货。同时他还对直播间的爆火表示，这是新东方老师们非常关键的转型，他们老师转型做带货主播，受到了大家的关注和部分的肯定，感谢各位网友的包容和支持。

【思考】

1. 你认为俞敏洪恪守企业家伦理了吗?

2. 在新东方困难时期，俞敏洪做出了哪些伦理行为，赢得了社会赞誉?

第二章

人性与伦理

"所有的技艺根本上都服务于一个共同的目的——人生的完善。"

——弗里德里希·保尔森（Friedrich Paulsen，1889）

伦理本质上是人与人之间的关系和秩序，在探讨伦理问题时我们无法忽略对伦理行为主体的认知和定位，正如哲学、文化或是宗教关于伦理的论述，始终在探索回答一个关于人类的终极命题：我们是或者应该是什么样的人？对于人性的认知，直接影响我们对伦理情境的理解、加工和反应，商海中的企业家亦如此。

第一节　西方人性假设与伦理思想

西方关于人性的描述具有浓厚的"理性"色彩，贯穿于古典城邦、中世纪乃至近现代的西方社会，逐渐形成了"人性即理性"的人性论体系。基于利益计算的理性思考为西方社会提供了决策和行动的参考框架。当然，这一过程中出现了诸如追求公平正义的"道义论"、强调人类繁荣的"功利主义"、追求人生完善的"道德情操论"，这些理论或观点背后都让我们看到了基于"自我完善"的心理行为驱动机制。正如德国著名伦理学家弗里德里希·保尔森（Friedrich Paulsen）所说，“所有的技艺根本上都服务于一个共同的目的——人生的完善”。

一、西方关于人性的本质：理性与自我完善

古希腊三贤苏格拉底、柏拉图、亚里士多德，他们有关人性的论述大体奠定了西方“人性即理性”的人性论体系。苏格拉底提出的德行主义认为，人的本性就是人的灵魂的理性，这是区别于动物的根本所在。神将“节制、正义、虔诚、勇敢”等德行平均分配给每个人，但这些德行只有在理性的指导下才能成为善，否则就是恶。柏拉图进一步指出人的本性即人的灵魂，是由理性、意志和情欲组成的，理性处于统帅地位，因而人的本性在于理性。亚里士多德则认为理性原则就是适度和中道，过度或不及都足以败坏一个人的德行。近代经济学家亚当·斯密将“理性经济人”假说推向经济学理论的中心，这也成为企业管理理论发展史上的一个重要里程碑。基于“理性经济人”假设的科学管理理论强调效率和程序化管理，鼓励绩效激励，认为对人的管理要用“胡萝卜加大棒”的方式。斯密认为，同情、移情和感同身受与自我私利同样是人类基本的感情，它们运用得当都能提高公众利益。正如他所说（Smith，1776）：

并不是因为屠夫、啤酒制造者和面包师的善良，我们才有丰盛的晚餐，这一切都源于他们想追求自己的利益。不是因为仁慈，只是因为自我私利。永远不要和他们说我们需要什么，只需要告诉他们这么做对他们有利就可以了。

资本主义推动西方经济社会的巨大发展，人们逐渐发现不能单纯将人视为“机器”，也要兼顾个人价值和精神需求的满足，美国哈佛大学教授梅奥的“社会人假设”和马斯洛的“自我实现人假设”开始引起关注。至此，对人性的探索开始从物化转向以“人”为中心。在此基础上，美国心理学家和行为学家埃德加·H. 沙因（Edgar H. Schein）

提出了“复杂人假设”，认为人的需求是多元的且相互作用，组合成复杂的动机模式、价值观和目标，因此对人的管理要因时因地因人而异。

纵观西方社会关于人性的假说，大致是基于“自我”视角来叙述的。“理性经济人”通过逐利来实现自我，“社会人”通过社会关系需要的满足来实现自我，“复杂人”则通过特定的、具体的方式来实现自我。这种基于“自我”视角的人性本质被亚当·斯密解读为“自私自利”，笔者更倾向于称为“自我动力”，正是因为人有这一系列的、原始的内在需要，才能生成强烈的动机和行为倾向，才能促成某项事业的成功。这与资本主义新教伦理精神所倡导的“使命召唤”是相吻合的。当然，在西方个体追求自我实现的进程中，我们也看到了对“真善美”普遍伦理原则的遵守，体现为追求整体利益最大化、高尚道德情操等，其中蕴含的利他精神是我们不容忽视的。

二、西方人性思想中的利他精神

长期以来，基于“理性经济人”假设的功利主义一直被视为商业伦理的圭臬，追求利益最大化，但这里必须指出的是“整体利益最大化”。不同于自私自利，功利主义关注行为对大众利益的影响，这意味着必须考虑每一个可能被影响的个体的利益，这与伦理追求的最终目标是一致的：公平地提高个人的幸福感。只是在实际运用过程中，因为“整体”这一概念过于抽象容易陷入虚构，所以个人利益往往会被扭曲为整体利益，沦为某些人谋取私利的辩护手段。但我们不能否认的是，功利主义所蕴含地对整体利益、社会福祉的追求，一定程度上也反映了对他人的关注。

尽管亚当·斯密在《国富论》中主张个人自利可能带来集体利益最大化，但其在《道德情操论》中也承认，“我们很自然地会把自己想象成别人，并且我们会试图去感受他人的痛苦和幸福（同理心），这些感情与自私自利一样是真实的和有效的”（Smith，1759）。同理心是利他主义的主要源泉，是人类进化中生成的自然情感。他大力倡导所有人都应该具备强烈的道德情操，将之称为“道德的使命”，这个使命感让人们追求自我利益的同时不跨越边界。

三、西方基于人性假设的伦理行为：外在超越与契约精神

基于以上，西方人性观是基于“自我”发展起来的，其出发点和落脚点在于实现自我。然而，需要强调的是自我并不等同于自私、自利，而是一个中性词。“自我”可能是自私的、吝啬的、张狂的，也可能是有同理心的、关怀的、谦虚的、利他的自我。这样看来，自我导向和利他主义之间并不存在天然矛盾。需要指出的是，与中国“反求诸己”不同，西方社会强调的“自我”决定了西方人们的活动必然是由人类自身出发而向外求的重大特征，他们更侧重外在探索和契约精神，余英时将这一民族人格归纳为“外在超越”型（余英时，2004）。

首先说说“外在超越”这一概念。文艺复兴以来，“理性”奠定了西方社会的人性之基，以“打破砂锅问到底”的攻势对自然世界的奥秘进行探索和揭示，直接推动科学技术的进步，促成资本主义社会的快速发展，这是“理性”在西方社会的伟大胜利。在这一思想主导下，西方社会走的是“外在超越”路线，他们鼓励对外在世界的探索，对万事万物进行客观描述和精确度量，所以我们看到了毕达哥拉斯用抽象的数学来解释食物活动的外在结构；柏拉图根据毕式的数学形式发展出“理型说”，把世界一分为二；数学家和物理学家阿基米德说出“给我一个支点，我可以翘起整个地球”的豪言壮语……“外在超越”的变革精神极大地推动了西方科学技术的发展，这在培根的论述中得到充分显现。300 多年前，培根（Bacon）曾提出两个关于科学的梦想：一是用科学的力量征服宇宙；二是通过科学知识以认识世界的真面目。于是，科学技术萌芽并发展壮大于西方。

再来说说西方社会的契约精神。经历了漫长的中世纪黑暗压制后，

反专制、争取自由的文艺复兴和启蒙运动催生了社会契约思潮。从托马斯·霍布斯（Thomas Hobbes）到约翰·洛克（John Locke）再到让·雅克·卢梭（Jean - Jacques Rousseau）与伊曼努尔·康德（Immanuel Kant），他们关于社会契约的论述虽有差异，但都汇聚于一点：社会契约理论建立在“人性假设”基础之上。正是由于人性的不确定性（自私或利他），建立外在契约并严格遵守显得十分重要，以此来抵消人性博弈可能带来的损失，这就是资本主义社会的契约精神。霍布斯（Hobbes）和洛克（Locke）均认为，基于人性的欲望或不完善，自然法时常被违反，自然权利时常被侵犯，人类社会亟须有权依照法律来裁判一切争执的裁判者，以及使裁判得以执行的机构（洛克，1982；托马斯·霍布斯，1985）。这就要求人们把一部分权利交给社会，由社会委托立法机关或指定专门人员，按照社会全体成员的共同意愿来行使权力。康德（Kant）进一步将社会契约的建立视为人们先验理性的善良意志的产物，契约并不建立在个体利益之上，而是建立在每个人的善良意志之上（康德，2007）。

第二节 中国人性假设与伦理思想

先秦时期，诸子百家思想孕育了丰富的人性观点。以孔子为代表的人性可塑说、以孟子为代表的性善论、以荀子为代表的性恶论基本构画了中国古代关于人性思想的理论体系。他们都是儒家思想的集大成者，对人性认识的差异一定程度上反映了儒家思想的包容性。在漫长的封建君主专制统治下，儒家因其追求“大同社会”的美好理想和强调“人人皆可尧舜”的从善理念，得到中国统治者和普通老百姓的大力拥护。据此，不少学者和历史学家认为中国传统文化的正统是儒家思想。对于这一观点，笔者是持赞同意见的，但一定有一个重要前提，即：儒家思想是开放的，是逐渐吸纳了佛家、道家、法家思想的新儒家，这是儒家能够穿越几千年依然受人推崇的主要原因。如果从本体论和方法论来界定，新儒家认为人性的本质是善良的，但实现善良的手段方式是多样的。

一、中国人性假设的本质：性本善

中国关于性善性恶的争论，经过两汉经学、宋代理学、明代心学的发展变迁，已经形成如《三字经》盛行所示，“性本善”逐渐成为中国人性探索的原点，这是历代中国君王施行德治、仁政的重要根据。追根溯源，孟子是中国“性善论”的代表人物，提出“恻隐之心人皆有之”，仁、义、礼、智是人所固有的 4 种本能，人人具备向善的可能。但孟子同时也指出，这并不是说人在任何情况下会自然而然地向善，人的善需要教化和引导，正所谓“求则得之，舍则失之”。纵观中国历史，在各朝各代发展至鼎盛并走向没落之时，总会出现吏治腐败、苛捐杂税、风气败坏等弊病，人民生活苦不堪言，无论是统治阶级还是普通老百姓失去精神依托，儒家思想逐渐失效。这时，人们不得不寻找新的信仰。

从宋代到明代中叶，儒家思想在继承了孔孟传统基础上，广泛吸收了道家尤其是佛家的思想成果，构成了庞大的伦理思想体系，适应了后期封建社会的需要，即今天中外学人所共同承认的“新儒学”。新儒学的最大功绩在于创造了属于自身特色的心性说（与佛家的心性功夫不同），发展了新的人性观，综合孟子的性善和荀子的性恶，提出了“天理人欲”，更具理性色彩。如此一来，儒家思想更是一种入世哲学，对社会的治理功能更加明显。“天理”即孟子的“性善”，“人欲”即荀子的“性恶”，两者永远在高度紧张的关系之中，不即不离（余英时，2004）。一个人的使命则是“存天理，灭人欲”。必须指出的是，朱子所说的人欲有两种含义：一是正当的生命欲望，这是符合天理的；二是不正常的或过分的生命欲望，这是和天理相对立的，是私欲。这些关于

“人欲”的认识是非常伟大的进步：接纳了人性的适当欲望，也承认了人性可能存在的黑暗面。如此一来对人性的管理发生了质的改变：于自己，要以（天）理制（人）欲，这便需要“内部超越”的修养功夫；于他人，要以（天）理制（人）欲，这便产生了“阳儒阴法”的治理模式。

二、中国人性思想中的个体

西方个体是基于理性发展起来的自我，若个人权利和成长无法得到保障，那么要求其造福社会则无从谈起，不仅是没有能力完成这一使命，也没有足够动力去完成。中国的个体是基于“天理”发展起来的自我，追求和谐、利他，罔顾他人利益只为谋求个人权利则是“逆天而行”，将引起个人内心的强烈动荡，产生有违伦理的内疚感和负罪感。所以，不同于西方，自我构成了个人追求事业成功的强大动力，回答的是“我想成为一个什么样的人”。在中国，他人是构成个体追求成功的重要因素，回答的是“别人想让我成为什么样的人”。正如孙隆基在《中国文化的深层结构》一书中指出：

> 中国人对“人”下的定义，正好是将明确的“自我”疆界铲除的，而这个定义就是“仁者，人也”。“仁”是“人”字旁一个“二”字，亦即是说，只有在“二人”对应关系中，才能对任何一方下定义……因此在个体的人格组成中就不可避免地具有更多别人的因素。（孙隆基，2015）

这种在与他人的关系中界定自我的人格倾向，奠定了中国人交往过程中讲求“人情味”的基调。较西方人而言，中国人非常强调自己所承担的义务。“五伦十义”对双方义务进行了明确规范，具体表现为父慈子孝、兄良弟悌、夫义妇听、长惠幼顺、君仁臣忠。以“君仁臣忠”为例，作为君主，他有责任对臣子仁爱慈悲，臣子也有忠诚敬主的义务，这样二者才能和谐共生。任何一方打破这一交往规则，则是不近人情。在这一文化情境下，两个有关系的人过于“公事公办”“公私严明”反而有了装腔作势、不近人情之意，挫伤交往双方的积极性。这样的文化土壤下滋生了两种特殊的情形：讲面子和差序化。在中国，人与人之间交往要讲求人情味，就要顾及别人脸面，“撕破面子做人”往往是无奈之举。当然，给每个人的“面子”是有差异的，否则在现实中很难操作。这就是笔者想讲的第二个特征，即差序化。黄光国根据人情味程度提出了关系的三种类型：情感性联系（expressive tie）、工具性联系（instrumental tie）和混合性联系（mixed tie），人情味程度依次递减（黄光国，2010）。费孝通提出关系“差序格局”的构念，认为以个体为中心，家人、亲戚、朋友、同事等按照关系的亲疏和彼此的信任度分布在各个大小不等的同心圆上，形成一种“差序格局”（费孝通，2015）。这种差序性，为讲求“人情味”的中国人提供了一种权衡的依据。以自我为中心，在与他人形成的多层差序关系中定义、丰富和发展的自我，犹如一张相互交织的大网，势必会产生特定的伦理行为模式。

三、中国基于人性假设的伦理行为：内在超越与阳儒阴法

同西方新教伦理提倡通过改变外界实现自我的“外在超越”路线不同，中国（新）儒家伦理走的是“内在超越”路线，强调反求诸己。他们认为，善良是人的本质，人人皆可成尧舜。于自己，强调克制、忍耐、勤劳等修身的功夫；于他人，强调助人以“天理”克制“人欲”，正所谓朱子所说“圣贤千言万语，只是教人明天理、灭人欲”。无论是孔子的德治，还是孟子的仁政，都是运用感染、教化、引导等手段让广大民众实现善的过程，其中个人向善的力量至关重要。儒家“修—齐—治—平”学说清楚地指出修身是个人实现自我的起源，要不断修养德行、积累知识、完善自身，成为“内圣”（inner-focused sage），才能成长为“外王”（Lin，1938）。那如何实现“内在超越”？不同流派有不同观点，禅宗强调静坐、冥想，古希腊先哲主张脱离日常生活的干扰进

行精神修炼。在新儒家看来，要进行“内在超越”，真正实现人格上的自我完善，更重要的是“事上磨炼”，即人生在世必须各在自己的岗位上做事充分“尽本分”，作为丈夫、妻子、儿女、老板、员工等角色都必须在具体事务上勤奋踏实、恪尽职守，做到问心无愧。西方新教伦理也强调入世苦行，强调节俭、勤奋等相似修行的要领，但必须指出的是清教徒的“选民先定论”决定了西方人并不精于日常生活上的性情修养，他们更加强调日常生活中自由洒脱、独特个性的释放。而新儒家则以日常生活为身心修炼，不仅在孤立隔绝（如闭关、静坐）的状态下，更要在纷繁多变的日常生活中修身（彭国翔，2007）。可见，于中国人而言，事事、时时、处处皆为心性修养提供机会，要随处着力，如王畿所说（1970）：

君子之学，贵于得悟，悟门不开，无以征学。入悟有三：有从言而入者，有从静坐而入者，有从人情事变炼习而入者。得于言诠者，谓之解悟，触发印证，未离言诠。譬之门外之宝，非己家珍。得于静坐者，谓之证悟，收摄保聚，犹有待于境。譬之浊水初澄，浊根尚在，才遇风波，易于淆动。得于炼习者，谓之彻悟，磨砻锻炼，左右逢源。譬之湛体冷然，本来晶莹，愈震荡愈凝寂，不可得而澄淆也。根有大小，故蔽有浅深，而学有难易，及其成功一也。

以上三种悟初看似乎是平列的关系，其区分标准只在于入悟之途径不同。实则这三种悟，并非平列，而是先后的层次关系，必先由解入，再从静中得证悟，然后再在事上磨炼得彻悟。中国人这种“内在超越”的伦理行为，一定程度上揭示了向外求真理的现代科学技术未诞生于中国的部分原因。

需要明确的是，中国人实现人性完善的“内在超越”看似风平浪静，实则内心波涛汹涌，始终处于一种高度紧张的状态，彼此之间长期拉锯（余英时，2004），正所谓“虽下愚亦可变而为善，然功夫最难，非百倍其功者不能”。这种内紧外松的状态与中国人另一伦理行为高度吻合，即“阳儒阴法”：一方面注重儒家“仁义礼乐”感化作用的柔性管理机制，另一方面也倚靠法家“奖惩权谋”等控制管理手段，构成了相维相济的治理体系。在国家治理、企业管理、人际交往中，“阳儒阴法”是非常常见的管理或交往模式。在组织管理具体实践中，我们不乏看到诸多“软硬兼施”的例子，如企业既给予员工亲情关怀，也强调对违规员工进行严厉处罚；既注重员工品行，也强调员工业绩；既让员工参与决策，又控制最终决策权；等等。中国人性假设在宋代中期开始加入对“人欲”这一理性因素的思考，“阳儒阴法”应运而生，体现了儒家的兼容并蓄，兼纳了儒家的价值理想与法家的工具效能，让过于理想化的儒家理想回归理性。同时，“阳儒阴法”的手段与中国“面子”文化相吻合，表面上得体、维护对方的面子被视为恰当且受欢迎的行为。

第三节 中西方伦理思想的共性与差异

对人性的判断是个人采取伦理行为的重要依据。通过前文论述可以看出，中西方人性观存在很大差异，似乎印证了文化的相对性（也包含了伦理的相对性），那么是不是就意味着：当人们进行道德判断并采取行动时，只需根据各自的文化和习俗标准来呢？这自然不妥。如果过度强调相对性，伦理相对性就会成为一块遮羞布，任何人、任何群体都可以从其本位出发，用自己的标准进行判断。因此，我们在处理中西方伦理文化差异时，一个重要尺度不能忘记：存异的同时，我们要求同。目前情况却是，中西方文化差异被无限泛化扩大以至于大家都没弄清楚差异究竟是什么？两者之间的共性更是被很少探讨甚至是忽视。这直接导致我们对人类的整体认知出现片面，进而失去对一些先进思想和技术的运用。接下来，笔者尝试寻访中西方人性思想可能存在的共性之处。

一、寻找共性：向善的追求

虽然伦理相对性在现实中有很多的拥趸，认为其能促进宽容，但实际上却可能因为缺乏伦理标准而造成混乱和冷漠。在更为全球化的今天，商业活动中总是存在某些普遍被接受的共同规范。寻找共性并不等于抛弃传统，这是必须坚守的信念，我们才能更加包容。梳理西方人性观的发展脉络，起源于人的理性，在上帝的授意下，逐渐被赋予了善意。在资本主义规则下，西方的理性和善意逐渐演变为对民主、自由与平等的追求；反观中国人性观的发展脉络，起源于人的善意，逐渐加持了理性的因素。在社会主义规则下，演变为对公平、正义与法治的追求，强调构建人类命运共同体。可见，双方伦理文化都表达了对善意的要求和理性的追求。要深究其中的差别，可以说是出现的顺序和程度的不同。而且，中西方人性追求的终极目标是一致的：向善。无论是在中国还是西方，公平、友善、自由、关爱他人都被视为美德，而撒谎、粗暴、自私、贪婪都被视为罪恶。

向善，是一个动词，是对最终目标善的追求过程，其一定程度上承认了人性可能存在的恶。随着人类社会的发展和进步，中西方对人性本质的认识都落脚在“复杂性”这点上，中国的“性可塑论”和西方的“复杂人”假设均承认了人性的多面性。也正是基于此，人类拥有了发挥主观能动性的极大空间，后天的环境和教育就显得非常重要了。所以，西方的宣传标语或广告，传递的大多是真善美的理念。中国更不用说了，大街小巷的海报、横幅、标语等，基本上都是围绕 24 字社会主义核心价值观展开。不得不说，整个社会都营造着向善的氛围，身处其中，很难说不深受影响。

二、厘清差异：手段的差异

中西方对人性本质的认识存在差异，但可以宽容地承认两者均有着对善的追求。那差异究竟是什么？笔者将其概括为手段的差异。诸多权威学者已经做出概括：西方走的是外在超越的路线，中国走的是内在超越之路。外部超越强调对客观真理的寻求、对外部世界的改造，放在商业情境中则表现为重商主义；内部超越强调自我修养、求得心安，中国传统伦理明显表现出重义轻利的特点，同时又强调社会和谐、中庸之道、不患寡而患不均。儒学虽已远去，但沉淀在民族精神中的这些特点至今仍影响着中国社会。所以从根源来看，西方人从不羞于表达对利益的追求，认为这才能促使社会进步和人类文明。正是扎根于深层文化结构的这种正当性，西方商业情境更讲求效率、利益和契约。这些看似冷冰的理性精神与他们所追求的真善美世界并不违背。当然，西方过度发展的个人主义、漫无限制的利得精神、日益繁复的诉讼制度、轻老溺幼的社会风气，也已经引起他们的深切反思（余英时，2004），这为中国优秀传统文化的复兴提供了重要契机。

而中国则不同了，内部超越路线让我们有着更多的心理活动及其所带来的精神制约。古代不用多说，即使是放在市场经济制度已成熟完备的今天，绝大多数中国人仍觉得“谈钱伤感情”。中国人羞于表达对欲望的满足、对金钱的渴望，似乎与“做人”不相符。当然，这种集体人格对于维护社会稳定和人际和谐有着非常重要的作用。但其对人的道德水平要求极高，是一种理想状态下的表征。当个人无法达到这一标准，便只好在生活中采用两套语言、两套标准，“伪君子”在现实生活中并不少见。所以，回归传统，绝对不是意味着重拾传统的糟粕。人情牵绊一度成为健全市场经济体制和壮大民营经济不容忽视的阻碍因素。历经 40 多年的改革开放，加之中央释放的一系列积极信号，越来越多的中国企业家开始有了更为坚定的身份认同，对“何为经营之道”也有了更加丰满的认识。但我们仍旧看到，其他群体尤其是政府官员和公务员，对商人仍抱有不少的戒备心和优越感，不得不说这种戒备和优越感导致企业家有时候会去寻求人情关系来抵消这种距离感，一旦操作不当非常容易走上灰色地带，因此中央一再强调良好营商环境和亲清型政商关系的构建。

国际化浪潮已然不可逆转，面对日益复杂的国际形势，各国之间的关系盘根错节、真假难辨，大国关系面临深入调整态势。无论西方还是中国，都对自己传统伦理理念进行了反思。由于近代历史的屈辱与落后，中国的反思要更为深刻、用力，才能奋起直追、迎头赶上。

【案例思考】

元春的珠宝梦工厂*

2006 年毕业的徐元春不顾公务员父母的反对，拿着 5 万元正式开启了自己的创业之路——元春翡翠店。开业当天，对于 30 元一条的手串，女顾客怀疑她卖得太便宜是假的，徐元春花了大概一个多小时把关于这件商品的知识全介绍了一遍，甚至还教给这位女士如何鉴定真伪。这位女士被徐元春真诚的态度打动，最终买下这条手串。徐元春特别高兴，她激动地将一条价值 10 元的手机链赠送给这位女士。面对精致漂亮的手机链，顾客问可不可以再送一条给她先生。徐元春爽快地答应了。后来核算成本时发现赔了 11 元，但是自己却心满意足地笑了。徐元春暗暗决定在以后的经商过程中，一定要真诚、满怀感恩地对待每一位顾客、员工和合作者。而且，“好人有好报”也一直是她的人生信条。

随着翡翠热的持续升温，徐元春秉承真诚的经营理念，元春翡翠店的实力和规模得到了良好的发展，到 2010 年时已经有 4 家店，到 2012 年时有 6 家店。每次从济南去外地的直营店，徐元春都会怀着一颗感恩的心，给各店店长、店员带去很多慰问品。2011 年的一天，徐元春在

* 本案例正文（此处根据需要有所删减调整）收录于清华经管学院·中国工商管理案例库，版权归清华大学经济管理学院所有。案例作者为山东财经大学工商管理学院工商管理系教师张晴、王璟珉及研究生刘浩。作者或版权方无意说明企业成败及其管理措施的对错。

泰安银座店盘点的时候，发现有一件价值四千多元的翡翠观音找不到了，她便和店员翻箱倒柜找遍了所有的角落，但还是没找到，便找来店长询问。那位店长表情极不自然，闪烁其词地说："应该丢不了。东西啊，就这样，找的时候找不到，不找的时候就出来了！"几天后，店长说翡翠观音在保险柜的夹层中找到，拿来交还给徐元春说。徐元春一眼便发现这件翡翠观音并不是自己的货品。压抑着心中的愤怒与悲凉，心里很清楚这是店长偷梁换柱找来的替代品。店长声称家里人生病急需用钱，最后徐元春要求店长赔偿原件价值，不再留用，并不再追究此事。辞退店长后，有个店员唯唯诺诺地给徐元春说："徐姐，你经常不在这边，店长这样干了快两年了，我知道你一直对我们很好，可她是店长，我们也不敢说什么，更不敢告诉你。"徐元春如梦初醒，内心十分悲伤、失望，自己付出了真情、信任，希望"将心比心"但换回来的却是谎言。

随着珠宝市场的持续升温，2010 年，徐元春与三位北京的铁哥们一拍即合，在京城合伙成立了一家高端会所，专门为一些 VIP 客户提供高档珠宝。2012 年的一天，徐元春在那家高端会所值班，有位老顾客到访，在与这位阿姨鉴赏、把玩翡翠以及交流的过程中，徐元春一眼瞥见这位顾客前几天从她会所购买的吊坠，便赞叹道："阿姨，你这件吊坠花 14 万买的真值！现在这种好料子不好找了！"当时顾客没说什么，只是笑了笑，后来给徐元春打电话说了一件令她万万没想到的事。电话里，这位顾客说："小徐，你说这件吊坠是 14 万，但我是花 16 万买的。虽然我现在知道了这件吊坠的真实价格，但你别担心，我不会找你们退货，也懒得追究，因为我真是很喜欢这个吊坠。我给你打这个电话呢，就是觉得你是个实在人，应该知道这件事，加上你经常不在北京，合伙做生意需要多个心眼儿。"听完，徐元春如雷轰顶，内心深深地自责，眼泪夺眶而出，当时就给顾客许诺说："阿姨，太不好意思了！我们一定弄清楚这件事，您多付的两万块钱，我一定会还给您，哪怕我自己出我也一定还给您！"第二天，徐元春便拿出会所的账本查账，白纸黑字明明写着"14 万"几个大字。这件事是偶然间发现的，但存在多久了，发生几次了，数目都是多少，谁知道呢？

原以为能换来将心比心、志同道合，没想到换来的却是次次的欺骗、处处的欺骗，换来的是人性中贪婪的丑恶嘴脸。不擅交际、不懂管理的徐元春秉承的“真诚待人”“好人有好报”的理念被一次次地击碎。肩负沉重的压力，她逐渐抑郁，夜夜失眠，思考着怎么会这样，到底该怎么待人？该用什么样的价值观来面对这个世界？

（1）面对店员换货这种情况，该怎么办？珠宝行业工作场所的员工道德守则如何建立？

（2）面对合伙朋友对顾客虚报价格，并中饱私囊这种情况，该怎么办？合伙人之间应如何建立规范？

第三章

中国企业家伦理精神的发展

“我的父亲是官员，我的母亲是锡伯族农民，我也没有受过商业训练，那么，我及我们这一代人的企业家基因是从哪里来的呢？”

——万科创始人王石（2006）

中国是一个拥有古老伦理文化的国度，企业家是一个相对年轻的西方现代语境词汇，“中国企业家伦理精神”组合在一起，仿佛看到了中西方文化的碰撞。如果说企业家精神根植于新教伦理的西方资本主义社会，代表一种改革、创新和突破的力量。那么企业家伦理精神是无论如何无法褪去所在国度传统文化的熏陶和印记的，中国企业家更甚。

改革开放 40 多年，中国经济和社会发生了天翻地覆的变化，创业者和企业家功不可没。从改革开放初期允许个体户经商到现在大力弘扬优秀企业家精神，企业家的社会地位和政治身份得到空前的尊重。党的十八大以来，中共中央高度重视弘扬优秀企业家精神、发挥企业家作用，推出了一系列纲领性文献。这是针对我国经济从高速增长转为高质量发展、从要素驱动转向创新驱动所采取的重大战略部署。要真正发挥企业家对经济社会发展的健康促进作用，需要弄清企业家发挥作用的具体机理，企业家何以促进经济发展？企业家何以促进社会进步？探讨企业家背后的底层逻辑和精神脉络是首要任务。

本章节对中国企业家伦理精神的起源、发展、特征进行全景式扫描，重新解构中国企业家伦理精神的内涵和结构，分析其异化和价值所在。

第一节　企业家的伦理精神

企业家的形象经历了漫漶不清到逐渐厘清的过程，从最初的主体地位缺失，到发现其具有的特殊价值，再到承认其社会经济发展的核心地位，历经了整整500年。我们欣喜看到，历史长河滚滚向前，在漫长时间的冲刷下，企业家主体地位更加坚挺，企业家的形象也更加光彩斐然。与之相匹配的，企业家的精神世界也日益丰满，成为引领社会价值观的先锋人物。

一、企业家的概念

企业家（entrepreneur）本是一个法文词汇，出现于15世纪，最初的含义是指“做某事的人”。17世纪，企业家一般特指为皇室或政府提供大型工程服务或货物而与政府订立契约的人，并不适用于制造商或商人（Hoseliz，1951）。企业家真正作为一个独立的、有意义的概念是被引用到经济学领域，最早把“企业家”概念引入经济分析的是理查德·坎蒂隆（Richard Cantillon），他在其出版于1755年的《商业性质概论》中把企业家称作“劳动人民”之一，但他对劳动的概念、对企业家劳动的性质内容等没有任何论述，在他的论述中连“乞丐和强盗”都被视为企业家（理查德·坎蒂隆，1986）。坎蒂隆（Cantillon）认为社会经济的主导力量是地主，地主“推动着整个经济，使之向最有利的方向发展”。企业家是地主的附属物，没有独立性和能动性。在亚当·斯密那里，企业家的角色也被资本家取代，处于无足轻重的地位。可以发现，当时关于企业家的描述还存在很大的历史局限性。

直到法国经济学家萨伊（Say）的出现，被长期忽视且未被清晰定义的企业家们终于守得云开见月明。萨伊在19世纪初出版的《政治经济学概论》中，论述了劳动、资本和自然力三种生产要素的作用，以及创造产品的三个步骤：（1）研究产品的规律；（2）应用这些知识来实现一个有用的目的；（3）根据前两步的提示完成产品制作。萨伊认为，第一个步骤主要由科学家承担，第三个步骤主要由工人承担，而第二个步骤就是企业家的工作。他们“是应用既得的知识去创造供人类消费的产品”（萨伊，1963），聚集起生产所必需的工具，指挥工人完成产品制作任务。这些企业家或者自己供给所需的资金，或者具有利用自身名誉和关系筹集资金的能力；他们需要具备“往往不可兼得的品质和技能，即判断力、坚毅、常识和专业知识”（萨伊，1963）；他们还需要承担风险，甚至可能由于并非自身过失而导致倾家荡产。

至于中国，《史记·货殖列传》为企业家立传开了先河。据《史记·货殖列传》记载，春秋时期的计然深通天时影响供求及价格变化的规律，提出“旱则资舟，水则资车”的投资策略。范蠡师从计然，娴熟地把握了“贵出贱取”之道，即所谓“贵上极则反贱，贱下极则反贵。贵出如粪土，贱取如珠玉”。范蠡不仅懂得聚财之道，在十九年中多次积累“千金”财富，他还是一位乐善好施的慈善家。此外，战国时期的白圭同样善于把握市场机会，奉行“人弃我取，人取我与”的经营方法，成为富商巨贾。然而，从整体上看，古代中国由于长期奉行“重农抑商”政策，商人和企业家形象不佳，处于“四民”的末位。因此对于企业家的阐述，基本上是以西方语境下的描述为主，其中萨伊的相关论述最为重要。

萨伊揭示了企业家的本质特征，将企业家与资本家剥离、又与纯粹体力劳动区分，确立了与熊彼特现代企业家理论对接的定义。在他看来，企业家把各种科学的“知识应用于创造有用的产品，这个人或是农场主，或是工厂主，或是商人”（萨伊，1963）。运用知识、开动产业、创造有用的产品，是萨伊赋予企业家这个概念的核心内涵。笔者认为萨伊对企业家理论的贡献主要有三点。

一是将企业家定性为创造价值的生产性劳动。在亚当·斯密看来，直接从事体力劳动或物质财富创造的才属于生产性劳动的范畴。他将脑力劳动等非体力劳动者以及不直接参与生产物质财富的人统统都排除在生产性劳动范畴外，企业家不属于生产性劳动，他们不直接从事体力劳动。这样的论断显然是偏颇的。萨伊认为直接或间接地对社会总福利有贡献的，都属于生产性劳动。例如科学家、理论家、医生、律师、法官包括政府履行职责等"生产无形产品的劳动，像其他劳动一样，只在它能扩大效用因而能够增加产品价值的范围内，是生产性的"（萨伊，1963）。试想，这个社会没有这些劳动的支撑，将会是什么样的面貌。萨伊通过对于生产性劳动和非生产性劳动的重新厘定，充分肯定了科学研究、技术创新、经营管理、战略决策、产业化应用等在价值创造中的重要贡献，这些论断的合理性是毋庸置疑的。萨伊明确宣告，"冒险家或厂商的劳力也是生产性劳力，尽管他们没从事实际的体力劳动"（萨伊，1963）。企业家创造效用、创造财富，因而也是创造价值的生产性劳动者。

二是企业家在价值创造中发挥着先导性和支配性作用。这样的定位是非常明确的。先导性和支配性意味着：如果没有企业家，各种生产要素（如知识、资本、劳工等）都是静止的存在，无法进行有效组合。萨伊以生产玻璃为例做了说明。

玻璃的生产首先需要掌握诸如制作原理、原材料、生产方法、机械工具等方面的广博知识。但仅仅这些知识还是不够的。这些知识可能一直潜伏在一两个人的脑海中或记录里。还必须找到一个有能力应用这些知识的制造者。这制造者首先必须通晓关于这部门劳动的各方面，还必须积累或获得必要的资本，聚集技工和工人，分别指定各人的特殊职务。最后，雇用的工人必须运用他们的手技把玻璃制成。（萨伊，1963）

没有企业家，知识、资本、劳工等各种生产要素都不会被应用到玻璃的生产中，甚至连生产玻璃的企业都不会出现，玻璃能够透过光线抵御寒风沙尘的效用就创造不出来。

三是企业家是推动经济发展的主导力量，并肯定其在经济活动中的核心地位。换句话说，企业家是重要的“生产力”。邓小平提出“科学技术是第一生产力”的论断。科学技术是谁创造的？究其根本是人才。所以在知识经济发展的时代，人才的重要性越发明显。企业家就是这样的人才，而且处于核心地位。在生产要素给定的情况下，有的企业之所以能产生更高的经营绩效，来自于企业家在经营管理中的创新。萨伊又进一步举例说明企业家就是“生产力”，拥有不同“生产力”的企业家，其经营绩效悬殊。假定有两个制造商在同一地方经营同一种生意，资本同是一千英镑，前者由积极节省和有才智的企业家指挥，后者由懒惰、浪费和智术短浅的企业家负责。前者每年的利润是150英镑，后者仅获利50英镑。

萨伊以后近一百年里，企业家的概念并没有受到足够重视，直到熊彼特著名的创新理论问世。熊彼特“把企业家当作竞争经济中引起非均衡（即变革）的主要动因”（约瑟夫·熊彼特，2020），肯定了企业家在创新和经济发展中的核心作用。他认为，创新意味着生产手段以新组合的形式出现，实现新组合要靠企业，担负实现新组合的人就是企业家。

二、企业家精神

在中西方哲学传统中，“精神”是一个未被严格界定却广为使用的概念。试想我们一般什么时候会用到“精神”二字？比如：这个人看着很精神、革命家精神令人敬佩……这些关于“精神”的表达更多的是用来描绘积极向上、充满生机活力且受人推崇的一种意志或情感状态。当然也有诸如这样的表述：那人精神异常、精神恍惚……这里“精神”二字又是一个关于生物学概念的中性词。我们必须说明，这里论及的“精神”是一个哲学概念，指人的意识、思维活动和心理状态，是物质运动的最高产物。哲学领域关于“精神”的解释主要有两种选择：实践理性和伦理道德。西方理性主义的哲学传统将“精神”定位为“实践理性”，意味着追求理智、科学和真理；黑格尔所代表的德国哲学传统更倾向于将“精神”认同为“伦理道德”，是以德行为统摄的知、情、意的统一体，将对善的追求作为价值之根源的情感。长期以来，西方理性主义的“企业家精神”占据理论高地，主宰着企业家的精神世界和行为实践。

1. 企业家精神的最初解释

继萨伊和熊彼特之后，经济学界虽然认识到企业家的重要性，但对于他们而言企业家精神是一种虚无缥缈的“超经济”事物，这与时下追求科学、高效、利润等实务目标是不相匹配的。直到德鲁克的出现，企业家精神开始被赋予理性色彩和实用性。德鲁克发现，美国经济在20世纪后期发生翻天覆地的变化，让美国成功跻身世界霸主地位，很大原因在于“创新性破坏”创造出了超发达的美国经济体。在这种经济形态中，企业家和企业家精神发挥着重要的作用。德鲁克把创新作为解释企业家和企业家精神的基点。奈特（Knight）、熊彼特（Schumpeter）、米塞斯（Mises）、科兹纳（Kirzner）等人将企业家精神看作一种职能、活动或过程，包括判断力（Knight，1921）、破坏性创新（Schumpeter，1947）、创造性（Mises，1949）以及警觉性（Kirzner，1992）等。可以说，在西方话语体系中，企业家精神因创新创造而存在，否则荡然无存。在企业家行动中，新的生产要素以一种更加高效合理的方式被组合，为更多的人创造更大的价值产品，为社会运转提供更加高效的工具。这非常符合西方功利主义倾向，创造出更多的社会财富。企业家精神因此有了生存的根基和土壤。

也正是在这一思潮的影响下，主动求变、积极创新在当今全社会已经蔚然成风，力争进取、不断突破成为企业家精神的共同特征。笔者并非质疑这种“企业家精神”的价值，但总觉得少了什么。黑格尔给出了答案。

2. 企业家精神的重新解读

黑格尔所说的严格意义上的“精神”，不仅主要是伦理道德，而且就是伦理道德。在《精神现象学》中，黑格尔以标题的形式作了明确的揭示，“真实的精神：伦理”；“对其自身具有确定性的精神：道德”；由前者向后者过渡的中介是“自身异化了的精神：教化”。简单来说，伦理是共体性的，道德是个体性的，要使客观公共性的伦理向主观性的个体内植，形成个体的“道德世界观”，以及作为内在主体的所谓“良心”，需要通过“教化”（黑格尔，1986）。这为理解和建构企业家精神提供了另一种路径：伦理道德路径。企业家处于特定的伦理实体，通过教化的过程（物质、制度、文化等因素相互作用），形成了自身的道德情操体系。不同于理性主义的企业家精神，伦理道德视角下的企业家精神它不仅包括理智、意识，而且包括意志、情感。“实践理性”可以包括理智、意识和意志，但却很难真正融摄作为价值之根源的情感。区别在于，伦理道德视角下的企业家精神是以德行为统摄的知、情、意的统一体，将对善的追求作为价值之根源的情感。黑格尔关于“精神”的解读，为企业家精神的重新理解提供了两个切入点：一是企业家精神加入伦理道德要素才更加丰满和贴切；二是企业家精神是嵌入特定伦理实体而激发出来的企业家群体的道德自省。因此，我们有必要在伦理道德框架中去讨论企业家精神。

三、企业家的伦理精神

回到伦理道德框架去追寻企业家精神，我们惊讶发现中西方不同伦理实体中企业家精神的差异。正如黑格尔所说“在伦理共同体中，一个人有什么样的义务，应该做什么，才能成为有德之人，这是很明确的：他只需根据所处环境要求的、规定的方式做事就行了”（黑格尔，1982）。黑格尔的伦理道德论传递了一个非常重要的思想：伦理是现实世界和特定秩序，道德是主观精神体现，伦理秩序决定了道德内容，而非道德精神决定伦理秩序（高兆明，2014）。

马克斯·韦伯（Max Weber）在《新教伦理与资本主义精神》中以及托尼（Tawney）在《宗教与资本主义的兴起》中都认为，新教教义影响了现代欧洲资本主义精神。例如加尔文教派的第一条教义就是，只有全知全能的上帝才能决定哪些人有资格成为“上帝选民”。企业家如果能成功地从事某种“天职”，就能成为上帝的选民。伦理道德框架下的西方企业家精神不仅仅停留于创新、冒险、追求梦想等要素，也体现了西方资本主义社会不安于现状、挑战自我、追求个人价值、入世服务的精神。正如《美国企业家宣言》写道：

我不要选择做一个普通人。
如果我可以，我有权成为杰出的人。
我寻求机会，不寻求安稳。
我不想成为一位有保障的国民，
孱弱而沉闷地安享着国家的照顾。
我要做有意义的冒险。
我要梦想，我要创造。
我要失败，我也要成功。
我渴望奖励，拒绝施舍。
我宁要充满挑战的人生，也不要万无一失地活着；
宁要心满意足的颤抖，也不要萎靡虚空的平静。
我不会拿我的自由换取恩惠。
也不会拿我的崇高换取救济。
我绝不在任何权威面前发抖，
也绝不为任何恐吓所屈服。
我的天性是挺胸直立，骄傲，而无所畏惧。
我要自由地思考和行动。
我要纵情于我创造的价值。

终有一天，我会面带自豪，

向世界宣告：

“在上帝的帮助下，我做到了！”

现在我们审视中国伦理实体下企业家精神的呈现。受西方思潮的影响，中国企业家承认市场的个体行动逻辑，但同时也接受着儒家的义利之辩、天下情怀等伦理价值观。对比之下，中国企业家也发布了23条宣言，以科学经营、创新发展、回报社会为核心，反映了中国企业家与时俱进、创造价值、造福社会的人生理想。中共中央、国务院2017年9月发布的《关于营造企业家健康成长环境，弘扬优秀企业家精神，更好发挥企业家作用的意见》，更明确地界定了优秀企业家精神的时代内涵：创新发展、敢于担当、专注品质、追求卓越、诚信守约、履行责任、艰苦奋斗、爱国敬业、服务社会。在最初企业家精神的基础上，加入伦理道德要素的考量，企业家精神变得更加丰满和生动，也更利于良好商业环境的构建。

第二节　中国企业家伦理精神的起源与发展

企业家精神源于西方语境，在改革开放40多年的时间里我们更多的是接受西方企业管理理论的影响和渗透，创新、冒险、追求效率、利润至上成为商业经营的圭臬。随着我国经济实力逐渐强盛，越来越多的中国企业家尝试回到中国传统文化去寻找心灵归宿和精神动力。

孙隆基曾评价说“中国整个历史发展过程呈现出来的‘深层结构’表现为一个‘超稳定体系’的形态”（孙隆基，2015），根本原因在于古时候的中国是一个高度集权的中央国家。实现古代中国高度统一的主要工具则是伦理道德规范，它们犹如印刻在中国人的骨髓血液里，影响着他们的思维方式和行为习惯，如五伦十义、三纲五常、四从八德。正是这些约定俗成的伦理规范，无论行政区域或地理界限怎么划分，一个村、一个县、一个省乃至一个国家，人与人之间的相处总有行为参照，大家相安无事、和谐共处。于是，我们有必要回到中国文化土壤去寻找企业家精神的历史留痕和脉络机理，可以发现强大的传统伦理文化对中国企业家精神不容忽视的影响。

一、古代中国商人的伦理精神

之所以要讨论中国企业家独特的伦理精神，很大原因在于中国商业萌芽及发展并不是西方文明渗透所单独造成的。早在鸦片战争以前，16世纪开始中国就经历着内在渐变，社会、政治和文化的变动交互影响，为中国传统商业世界注入了新的精神要素，主要表现为儒士精神的注入和家庭伦理的泛化，中国古代商人呈现出特有的伦理面貌。

（一）儒士精神的注入

古代中国，考取功名是个人阶层实现升迁的主要途径。如果这条路越变越窄，士人们就不得不谋求其他门路。据文献反映，明代科举名额（包括贡生、举人和进士）并没有因人口增加而增加，士人获得功名的机会越来越少。于是，不少士人放弃举业，献身商业，余英时（2004）将这一历史现象总结为“弃儒就贾”的社会运动。徽商、晋商、洞庭商人也就是在这一时期闻名天下。这是意义非凡的社会变动，从此，士和商的界限变得模糊，许多商人曾经是士大夫，不少士大夫曾经也可能是商人。商人地位空前提高，商人的精神世界出现了质的飞跃，“孜孜为利”的商人同样可以合乎“义”。17世纪初顾宪成为他的一位同乡商人写《墓志铭》，其铭曰：

以义诎利，以利诎义，离而相倾，抗而两敌。以义主利，以利佐义，合而相成，通为一脉。人睹其离，翁睹其合。此上士之所不能訾，而下士之所不能测也。[（明）顾宪成，1986]

顾宪成此“铭”直截了当指出商业世界同样有义和利的问题，不是“义利离”，而是“义利合”。顾宪成，明代名士，万历进士，官至吏部文选司郎中。他生于商人家庭，其父是一名成功的商人，其兄长也先后辅佐其父亲经商，现在他公然倡导“义利合”，我们不得不注意其观点在当时的代表性和典型性。余英时在其论著中《儒家伦理与商人精神》也列举了诸多例证来证实“义利合”在当时商业世界的流传情况。

（二）家庭伦理的泛化

中国伦理属于“关系本位”的伦理，这里的个体不是原子式的、独立的道德个人，而是嵌入一定的人伦关系中（朱贻庭，2018）。这种人伦的“关系本质”是以宗法性家庭或家族为基础的关系泛化，规定了人与人之间行为秩序。中国古代论及人伦关系，总是两两结对，形成对偶关系，且以亲情关系为纽带和基础，具体体现为“五伦”，即父子、君臣、夫妇、兄弟、朋友五种关系。关于何为人伦之本，有父子关系和夫妻关系之争。《序卦传》对此表述为：“有天地，然后有万物。有万物，然后有男女。有男女，然后有夫妇。有夫妇，然后有父子。有父子，然后有君臣。有君臣，然后有上下。有上下，然后礼义有所错。”（《易经·序卦传》）这里，突出了男女和夫妻人伦关系的重要性。因古代社会伦理传统的影响，后人多以父子为逻辑在先的人伦关系，是最为重要的亲情关系。但无论谁先谁后，中国人伦关系体现为家庭对偶关系的泛化，这也体现在古代商人的思想和行为中。

最初，家庭伦理关系在商业情境的泛化体现为商人将旧的家庭宗族关系转化为新的商业组合，如明清大贾常常让亲族子弟掌握自家关键业务和经济大权，称为“伙计”或“掌计”，这在当时相当普遍，在商业发达的山西、浙江、安徽、江苏尤甚。在他们看来，亲族比别人更加可信。慢慢地，这种家庭伦理关系泛化到陌生人之间，即无任何血缘连带关系的商人和雇员之间也会情同家人，那个时候已经出现“分股”，大家共享商业利润。顾炎武在《肇域志》描述的现象可说明一二：

新都……大贾辎数十万，则有扶手而助耳目者数人。其人铢两不

私，故能以身得幸于大贾而无疑。他日记子母息，大羡，副者始分身而自为贾。故大贾非一人一手足之力也。（谢国桢，1980）

当然，这并不是说中国古代商人都是儒雅无私之士，也不乏“奸商”的例子，但这已说明当时商人已发展了高度的敬业和自重意识，十分看重自己的名声和德望。我们既然讨论的是伦理道德在商人身上的体现，我们需要去寻找当时背景下商人群体所显现地对善和美好的一种追求，这是“精神”价值所在，给人指引和激励。

二、近代中国商人的伦理精神

近代中国史是一段让国人压抑、悲愤、呐喊的历史，内有没落封建王朝的腐朽无能，外有西方列强的疯狂入侵。面对风雨飘摇、支离破碎的国运山河，伦理实体已然瓦解，百姓个体无神慌乱，有些人迫于生计沦为乞丐偷盗甚至抢劫恶棍。但也有不少人怀揣不死之志艰难前行，让我们在这阴暗时空里看到了人性的坚强与光辉。这个时期商业发展空间极为逼仄，在与政府斡旋、为民族抗争的过程中涌现了不少杰出商人。

（一）商人对政府的依附

中国广袤的领土与稠密的人口注定了农业是国之根本，传统的商业活动排在“士农工”之后，必须依附政治才能获得生存空间，并且需要时刻谨慎，如履薄冰。近代中国清末王朝统治摇摇欲坠，攘外无能为力，安内却持续加码，个人命运（包括商人财产）操控在政府手中。所以，商业活动对政府的依附更加明显。

洋务运动创办近代工业过程中，出现了兼具官员、商人双重身份的“红顶商人”，如胡雪岩、盛宣怀、唐廷枢等。政商融合作为资本增殖的载体确立起来之后，官僚资本主义主导的格局延续至民国结束也未能得到根本性扭转。它具象化为“蒋宋孔陈”四大家族，掌控了国家经济命脉，忽视民生发展，政商精英同人民大众间的割裂，削弱了政府的合法性，最终摧毁了南京国民政府的政治权威。针对东、西方政商关系上呈现出的差异，哈佛大学著名汉学家费正清（2000）指出："中国的传统做法不是造出较好的捕鼠笼来捕捉更多的老鼠，而是向官府谋取捕鼠专利。"依附关系作为一种传统，根植于古代到近代的中国政商关系，这为当今倡导建立亲清型政商关系埋下伏笔。

（二）士魂商才的出现

如果说商业对政府的依附是治理无序和时事格局所致，商人从中获益颇多但也风险巨大，"红顶商人"胡雪岩跌宕起伏的一生就是很好的力证，这一定程度上是商人的无奈之举。在这一关系中，我们需要看到的是商人自我意识的逐渐觉醒，儒家义利观得到了重大革新，以义取利，以利济世，谋求义利合一，成为新的商业思潮。

同时，日渐衰微的清朝国力遭遇西方列强坚船利炮的重创，作为对西方资本主义入侵危机的回应，近代中国出现了具有"士魂"的商业奇才，他们心怀仁厚之心和爱国之情，"师夷长技以制夷"，引进西方的技术与组织模式，大胆创新"国货"产品，企图用资本主义发展经济来拯救摇摇欲坠的中国。清末状元张謇可称得上"士"的典范，他放弃了状元身份，回到家乡南通，以实业为"父"，教育为"母"，成为中国第一家股份有限公司大生纱厂的创始人。晋商群体也提倡儒家的诚信、仁义、忠恕精神，讲究宗法乡谊，在外地通过会馆相互扶持帮靠，提高了晋商的信用。

三、当代中国企业家的伦理精神

彭慕兰在《大分流》中指出，中华帝国的经济政策从来不是为了发展经济，而是出于稳固政权和避免阶层矛盾的目的。在欧洲，各国的政权不是能靠稳定维持的，而必须依赖于竞争和扩张。事实的确如此，直至新中国成立后经济问题才开始真正得到中国政府的重视。此时国际形势已风云突变，势力中心也发生了变化，一个国家的实力不再取决于稳定和集权，而是科学与技术、创新与变革、竞争与扩张……沉睡一个多世纪的中国开始睁眼看世界，轰轰烈烈的改革之路拉开帷幕。

（一）理性精神的觉醒

毫无疑问，欧美国家的崛起与兴盛归功于科技进步助推的经济腾飞，与追求科学真理、尊重知识产权的理性精神是分不开的。完全以道德治理偌大的中国，犹如爬满虱子的华袍，变革必须从“制度”入手，对理性精神的迫切需求呼之欲出。

韦伯（Weber）认为新教伦理的一大成就在于打破亲族的束缚，使家与商业完全分开，而中国则太重亲族关系，没有“事业功能”，因此经济发展受到限制。时至今日，以美国为首的西方社会还未完全承认中国的市场经济地位。究其原因，改革开放之初中国商业个体并不是充分自由的经济主体，他们及其商业活动更多是体制内安排，是嵌入关系网络的非理性活动，而非利益驱动、符合功利主义目的的产物。换句话说，西方认为只有基于个人私利驱动的行为才能带来社会财富的最大化，这是最可靠也是最有用的。他们将剥离于个人欲望之上的商业经济行为视为“危房”，极易崩塌，难以促进经济社会的真正发达。于是，承认个人的利益、保障个人的权利、释放个人的激情，成为中国进行改革的“先手棋”。

深圳蛇口改革开放展览馆馆内挂了两幅字，一幅是改革开放总设计师邓小平的话，“深圳的蛇口工业区更快，原因是给了他们一点权力，500 万美元以下的开支可以自己做主。他们的口号是‘时间就是金钱，效率就是生命’”，讲的是自上而下的放权。另一幅是被誉为“蛇口之父”袁庚的话，“蛇口的发展是从人的观念转变和社会改革开始的”，体现的是自下而上的变革。中央自上而下的放权与广大创业群体自下而上的变革，两股力量“双向奔赴”，个人利益得到肯定，人的积极性被空前激发，利益驱动的市场经济获得长足发展，中国社会进入物质财富创造和快速积累的黄金期。

（二）企业家精神的形成

沉默了百年的中华民族，因落后而受到百般屈辱，承载了太多的使命和责任。改革开放号角一吹响，一批仁人志士迫不及待谋求改变，他们出生草莽，坚韧勇敢、打破常规，兴起企业家群体和创业者大众化的浪潮。他们斩断对过往的情丝，抛去一切道德的含情脉脉回到利益关系的基本面，大刀阔斧引进西方管理理念和企业管理制度，迎来了中国40多年的经济大发展，温饱问题得到彻底解决，实现了全面小康。

这个时期，中国企业家们用最简单直接的"投入回报"规则处理商业问题，高效、快捷、经济、利润成为他们追求的目标。他们勇于变革、大胆创新，书写了中国经济发展的神话。这与西方定义的"企业家精神"高度吻合，极具功利主义色彩。就如安·兰德所形容的"自私的美德"一样，"理性的自私、合理的自私"会变成"看不见的手"促进物质财富的积累和社会文明的进步。但我们必须看到，社会中出现了一些异样情况：劳资关系冲突不断、假冒伪劣产品层出不穷、生态环境遭到严重污染、知识产权不受保护、贿赂腐败问题成风……

问题出在哪？西方具备健全的市场经济体制，制度环境和法治基础相对完善，一定程度上能规避或抵消个人私欲对公众利益的侵占。与欧美相比，中国的企业家或创业者是在没有市场（计划经济）的前提下艰难地发展起来，在体制外、系统外甚至"灰色地带"萌生和发展起来，在与国有企业的博弈中发展起来，在人口和改革红利中发展起来（张玉利、谢巍，2018）……这些实际一次次向我们证明，中国绝不能照搬西方发展模式。

纯粹的西方企业家精神不能引领中国企业家在创造物质财富的同时获得精神世界的富足，越来越多的声音呼吁建立起属于中国自身特色的商业模式和管理体系，符合中华民族基因的企业家精神何尝不是一种可能的成功路径。

（三）企业家精神与伦理精神的融合

2017 年 9 月国家发布的《中共中央、国务院关于营造企业家健康成长环境，弘扬优秀企业家精神，更好发挥企业家作用的意见》，界定了优秀企业家精神的时代内涵：创新发展、敢于担当、专注品质、追求卓越、诚信守约、履行责任、艰苦奋斗、爱国敬业、服务社会。这既是对中国企业家精神内涵的指引，也是对传统优秀企业家精神的总结。其中包含了西方企业家精神内涵中相对稳定的维度，如创新发展、追求卓越、诚信守约、专注品质等，这些需要代代传承；也强调了企业家精神内涵中的伦理维度，如履行责任、爱国敬业、服务社会等，目的是更好地创造社会价值和承担社会责任。时至今日，优秀的中国企业家被赋予更多伦理责任，在创新驱动发展、由经济大国变成经济强国、实现中华民族伟大复兴的中国梦的进程中发挥引领作用，提升中国企业家精神的整体水平。

当然，如何将变革性的企业家精神和理想化的伦理精神进行有机融合，我们还在探索当中。但我们相信，随着产业升级速度的加快，企业家的经营理念也在更新迭代，从单一地关注顾客、竞争者到利益相关者概念的提出，将社会价值与经济利益很好地融合在一起，必将成为企业竞争优势的重要来源。可以预见的是，在社会企业能否上市、是否该赢利等问题讨论清楚之前，大量体现社会价值与经济效益融合的“社会产品”就会产生，这也符合自下而上创新的规律。学术界和企业界值得联手，把中央提出的优秀企业家精神特征逐条分解落实到政策和工作中，这是优秀企业家精神建设重要且可行的途径。

第三节　中国企业家伦理精神的异化

浩如烟海的中国传统伦理文化孕育着大量的精神财富，为身处物欲横流的商业情境中的企业家们照亮了灵魂灯塔。但无法否认，在中国经济发展进程中，许多企业家也迷失了方向，轻者以事业惨败收场，严重者破坏社会公正、违纪违法。笔者无意于论述整个历史发展阶段中国商人或企业家伦理精神的异化，认为讨论改革开放以后中国企业家伦理精神的异化更具现实和指导意义，毕竟这个时期中国企业家才以真正的群体形象出现。

一、公民意识的缺失

费孝通先生将西方社会比喻为捆柴，同把、同扎、同捆的柴分扎得非常清楚不会乱，称为“团体社会”，团体社会中的人与人之间的关系界定得非常清楚，“钉是钉，卯是卯”，很少相互牵连、千丝万缕。因此，西方社会不仅仅讲求优胜劣汰的竞争机制，基于规则和公民意识的通力合作同样重要，这样才能促进任务达成、社会进步。中国社会就不同了，犹如水面丢入石子所泛起的涟漪，一圈一圈向外推开，总是以一个中心向外延展，被称为“差序格局”（费孝通，2015）。这些圈具有两个显著特征：一是必定有一个中心，通常这个中心就是“我”或“己”。中心势力的大小决定了圈子的大小。正如费孝通说道“在乡下，家庭可以很小，而一到有钱的地主和官僚阶层，可以大到像个小国”。二是不同圈里面的人会被区别对待，“像水的波纹一般，一圈圈推出去，愈推愈远，也愈推愈薄”。中国人际交往中，以“我”为中心可以建立多个圈子，圈子中的人也在不断地变化。当你是“圈内人”时，我对你是 A 标准；当你变成“圈外人”时，我对你是 B 标准。“在这种社会中，一切普遍的标准并不发生作用，一定要问清了，对象是谁，和自己是什么关系之后，才能决定拿出什么标准来。”这种基于人情关系建立起来的社会结构，缺乏公民意识，人们很难产生公德心，“一说是公家的，差不多就是说大家可以占一点便宜的意思，有权利而没有义务了。小到两三家合住的院子，公共的走廊照例是灰层堆积，满院生了荒草，谁也不想去拔拔清楚”（费孝通，2015）。

中西方商业实践已经向我们证明，如果仅仅依靠政府组织或调配，难以真正激活和释放市场活力；倘若放弃政府监管，市场又会乱象丛生。如此，基于公民意识的普适性规则的建立就非常重要。但我们发现，当前部分中国企业的公民意识堪忧，毒奶粉、违规生产、环境污染等自私逐利行为层出不穷，哪管对他人、对社会、对国家利益的损害。在这方面，我们还有很多功课要补。

二、主体意识的抽离

中国古代王朝一直致力于高度集权，逐渐形成大一统的局面。统治阶级在伦理道德体系的设计上更具发言权，构建了等级森严、运转有序的伦理道德体系，进一步为国家政权服务。这一进程中，儒家伦理道德体系拔得头筹，在董仲舒、朱熹等大儒的加持下，逐渐成为了封建社会秩序的指导性规范。毫无疑问，儒家伦理道德体系在社会层面维系了中华文明和中华民族的数千年延续。结构严明的伦理秩序与高度集权的国家政权相互交织，共同促成了超稳定的社会形态，个人深深嵌入其中而难以自知和自行。在近代追寻“德先生”与“赛先生”的浪潮中，“三纲五常”与它所维护的封建社会一起土崩瓦解，但其内核仍深刻影响着中国人的思想和行为方式。其中最为典型的则是个体对政府的高度依赖。

如果说，这种对政府的依赖在新中国成立之初是制度设计的安排，但在如今不断深化的“放管服”营商环境改革下，无论是政府的放权意识，还是企业家的主观能动性，都未完全释放。从开始的计划经济，改革开放后逐渐允许个体户、乡镇企业、民营经济、私营企业存在，资源仍旧集中在政府及其背后的国企手中，民营经济还是处于边缘化的境地。这种情形下，创业者或企业家多是花费时间在政商关系的经营上，难以真正将精力投入到创新、研发等变革性生产要素上。营商主体意识的抽离，导致个体主动性受到压制，企业家精神发展受限。如此，企业家所能发挥的伦理精神引领作用也是极其有限的。

三、人情关系被工具化

中国是一个人情社会，“面子文化”深刻影响着中国人际交往关系，私交越深越是如此。正如费孝通先生所说中国人际的“差序格局”很难产生公民意识，社会交往规则陷入“私德”的窠臼。简而言之，人们很难做到“公事公办”“私事私办”，更多的是“公事私了”“私事公办”。在改革开放之初，市场经济体制和社会治理体系还未完全建立时，这种私交文化产生的危害甚大，造成对国有资产的侵占和人民利益的损害。主要体现为：

（一）市场经济体制下的人格化行为

改革开放引入市场机制，资源信息掌握在政府手中，商人要进入市场且获得成功，必须得到政府的支持。由于缺乏相应制度安排，政商关系往往具象为商人与公职人员的交往。市场行动中的逐利逻辑和有偿逻辑日渐支配了人格化的政商关系。“以己为中心向外不断延伸出差序格局网络，网络中每一个节点都由私德来维系”（费孝通，2015）。资本最原始的逐利冲动，驱使企业家争先恐后涌向公职人员手中的权力。围猎官员的现象频繁发生，以权力为“保护伞”，以权力为利润源，衍生出不法商人紧跟腐败官员的乱象。私德制造不平等，公职人员首先运用公权力给企业家创造利润，让自己成为施恩者，企业家成为受恩者。通过不断给予让受恩者承受巨大的回馈压力，产生人情债。然后再以伦理秩序进行维系，即公职人员与企业家是管理者与被管理者的关系，“上位者”任意支配“下位者”，产生有恩必报的强制力。公职人员以人格化政商关系进行权力寻租的恶性循环由此生成。

（二）政府主导下的合谋化行为

纵向行政发包和横向晋升竞争组合一度被学界认为是解释我国政府行动逻辑的一个基本框架（周黎安，2014）。政府肩负完成分包任务与增进绩效考核的双重刚性使命，可能因此纵容企业选择“坏的”生产方式（聂辉华、张雨潇，2015），导致政商关系异化为合谋化的关系。以曾经备受全国关注的秦岭违建别墅整治案为例，当地政府最初打政策“擦边球”，对企业明修栈道，暗度陈仓，把文旅项目变为住宅项目，变相协助企业逃避管制措施，打开了政策缺口。即便是面对习近平总书记的多次批示，相关部门和人员还是没有足够重视存在严重的形式主义和官僚主义，执法更是流于形式，还将秦岭违建别墅作为区县年度重点项目来推进。可见，企业以利益捆绑的方式与政府交织成稳定的政商利益生产网络，共生性庇护秩序应运而生。

四、家长制下人格压缩

历经几千年封建帝制，权力距离文化已经深深融入中华民族和中国人民。从后来的中国历史发展来看，等级思想已经深深地影响了中国人的处世态度。豪斯等（House et al.，2024）在全球文化差异的研究中也发现，内地和香港地区的权力距离价值观念要比别的地区更强一些。早在1976年，西林（Silin，1976）以中国台湾地区一家大型家族企业作为研究对象，发现了类似家长管理自己家庭成员的员工管理模式。企业老板更像一个“大家长”，表现出说教、控制、关心、集权等复杂的领导管理风格。随后，雷丁（Redding，1990）、韦斯特伍德（Westwood，2001）等人都发现了类似的领导风格，将其命名为“仁慈式的专权领导风格”或“家长式首脑”。樊景立和郑（Farh and Cheng，2000）和郑伯埙（2003）在前人基础上确定了家长式领导的内涵，包括仁慈、德行和权威三元要素。在传统的儒家文化中，家是个核心的概念，儒家文化中的三纲，即“君为臣纲、父为子纲、夫为妻纲”，能够明确地表达出父权在家庭中的统治地位。在这三大要素的作用下，员工对领导（尤其是企业老板）普遍表现出又敬又畏又羡的复杂心理，而这些心理背后都潜藏着一个“小我”，也即压缩的“我”。

首先，家长式领导的威权体现了法家的“法”“罚”和“控制”。父亲对孩子及其他家庭成员表现出来的独断专权、责备和距离等行为，是为了显示不容侵犯的威严，通常孩子都会表现出服从。当中国人把这种家庭相处模式泛化到企业的管理实践中时，威权领导对员工的要求就是绝对地服从和执行。这种情况下，员工一般会表现出对权威的服从和畏惧，有时候会放弃自身权益去迎合企业大家长的要求。

其次，家长式领导的德行体现了中国儒家“己立立人”的安身哲学。对企业领导来说，德行、智慧和才能，是他们对道德伦理的醒悟，促使他们以身作则，树立道德表率，成为道德标杆，这样才能使得下位者心服口服，甘于遵守法令，正所谓“其身正不令则行”。德行领导表现出较高的道德情操，成为大家学习的伦理典范，深得员工敬佩。这种众星拱月般伦理象征的存在，对于一般员工而言有些遥不可及，正如“为政以德，譬如北辰，居其所而众星共之”，领导总是中心，像四季不移的北极星，所有其他人都随着他转动。如此一来，道德水平层面上，员工又是相较于领导的“小我”的存在。

最后，仁慈领导是儒家伦理体系核心的存在，是孔子常常提到的“仁”。在儒家伦理体系中，不具备“仁”的人不能长久保持朴素的本质，不能体验生命本质而长久的快乐。在企业中，具备“仁”的领导主张员工之间要融洽相处，主动替员工考虑，关心、照顾、体恤他人。在仁慈领导的庇护下，员工容易产生依赖心理，有时候遇到问题不是思考如何解决，第一反应就是寻求领导的帮助。一个被弱化了的“个人”，在面对“心理形势”比自己占上风的人时，总会觉得有一股比自己强大的外力将自己带动。

以上因素，都造成了一个自我压缩的人格和不发展的“个人”，员工依赖心理强，总觉得强大的大家长能带领企业组织走向辉煌，自我主动性和创造性也就不那么重要了。

中国企业家伦理精神的异化，有个人原因，也有体制因素，就如吴晓波所描述的一样：中国公司一直是在非规范化的市场氛围中成长起来的，数以百万计的民营企业在体制外壮大，在资源、市场、人才、政策、资金甚至地理区位都毫无优势的前提下实现了高速的成长，这种成长特征，决定了中国企业的草莽性和灰色性（吴晓波，2020）。未来，文化惯性思维和传统体制机制对营商环境、企业家精神带来的不利影响必须得到进一步的重视和修正。

第四节 中国企业家伦理精神的价值

任何一段历史都是独一无二的，1978 年以来的中国则是最具颠覆性和不可重复性的。“一群小人物把中国变成了一个巨大的试验场，它在众目睽睽之下，以不可逆转的姿态向商业社会转轨”（吴晓波，2020）。王石、冯仑、史玉柱、柳传志、任正非、董明珠……一个个优秀的企业家推动企业迅猛发展，留下了无数精彩的故事，为中国改革开放和经济发展作出了贡献。同时，更重要的是，这些企业家的成长经历和人生经验向我们展现了不同于西方企业家精神的一面，散发着中国独特伦理文化的光芒，颇为引人注目。

一、德行伦理

前文已经提到中国伦理个体是走“内在超越”路线的，从修身到平天下，从内圣到外王，再从修己到达人，都强调治理万事万物的基础和起源是一个完善的自我。何为完善的自我？回到儒家伦理传统里，只要君臣、父子、夫妻、兄弟、朋友之间互尽义务，则是完善的“自我”，进一步抽象为仁、义、礼、智、信。在有宗教信仰的国度，正直、诚信、善良来自于神的召唤，在交易过程中演变为诚信、童叟无欺的职业精神。在无宗教传统的中国，品德修养源自个人内心的追求，是伦理文化印刻在集体心理中的烙印，形成“修身以成人”的个体心理。这放在商业情境中有无价值？答案是肯定的。难以想象没有自律和自制精神的社会，交易何以进行？无须多言，建立在主观意志上的法律条文都是有限理性的体现，无法穷尽无法预知或所有不确定性因素，因此依仗个人可靠的人格品质则显得非常重要。特别是在中国市场经济早期阶段，商业交换中的个体的德行伦理更为重要，对对方可靠性的评估是信用的最初形态，交易才得以成功进行，商业才能最终形成业态。

那么要追求什么样的德行？古代哲人有太多论述，其中最为典型的当数儒家经典《大学》中明确提出的“大学之道，在明明德，在亲民，在止于至善”。修身的目的，就在于修得光明德行，在于亲爱民众，在于达到至善至美的高尚境界。关键词在于“善”。王守仁在心学理想体系下，提出了“圣人之心以天地万物为一体”的境界，他说：“至善是心之本体。”无论是人性善恶之争，还是人性品级层次之争，其目的都是为后天的修养、使之保持和恢复先天的善性，或者改恶从善，以及从低品次到高品次的变化来奠定思想基础，在人性理论的基础上，以道德自律作为修身的基本模式，最终目标是实现理想的人格和精神境界。企业家，要有“善心”、存“善念”、做“善行”。试问，那些诚实守信而又有责任感的企业，我们会不会优先购买他们的产品？对于遵守社会规则、承担社会责任、推动社会创新的企业，我们会不会更加推崇？答案是肯定的。鸿星尔克作为国产品牌在 2021 年河南灾情中捐款了 5 000 万元，可是据统计，鸿星尔克在 2020 年的净利润是 -2.2 亿元，是的，没看错，是负 2.2 亿元，可想而知，鸿星尔克捐赠的 5 000 万元是有多难。在观看鸿星尔克直播间的时候，主播会告诉我们，不要冲动消费。有很多网友说，捐了这 5 000 万元，真的很害怕鸿星尔克破产，也是因为此举，国产品牌鸿星尔克被更多的消费者支持。

二、兼济天下

受儒家“民吾同胞”思想的影响，中国企业家会突破企业组织边界，表现出对他人、社会、国家的忧爱之心。越是成功的管理者，越是“以天下为己任”，表现出高度的社会责任感。可以说这是传统中国“大同社会”所赋予给中国人的伦理理想追求。放眼于现代企业管理领域，中国企业家的“天下情怀”似乎也是对当前西方管理领域倡导的“公民伦理”的贴切回应，致力于服务他人、社会的终极关怀和良好目标（Resick C J，2006）。换句话说，“天下情怀”不仅是中国企业家的伦理追求，也符合当下组织公民建设的现代企业发展趋势。

中国企业家逐渐成为社会慈善事业的中坚力量，其中民营企业是慈善捐赠主力（Li and Liang，2015）。据中国慈善联合会发布的《2018 年度中国慈善捐助报告》显示，2018 年约 50% 慈善捐赠来自民营企业，全年捐赠额达到 450. 32 亿元。抛开这些冰冷的数据，中国企业家“兼济天下”也经历了由粗放型向精准型的转换。最开始是遵从善心、捐赠财物，慢慢开始关注受助者生活生存能力的提高，采取“赋能”行动，这在最近几年脱贫攻坚和乡村振兴事业中企业家返乡创业的事迹中可见一斑。

三、灰度管理

中国人似乎非常擅长灰度关系的处理，“内方外圆”成为评价一个人情商的重要指标。不同于“圆滑”，“内方外圆”是一种带着善良的智慧，能提高各方的舒适度，让对方感到舒服和惬意。无法否认，我们所处的世界是多元共存而非单一的，这决定了我们不能以“非黑即白”的思维去解决问题。在商业情境中更是如此，资源组合、市场环境、潜在需求、风险因素等瞬息万变，面临的悖论、困境、矛盾更是丛生，没有绝对的正确和真理，只有恰到好处的适度和合理。面临这样的环境，如果没有灰度管理的艺术，必定是举步维艰。

（一）专权与授权

不同于传统市场，企业发展更多依赖企业家或高管的高瞻远瞩、运筹帷幄。当今市场因素复杂、风险因素增多，即使是商业天才也很难做到理性决策。一些有价值的信息往往在组织中呈分布式存在、碎片化的存在，只有亲身接触这些信息的人才能做出正确的选择。在这种情况下，我们必须允许那些参与企业战略实施的经历者，在一定规则和范围内行使他们的自主性，否则必定会贻误良机。任正非提出了一个解决方案——“让听到炮声的人呼唤炮火”，让听得见炮声的人来决策。这说起来很简单，做起来却很难。如果一线员工决策错误怎么办？这是局限于官本位思维中的精神内耗，永远迈不出“授权”的步伐。据此，任正非在很多场合反复强调，要更包容一点：

不要嫉恶如仇，黑白分明……干部有些想法或存在一些问题很正常，没有人没有问题。如果我们不坚持宽容的政策，今天业务上做假账，就不会有四五千人的申报……说明我们的宽容政策发挥了很大作用，我们要继续宽容下去，我们不是生死敌人，是同一个战壕的战友……（田涛、吴春波，2017）

（二）强硬与柔和

任何一个成功的组织离不开规章制度的建立，在规则的治理和制约下个人可以高效地完成既定任务。但我们必须承认，参与组织活动、执行组织规则的都是活生生的个人，我们不可能依仗一套完全稳定、不需要任何变化的情境规则体系，我们需要组织中的个体“相机而行”。张瑞敏提出了“思方行圆”，使他能够游刃有余处理各种危机和冲突。“方”是思考要全面、要遵循规则、要有棱角；“圆”是行为要周全、根据情境变通、富有艺术感。张（Zhang）基于中国阴阳哲学理论提出了“悖论式领导”，以组合型特质为基础，善于在复杂的冲突环境中应对自如，进行有效应对和管理（Zhang Y，2015）。

（三）义与利

古代中国经历了“义利相悖”的漫长时期，从而衍生了“士农工商”的社会阶层排位。明代开始，义与利的关系发生质的改变，“以义主利，以利佐义，合而相成，通为一脉”发展成为新的义利观，商人的地位也有显著提升，甚至大有与“士”同流之势。孔子曾经说过，“礼以行义，义以生利，利以平民，政之大节也”。执政者的职责就在于循礼而行义，只有行义，才能创造出物质利益，从而满足人民的需要，这就是为政的真谛。

真正做到义利相合，与悖论思维是离不开的，谋求矛盾对立面的统一，首先要过的就是思想关，才能最终落实为行为。在张瑞敏、马云、任正非等中国企业家身上，我们能看到他们对义利关系平衡处理的尝试。马云最初创办阿里巴巴时就明确了市场定位：不做一家电子商务公司，而是做一家帮助别人成为电子商务的公司。正如马云所说：

互联网如果是一个世纪最大的一个变化的技术，变革的技术，它一定是做昨天做不到的事情。那么，是什么东西昨天做不到呢？就是帮助那些小企业，锁定那种昨天没有得到帮助的人，解放那些小企业的生产力，解放能够让这些小企业具有 IT 的能力。所以我们是十五年以前锁定只做小企业、只帮小企业，所以导致我们的方向完全颠了过来，跟别人不一样。[①]

“别人好了，我们才能好”，使阿里巴巴成为全球最大的零售交易平台，成为互联网创业的一个神话。义利并不矛盾，而是相互促进，关键在于“正念”引导，这与日本企业家稻盛和夫多年来一直强调的

---

① 阿里巴巴集团执行主席马云在 2014 年世界互联网大会上发表的主题演讲。

“利他之心”的经营哲学相一致。如果将义和利视为商业活动的精神面和物质面，则在创造价值的过程中，实现了价值认识上的“见利思义”，行为准则上的“取之有义”，效果上的“先义后利”和价值判断上的“义利合一”。

四、批评文化

中国人懂得人非圣贤孰能无过的道理，而“君子之过也，如日月之食焉；过也，人皆见之；更也，人皆仰之”（《论语·子张》）。意思是说，君子也会犯过错，但君子能够改正过错，受人敬仰。从古代典籍中，我们能找到很多关于批评文化的名言警句，其中自省和纳谏是传统批评文化的精华。

自省是贤人君子立身做人的主要方法。孔子开了贤者自省之先河，主张“见贤思齐焉，见不贤而内自省也”，即见到有德行的就向他看齐，见到没有德行的就自我省察。他认为，君子不仅应该不断反省自我，而且在发现错误时，更应努力改正，以期“不二过”。孔子的自省思想在后来继续发展，孟子主张“君子必自反”，认为待人接物若达不到目的就应从自身找原因，即“爱人不亲，反其仁；治人不治，反其智；礼人不答，反其敬。行有不得者皆反求诸己，其身正而天下归之”。明代王阳明则提出了一套自省理论，认为“夫过者，自大贤所不免，然不害其卒为大贤者，为其能改也。故不贵于无过而贵于能改过”。即，犯错在所难免，但重要的是能改正。而改过之方法，一为“反己”，即自我反省；二为“责善”，即朋友、师生之间互相批评。

纳谏是历代开明统治者察纳忠言、接受批评的一种为政方式，中国典籍中记载了很多这样的例子。《诗经·周颂·小毖》是周成王总结蔡管之乱的教训，请求群臣辅佐之辞，其中所言“予其惩，而毖后患”，即我要吸取以往教训，警惕再有后患发生。《毛诗大序》解释“风”说：“上以风化下，下以风刺上。主文而谲谏，言之者无罪，闻之者足以戒”，统治者用“风”教化百姓，百姓用“风”讽喻统治者，说话者不会有罪，听取者足可警戒。苏轼在《策略三》中谈君主用人时说：“君不疑其臣，功成而无后患，是以知无不言，言无不行”，即政治安定赖于臣敢针砭时弊，君则坦诚纳谏并力行改革。至于历史上的汉高祖刘邦“从谏如流”、唐太宗李世民“闻过即改”等事例更是为人所知。

前文说过，中国人是好面子的，自省顶多是个人的自我伤害，外人还看不着，不伤脸面。但纳谏，也即批评，是逆人性的。批评之言蜻蜓点水、隔靴搔痒，暂且还能承受。一旦批评伤筋动骨、触及灵魂，那绝对是令人如坐针毡、颜面扫地。但其好处是不言而明的。因此，经过革命实践的洗礼，毛泽东把马克思主义唯物辩证批评观和中国传统批评文化精华相结合，精辟地凝练为批评与自我批评，并最终成为中国共产党的三大优良作风之一。中国共产党成立 100 年来，正是依靠积极健康、理性自觉的批评与自我批评，才不断地从失败、失误中总结教训，实现了由小到大、由弱到强、由摇摆到坚定的发展壮大。

在党内发展成熟的这一有力武器，也被许多中国企业家运用到企业管理中，成为解决团队矛盾、增强团队协作的绝佳方案。通过批评与自我批评，可以解开大家自我保护的外衣，坦诚相对，减少隔阂，增强部门间的配合协作意识。典型代表是任正非。华为的深圳坂田总部大门口立了一块大石头，刻有“华为基本法”中任正非的一句话：“一个企业长治久安的关键，是他的核心价值观被接班人确认，接班人又具有自我批判的能力。”自我批判绝对不是搞个活动、仪式、运动，它深刻嵌入华为各项制度中，比如任职资格标准、晋升条件、后备干部品德考核等。华为有两个组织行使自我批判的职能：一个是员工自我批判委员会。由 18 位成员组成，任正非和董事长都是这个委员会的顾问，对全公司以及相关部门的自我批判制度建设及自我批判活动的有效实施和监督提供政策方向、政策指导和组织实施①；另一个是 CEC，道德遵从委

① 田涛、吴春波：《下一个倒下的会不会是华为》，中信出版集团 2017 年版。

员会。这个委员会的职责和公司的道德遵从、文化、干部培养、自我批判是相关的。华为在全球建立了 7 758 个道德遵从办公室，选举了 5 193 名各级委员。在华为，道德遵从委员会是民主产生的群众组织，和董事会、监事会一起构成了公司治理的三驾马车。

【案例思考】

华尔（宁波）：一家美资中国公司的人本管理转型*

华尔宁波是华尔旗下一家全资子公司，位于浙江省宁波市奉化溪口镇。其前身是一家乡镇集体企业，1995 年被华尔由合资到全资收购。最初华尔宁波还只是华尔的一个制造工厂，只承接生产任务，生产产品主要为各类电推剪、修发器和按摩器。到 2019 年，已拥有电推剪、修发器、修眉器、电吹风、按摩器等多条产线，并面向国内建立起专业线、家用线、宠物线等立体式渠道品类布局。

一、临危受命

2008 年，华尔宁波内部管理混乱，问题重重：车间生产模式极为落后，冲压、刀片机加工、注塑、组装四大制程之间互相割裂，且人力高度密集，自动化水平很低；产品订单经常无法及时交付；产品品质差，屡遭客户投诉。

“个人计件制”是当时主要的管理模式。员工都争抢容易、单价高的工序，班组长掌控一线员工生产任务分配的权力，以权谋私。同时，计件制使得员工只顾自身利益，只重视生产数量而不考虑产品质量；员工之间缺乏团队合作的意识，更谈不上工序间的协调和互帮互助。有时

* 本案例正文（此处根据需要有所删减调整）收录于清华经管学院·中国工商管理案例库，版权归清华大学经济管理学院所有。案例作者为清华大学经济管理学院教授曲庆、宁波诺丁汉大学教授富萍萍 、案例研究员孟菲、清华大学经济管理学院博士生胡倩倩。作者或版权方无意说明企业成败及其管理措施的对错。

同事间会为了争抢容易做、单价高的热门工作而激发矛盾，恶语相向，甚至大打出手。一些班组长则利用分配任务的权力谋取私利。中高层领导没有好的解决办法，只能听之任之。

客户订单无法按时交货，由于质量问题还遭遇重要客户沃尔玛的退货，如此内忧外患之下，华尔宁波开始谋求变革。2008 年底，35 岁的钱模星作为高级供应链经理加入华尔宁波，此前他已经在珠三角的两家世界 500 强欧美公司积累了丰富的工作经验，美国高层希望他能够借助其专业优势解决当时最急迫的无法按期给客户交货的问题。恰好时任总经理的聘任合同于 2009 年 3 月 31 日到期，美国华尔决定不再对其续约，而是聘用钱模星为代理总经理。与此同时，华尔总部解雇了宁波公司十几名中高层管理人员和 30 多名有问题的员工，重新从外部招进管理人员。

二、全员罢工

钱模星成为代理总经理之后，第一件事就是进行分配制度的变革——将“计件制”改为“计时制”。变革需要重新梳理管理系统，让制度和流程更透明，让生产以客户为中心，客户需要什么就生产什么，而且要保质保量。这直接触动了一些人的利益。以前员工爱干多少干多少，上下班时间弹性很大，上班时还可以干自己的私事。改成计时制后，上下班的时间统一了，上班时也管得严了，不少人不适应新的制度，一时间民怨沸腾。特别是掌握着工作分配权的班组长，在新的制度下，他们手中的权力没有了，不再有机会捞好处；他们当中很大一部分是当地人，有些人还很有背景，更是咽不下这口气。在他们的组织煽动下，2010 年 4 月，工厂发生了全员罢工。经政府介入谈判，双方协商，最后由公司补偿员工 60 元/天误工费结束。

这次罢工后，钱模星没有放缓变革的步伐，毕竟他刚上任，得拿出业绩回报公司对自己的信任，而且，他也坚信自己的变革方向是对的。但是，班组长们的不满没有解决，怒火暂时被平息的员工们并不买账，只过了一年，就爆发了第二次罢工。这次，员工们更是提出十六条诉求：保安不能进入车间检查纪律、承诺当年加薪达到一定比例、罢工期间工资正常发放……而最后一条是：钱模星不下台，我们不复工。

集团支持钱模星的改革，拒绝接受员工最后一条要求。在集团和政府的支持、协助下，钱模星带着管理层逐条研究员工们的诉求，能答复的马上答复，不能答复的一周后答复，不合理的马上就讲不同意，然后逐条生产线跟员工沟通，要求复工。其中一条线拒绝复工，公司查出了在背后挑事的头目，直接将其开除，后面就都顺利复工了。虽然罢工平息，但是钱模星从内心感到苦楚："从一名供应链经理一下升任代理总经理，薪酬也提高了，但是向外求的这些名和利，并没有给我带来内心的快乐。"

三、接触传统文化

2011 年罢工之后的一个周末，钱模星在公司宿舍清理抽屉时，偶然发现别人赠送给自己却从未开启过的一些书籍和光碟，他随手播放了光碟就被深深吸引住了，这是一直学习西方管理思想的钱模星第一次接触国学。

"读中国传统文化，正好印证到自己当时的心念"，钱模星开始主动寻找学习机会。2011 年 5 月，偶然得知浙江舟山要举办大型传统文化论坛，钱模星带领妻子和四位高管一同前去参加。此次学习，让钱模星对传统文化有了更深刻的认识，特别是"法不能独立，令不能自行。得其人则存，失其人则亡。法者，治之端也；君子者，治之原也""行有不得，反求诸己"让他对过去这段时间的经历有了新的认识。而管理层也一致感到传统文化能帮助他们更好地认识自己，理解企业和社会的问题。接下来，大家开始讨论如何将其在企业中推广。带领员工学习传统文化教育者先受教育，钱模星决定先从高层开始推广。"直接向我汇报的高管们每天早上来我的办公室一起读《弟子规》，读了几个月之后，大家都很痛苦，因为口读心不读，没有带来行为的任何改变，一些高管还在背后抱怨。"

2012 年 9 月，浙江省绍兴市举办为期 21 天的传统文化读经夏令营，诵读《弟子规》《论语》等传统经典，修习传统礼仪。钱模星拿到30个名额。经过一番考量，钱模星决定选平时在工作态度上表现最差的30名一线员工前去学习，而且要求他们必须要带着家庭成员，父母两人必须至少带一人。出发时，钱模星亲自送行；当他们学习结束返厂时，钱模星又在工厂门口欢迎。第二天，参加学习的员工和公司中高层管理者分享学习体会，表示夏令营讲师们联系实际讲解传统经典中的孝、仁、义、礼、家和万事兴等理念对自己影响很大，有的员工讲到动情处，痛哭流涕，懊悔过去不孝顺父母的行为。其中有一名员工主动反省过去和主管的争执，当面向其道歉，之后主管也对自身进行了反省。参加此次学习分享的还有恰巧在公司出差的美国高层，他们非常惊讶于这种教育效果，因而之后对华尔宁波用传统文化教育员工的举措给予了肯定与支持。

2012年10月，华尔在公司举办了以“身心和谐、企业和谐、社会和谐”为主题的大型传统文化论坛，请了几位知名国学讲师传授学习传统文化的心得。论坛进行了三天，1 000名华尔员工全部带薪脱产学习。讲师通过真实故事分享与自身的体会，帮助员工更深刻地理解“己所不欲，勿施于人”“行有不得，反求诸己”等国学经典名言的意义，很多员工深受感触，进而在生活和工作中践行，产生了积极的效果。修发器车间的一位组长感慨道：“学习了传统文化之后，我个人和家庭都发生了巨大的变化，最受益的是夫妻关系变得非常融洽，从2012年到现在从来没有吵过一次架，改变不了别人就只能改变自己。”但与此同时，论坛也受到了质疑，一些员工家属来到公司质问：你们是不是在搞“迷信”？是不是在“洗脑”？

四、反思罢工事件

传统文化论坛召开之后，公司管理层梳理出《员工行为准则》，明确了员工的行为规范。钱模星自己也开始深刻反思：“孔子说，‘行有不得，反求诸己’，虽然罢工有员工自身的问题，也有历史遗留的管理问题，很大程度还是因为当时管理层急于追求业绩，进行计时制改革，从而导致了员工和管理层的严重对立。他之前所在的外资公司经营管理已经比较成熟规范，按照既定的规章制度管理员工就可以，但这种方法并不适用于现在的华尔。因为企业变了，管理层变了，被管理者也变了，方法不能硬生生照搬。”同时，他召集几位乐于变革的高管一同反思之前的做法，大家一致认识到管理层存在的问题：

第一，没有和员工深入地沟通交流，员工不了解改革对自己的好处；第二，更多关注了客户和股东的利益，没有充分重视员工利益；第三，急于求成，改革过于激进。

五、开始管理变革

通过反思，华尔管理层意识到要改革，不能一刀切，需要先建立试验田，然后再慢慢扩大变革。2012 年，华尔在新厂房的空地划定一个区域，重新排线，招聘新员工、新组长，一切从零开始，秉承员工利益优先的原则，通过不断调整、完善流程，确保新线比老线的劳动强度低。同时重新制定了新的薪酬方案，完全用计时制代替了计件制，设定基本工资加绩效奖金，保证同等时间收入要高于旧制度下的收入。

在新生产线建设期间，管理人员通过车间的早会，每天向员工宣导未来公司将要做的改变。新生产线基本成型后，利用老员工休息时间举办“新线参观展览”和“现场体验”，让他们切身感受新老生产线的差别。让有正能量的老员工现场分享自己的感受，大家在互相交流、分享后逐步认可新的生产方式。就这样，花了一年多的时间将原来相互割裂的各个工序全部转型为各工序之间紧密衔接的单元线。由计件制转为计时制，对员工的纪律要求也发生了变化，采用计件制时员工可以迟到早退，自己掌握工作进度，转为计时制后员工作为流水线上的一员，要以团队协作为主，每天打卡上下班。

与此同时，华尔导入了绩效考核标准，员工不只考虑产品数量，还要考虑成本、质量与交付等。为此，华尔宁波在生产过程管理中导入了多种精益改善工具，比如 OPI（one point improvement，金点子改善）、QCC（quality control circle，品管圈）、kaizen'、6S 等。OPI 指的是个人在工作中发现问题并独自将问题解决，每个员工每年都需要完成一定指标的OPI绩效，可以是安全、品质、设备、工作舒适性等很多方面，以培养员工在重复的工作中善于发现问题并解决问题的能力。QCC是一个沟通互动实践的过程，员工围绕企业的经营战略、方针、目标以及现场存在的问题，改进质量、降低消耗、提高工作效率和经济利益。如果员工发现了问题，但无法独自解决，可以自发组成数人的小团队，按照一定的程序全体合作来解决问题。QCC同样被纳入员工的绩效考核中，以此来塑造员工的团队精神，提高团队合作能力。在此过程中，鼓励每位员工都可以提出自己的建议和见解，组长、班长、经理经常听取并采纳一线工人的建议。6S工具的导入可以引导员工关注车间的整洁、安全等问题，改善过去杂乱无序的车间环境，为员工提供更友好的工作环境，以提高工作效率。Kaizen工具则引导员工关注小问题，并不断进行渐进的改进，意在提高员工的质量意识。

六、“以人为本”的管理实践

在完成计时制的变革过程中，管理层也一直在思考如何将员工利益优先落在实处、如何让员工感受到变革带来的好处等问题。2013年，钱模星带领管理层一边学习国学，一边思考公司的未来以及华尔之道在宁波公司落地的方案。经过大家的反复讨论，最终明确了华尔集团“真北”，含义其实是“利润+幸福”，将建立“幸福精益企业”作为公司经营宗旨；将《员工行为准则》提炼为“创新、合作、尊重、信任、关注家庭”，并作为华尔宁波的价值理念；将“开心工作、快乐生活、共同发展”定为人力资源战略，以此为基点开展各项活动，推动人性化管理。

战略转型后，华尔销售部有了较快发展，部门人数从2013年的5人增加到了现在的12人。公司对销售人员以前只考核销售额，2014年开始逐渐增加了管理指标，例如渠道建设、产品推荐会、客户拜访和客户满意度反馈等，硬指标和软指标占比分别为70%和30%。由于经常出差甚至常驻外地，销售人员几乎没有接触过传统文化，而且，销售总监赵建敏也觉得没有必要系统集中学习，他认为："对于传统文化，学不重要，关键在于践行，我们鼓励销售人员在个人修身养性，家庭和谐生活，工作诚实守信等方面积极践行中华优秀传统文化。销售是一个竞争性很强的职业，必须是狼性文化，但是根据我的了解，中国传统文化中含有许多中庸的文化理念，比较强调仁和，缺乏一些竞争性的思维和理念。"

钱模星坚信"管理一定要回归文化，'东方心法（哲学）+西方方法'道术结合更适合当下的华尔宁波"。目前，整个华尔宁波参与传统文化学习的有100多人，高度认同并在工作和生活中都认真践行的大约有20人。但他不想强迫公司员工学传统文化，他认为"真正的心性之学要看根基、因缘，而不应该是地毯式的，灌输式的。我更希望管理层对生命和管理有更多的体悟之后，再润物细无声地让员工很自然很乐意走进国学的研习，进而改变他们的行为，这是个非常缓慢的过程"。

讨论：

（1）如何理解钱模星总结的"东方心法（哲学）+西方方法"？

（2）华尔宁波如何将中国传统文化教育与西方管理工具相结合的？

（3）谈谈中国传统文化教育给人带来的影响。

第四章

中国企业家伦理精神的理论重构

“（在中国）市场机制的引进使得契约关系在人伦关系中的作用前所未有地增大，这些都为建构新的‘伦理关系’提供了许多以往所没有的新的特征，为建构新的‘伦理实体’提供了新的条件。”

——朱贻庭（2018）

第一节　文化的守望：社会主义市场经济的伦理精神

我国的市场经济是有中国特色的社会主义市场经济，同时也受到中国传统伦理文化的影响。一是坚持公有制为主体，多种经济成分共同发展，这与资本主义市场经济“以私有制为基础”不同。二是在讲求效率、适当拉开收入差距的同时，通过先富带动后富，最终达到共同富裕，这与资本主义市场经济出现的“两极分化”不同。三是在市场经济与道德建设的关系上，坚持社会主义道德建设的核心与原则，即以为人民服务为核心，以集体主义为原则，以社会主义义利观为根本价值导向。这与资本主义市场经济“自私是美德”有很大不同。在社会主义市场经济体制下，企业家对优秀传统伦理文化的守望和发扬，成为企业宝贵的精神文化财富，进一步影响消费者、员工以及产业同行（Moreton，2009）。对中国企业家而言，这种精神守望也是实现知行合一的基础。中华优秀传统文化源远流长，即使在西方现代文明的强势冲击下，仍旧焕发光彩、神采奕奕，它们逐渐印刻在中华民族的骨子里，是一种思维习惯，也成为一种行为模式。

一、中国伦理的关系性

"关系"在中国是一个重要的存在，发挥着黏合社会、凝聚力量的重要功能。但犹如硬币正反面，"关系"在中国也滋生了阻碍经济社会发展的弊端因素。我们必须认识到，中国关系文化根植于本土企业，如何辩证看待关系的积极存在，决定了如何理解组织管理观念后现代变革过程。

（一）关系伦理

中国伦理是以宗法性家庭或家族为基础的关系泛化，规定了人与人之间行为秩序，主要体现在三个方面：一是作为对偶关系存在。古代论及人伦关系，总是两两结对，形成对偶关系，且以亲情关系为纽带和基础，具体体现为"五伦"，即父子、君臣、夫妇、兄弟、朋友五种关系。其中，父子关系、君臣关系对理解中国企业家伦理精神有着重要启示。二是这种对偶关系具有双向义务。"五伦十义"对双方义务进行了明确规范，具体表现为父慈子孝、兄良弟悌、夫义妇听、长惠幼顺、君仁臣忠。对双向义务的理解关键在于"仁礼互构"，"仁"是情感流露和关爱表达，但建立社会伦理、维持社会秩序，我们仍然需要"礼"。以"君仁臣忠"为例，作为君主，他有责任对臣子仁爱慈悲（仁），但同时也默认臣子要忠诚敬主（礼），这样二者才能和谐共生，体现了传统伦理既亲亲又尊尊的宗法等级性特点。在中国传统社会，"礼"是对人际关系互动规则的抽象表达，深深植根于人们心中并自觉行动，一定程度上代替制度刑罚行使治理功能（朱学恩，2009）。三是对偶关系中的集体主义。古代人伦对偶关系中的一方始终代表一个集体，君主代表国家、父亲代表大家族、丈夫代表家庭、老师代表权威……这种对偶关系中的集体概念，总是表现为上位方对下位方的照顾、下位方对上位方的服从，形成稳固的“集体主义至上”。在集体主义文化里，个体会较多地采用利他法则与群体收益法则；在个体主义文化里，个体则会较多地采用互惠法则与理性法则。以家庭为本位的中国人表现为以家庭（或家族）为中心的集体主义，以及由此衍生出的泛家族主义，在各种交换行为中，以家庭或泛家化组织的利益为重，以“家”及“泛家”内成员利益为重，弱化自我利益诉求。传统伦理教化人们“个人利益要服从集体利益”，集体利益人格化为权势一方，则表现为个人对权势一方的遵从。这是古代集体主义的表现形式。

如今，泛家族式的关系伦理仍体现在中国人生活的方方面面。到陌生的地方，人们总是喜欢认哥、认姐、认老乡……似乎只有把需要打交道的对方纳入“泛家庭”的圈子里，才能形成相互义务，交往也就更加有保障。在现代企业中，我们也不乏看到很多人以集体利益优先、顾全大局而牺牲小我或忍辱负重的行为，这些是家庭伦理泛化在员工方的体现；就组织而言，海底捞老板张勇对农民工的家庭网络支持、身份认同支持、都市融合支持也是家庭伦理泛化的体现。还有大量的国有企业对员工实施了远超出工作之外的全方位关爱行为，如提供急难帮助、解决子女读书、照顾老人、找对象等，这些都是家庭伦理泛化在企业方的表现。

（二）己立立人

受“关系本位”伦理思想的影响，中国企业家注重“和”文化，在与他人互动中追求和谐互助、共同进步。那如何处理这种关系以实现这一目标？孔子认为“己欲立而立人，己欲达而达人”（《论语·雍也第六》），意即“自己要站稳，也要让别人站稳；自己要腾达，也要让别人腾达”，所以中国企业家是在成人之美的生命修炼中不断提升、健全自己（孙海燕，2014）。不同于西方企业家理论从企业家角度描述管理者的道德品质和道德要求，“己立立人”从互动角度描述了中国企业家的行为特点。一方面，中国企业家首先要做到“立己”。关键在于企业家要拥有仁德，践行德治（原理，2015）。孔子认为“仁者爱人”（《论语·颜渊》），拥有仁德之人，通过修身养性，引导他人从善从仁，进而实现伦理关系的和谐和社会秩序的稳定。治国如此，企业管理亦如此，对外界的管理和领导应是以个人的德行修养由内向外推出去的结果。正所谓“以力服人者，非心服也，力不赡也。以德服人者，中心悦而诚服也”（《孟子·公孙丑上》）。企业家依靠仁德，通过道德影响力去感召员工，得到他们的忠诚追随，最终凝聚人心实现组织目标。另一方面，中国企业家也要“立人”。在修己的同时，企业家也要教育和引导他人发展美好德行，即“相劝以善”“见贤思齐”。儒家伦理主张明德慎罚，反对不教而诛，而“礼”就成了“立人”的重要手段。“礼”规定了人与人的关系和秩序，是“明是非”的理性准则，也是各种社会行为的标准和规范。当今，随着时代发展和文明进步，“礼”逐渐去除了古代的尊卑痕迹，被赋予了新的内涵，即“礼也者，合于天时”（《礼记·礼器》）。不同于封建传统社会，“礼”更多的是约束人性以维护统治阶级的利益，如今“礼”被注入平等和权利等人文内涵，它对任何人在责权利的规定上都是相互的、对等的。所以，对于中国企业家，要立人，必先立己，这是前提；立己后，也必要立人，这是义务。

可以说，很多中国企业家充分享受了改革开放带来的政策、人口和资源红利，完成了物质财富的迅速积累和扩张，成为了“先富起来”的那部分人。那接下来他们将何去何从？中国倡导在讲求效率、适当拉开收入差距的同时，通过先富带动后富，最终达到共同富裕。我们在现实中也看到，越来越多的企业家开始承担社会责任、参与社会治理，他们希望通过自身力量带来社会的改变。“先富带动后富”生动诠释了中国传统伦理“己立立人”的行为特征。

二、中国伦理的外指性

同修身讲究“内在超越”路线不同，中国儒学整体上是积极的入世之学，造福社会、融通四海是许多有志之士的人生追求。“学而优则仕”，实现“内圣外王”是儒家伦理发展的终极目标。很显然，儒家伦理不仅仅强调修身，更重视以修身之心改造外在世界。所以，同中国关系伦理的“己立立人”相呼应，中国企业家在实现自我富裕、自我完善后，他们极有可能尝试去帮助他人、惠及社会。这是我们在建构现代中国企业家伦理精神时，不容忽视的。

中国企业家伦理外指性延伸的终点是“天下”。从古至今，中国商界不乏仁人志士表现出对民族命运、国家前途、人民福祉的责任心和使命感。越是成功的企业家或管理者，越是“以天下为己任”。例如，春秋时期郑国商人弦高、抗日战争时期侨商陈嘉庚、曾获得“改革先锋”称号的香港知名企业家金利来创始人曾宪梓等，他们都为国家事业和社会福祉作出杰出贡献，展现出爱国爱民的博大情怀，赢得社会广泛赞誉。这是中国企业家将家庭伦理关系泛化的体现，他们认为自己在取得成功后有能力也有义务回报社会，将他人视为兄弟姐妹，关心民族命运、国家前途，正所谓“民吾同胞，物吾与也”（《张载集·西铭篇》）。这一点是西方伦理型领导理论难以解释的，无法涵盖中国企业家的所有行为特征。反观西方伦理型领导的双支柱模型，具体包括“道德的个人”和“道德的管理者”两个维度，企业家伦理指向的边界止步于组织内部，这一定程度上与他们追求“组织利益最大化”这一理念是相吻合的。

值得关注的是，拥有“天下情怀”的儒商事业发展水涨船高，一定程度上体现了个体对社会负责和对自己负责的高度统一，这正是对“义以生利”的生动阐释（田虹、张洪利，2010）。正如美国哈佛商学院佩尼教授所说，“合理的组织伦理系统是一种资产，将明显提高组织的经济绩效、市场地位和社会形象”。企业及其高管因天下情怀投身社会事业，无疑有利于自身良好形象的树立，形成企业的无形资产，进而在市场竞争中具备一定的比较优势。中国企业家的这些显著特征似乎是对当前西方管理领域倡导的“社会公民伦理”的贴切回应，致力于服务他人、社会的终极关怀和良好目标。虽然当前西方学者呼吁将社会公民伦理纳入组织管理实践，但仍止步于理论探讨的窠臼，更多的是理想主义学者的伦理反思和美好期待。显然，“天下情怀”使中国企业家在“社会公民伦理”的践行上存在先天的文化基因优势。

第二节　制度的创建：社会主义市场经济的理性精神

几千年，西方政治经济文化更替，古罗马帝国的衰落、中世纪的黑暗统治，中国始终屹立在世界民族之林，这一定程度上得益于中国先进的治理理念和强大的伦理体系。但是如同热力学的熵增定律，越来越庞大的封建中国开始出现衰老、懈怠，缺乏生命力、创造力。直至西方列强轰开国门，中国这只雄狮才猛然发现落后西方国家近两百年。睁眼一看，西方社会经济发展如此迅速，科技发达程度令人咋舌，人们干事创业充满激情，社会充满生机活力。新中国苦苦寻求出路，以邓小平同志为核心的党的第二代中央领导集体以巨大的政治勇气和智慧，开启了改革开放的新航程。发展才是硬道理，是邓小平同志提出的一个简单而深刻的真理。如果没有20世纪70年代末80年代初的思想解放运动，如果没有人们对社会主义文化和伦理精神的重新思考和解释，没有对西方发展道路的重新评价，中国当代市场经济的出现和发展是不可能的。把社会主义与市场经济结合起来是20世纪末中国特色社会主义现代化建设的伟大创新。这种创新的核心在于建构了社会主义市场经济所依托的伦理基础，塑造了中国特色社会主义市场经济的理性精神。

中国市场经济体制除了具有中国特色外，还具有市场经济发展的最本质的核心要义：法律所规定的个人的权利和义务、平等和公平的市场环境、对财富的尊重和创造等。这些都是中国传统伦理一直比较缺乏的理性要素。正如黄仁宇所说：当一个人口众多的国家，各人行动全凭儒家简单粗浅而又无法固定的原则所限制，而法律又缺乏创造性，则其社会发展的程度，必然受到限制。改革，势在必行。改革开放的总设计师邓小平提出的“计划和市场都是经济手段”“社会主义也可以搞市场经济”“资本主义与社会主义的区分不在于是计划还是市场这样的问题”等一系列论断[①]，从根本上解除了把计划经济当作社会主义基本特征的思想束缚，有力地彰显了邓小平基于理性思维谋划经济建设的历史主动性。

一、个人利益的合法化

中西方都有贬低、蔑视财富的历史，只是在这漫长历史里，西方更早发现了财富、欲望的社会功能，极大地促进了经济发展、社会进步，提升了人类文明程度。这个期间，西方完成了财富的快速积累，经济繁荣带来了西方民族的改变。相较于西方，中国人对财富的态度更加忌讳、犹豫，转变更加漫长。时至今日，在中国似乎都有着“谈钱太俗气”的风气。但是，无法否认，中国市场经济体制的发展、经济取得的巨大成就很大程度上来自整个社会对财富、个人利益等观念的极大转变。

（一）财富认知的转变

邓小平同志指出，“社会主义的本质是解放生产力，发展生产力，消灭剥削，消除两极分化，最终达到共同富裕”[②]。这一论述从社会主

---

① 邓小平：《邓小平文选（第三卷）》，人民出版社 1993 年版，第 373 页。
② 1992 年初，邓小平在“南方谈话”中提出。

义本质的高度肯定了人民致富、共同富裕的道德合理性。他认为，“社会主义时期的主要任务是发展生产力，使社会物质财富不断增长，人民生活一天天好起来，为进入共产主义创造物质条件；不能有穷的共产主义，同样不能有穷的社会主义”①。人民致富和共同富裕是中华民族的理想，是历代志士仁人奋斗献身的动力源。西方资本主义经济的起飞，首先摆脱了传统道德观对追求财富的禁锢；中国特色社会主义经济要发展，同样必须摆脱中国传统伦理对财富的消极态度。

1986 年邓小平在接受美国记者华莱士电视采访时提出“致富不是罪过”，这极大地消除了人们对致富的不道德感、负罪感、恐惧感，为中国特色社会主义市场经济的发展奠定了伦理基础。也是在这一时期，一个个勇敢无畏、吃苦踏实，带有草莽色彩的人们开始冲破传统思维的禁锢，大胆创新，他们用最简捷的投入回报方法直指商业问题核心，抛去道德的含情脉脉而回到利益关系的基本面，完成了属于中国商业领域的财富积累。最开始，他们是乡村能人、城市经济中的边缘青年、大型国营工厂的下岗人员、找不到工作的退役军人等草根群体，后来知识分子、归国人员、高科技出身的人才纷纷投入到物质财富的创造过程中，他们讲究效率、竞争，追求利益、价值。如今，在财富创造过程中，个人欲望的追逐有着其合法性，社会给予认可和尊重。但我们必须承认，这种认可和尊重是有前提条件和限度的，也即集体主义前提下。

（二）新集体主义的出现

我国市场经济是与社会主义政治制度联系在一起的，只要社会主义制度不变，集体主义就不能丢弃。这里说的“集体”，是真正的集体，它与封建中国以统治阶级为代表的“集体”不同。在现代市场经济中，只有当企业中的劳动者成为真正平等自由的主体的时候，由他们所组成的集体才是真实的集体。在这种“真实的集体的条件下，各个个人在自

① 1986 年 9 月 2 日，邓小平同志在接受美国记者迈克·华莱士采访时所说。

己的联合中并通过这种联合获得自由”（刘放桐，2000）。这种反映现代市场经济关系的新集体主义，其前提是：个人的利益不能受到根本性侵害；个人的人格和意志不能受到致命的伤害；更为重要的是个人在集体中的所得会大于作为一个个人去奋斗的所得。只有这些必要条件都能够得到满足，集体中的个人才能为集体着想，自觉地服从和维护集体的利益，并为了集体的利益，不怕吃苦、甘冒风险甚至必要时自愿牺牲个人的利益。这就是现代新型的集体主义。这种反映现代市场经济关系的新集体主义，与个人主义有着本质的区别，与片面强调集体利益的抽象至上性的传统集体主义也是不同的。在这里人们为追求个人正当利益而真诚地维护集体的共同利益，并以个体主体的平等自由为基础，通过维护集体成员的共同利益而达到对个人利益追求的目的，从而实现了个人利益与集体利益的真实统一。

这种新型的集体主义是以社会主义义利观为根本价值导向的。在中国特色社会主义市场经济条件下，必须承认并强调“利”在经济生活中的重要作用，但中国特色社会主义所强调的“利”不仅是个人利益，更重要的是国家利益、社会利益和全体人民的利益。中国特色社会主义既维护集体利益，也保障个人合法利益，但在二者不能兼顾的情况下，提倡个人利益服从集体利益。这种义利观被称为“以义导利、义利统一”的价值观。可见，中国特色社会主义市场经济是注入了中华民族理性精神的市场经济，是在中国特定的政治文化背景下发展起来的市场经济。

二、共同意志的建立

商业交易顺利进行有两个最为基本的条件：一是双方通过交换能够得到彼此需要的东西，而且这种交换要比自己生产划算得多；二是只有对方是值得信任的人，才能被视作合格的“交换者”，才有可能去同他人进行市场交换活动。如果知道这个人是不道德的（如骗子或强盗），交换是绝不可能发生的。在较小的市场范围内（如中国的乡土社会）圈子很小，通过口口相传很容易知道对方的人格和品行。但当交换活动形成市场的时候，它绝不是只有两个交换者参加，而是有多个交换者参与其中。这种情况下，没有基于共同意志建立起来的市场规则或行业协会，市场经济很难发展壮大。

（一）市场规则

任何想进入市场从事交换的人，必然首先都要通过各种方式习得、并从内心承认市场规则。当人想作为交换者进入市场以后，他只有按照市场规则行事，他的行为才能被他人所承认，他所期望地与他人的交换才能实现。所以，市场规则是任何一个要从事市场活动的人都必须遵守的规则，它是市场的灵魂。这种规则是否应以书面的方式写出来张贴在市场中，并不重要。而唯一重要的是，它必须存在于人们心中，是要进行市场交换的人们的共同意志。所谓市场法，无非就是以一种严肃而恰当的方式，对这种共同意志的郑重强调，并对违反它的行为采取明确的惩罚措施。由此可见，市场的形成与发展，必然以人们的共同意志的形成与发展为其前提。市场规模的扩大和在人们生活中的重要性的提高，明显地与人们交往范围的扩大、社会化程度的提高成正比。人类社会循着从部落、氏族到民族国家，以至国家联盟的发展道路扩大着自己的规模，市场也就从小地区市场、大地区市场，发展到统一的民族市场和国家市场，以至国际市场、全球统一市场。市场在自己的发展过程中，表现着人的共同意志的规模和程度的提高（李鹏程，1995）。根据市场规则的形成过程，当前关于关贸总协定和关于世界贸易组织的谈判，与其说是经济活动，毋宁说是在现时代的情况下，形成许多民族的共同意志的努力更为准确。维护市场已存在的共同意志，就是“市场理性”。市场理性一方面表现为市场内部的行为规范，另一方面也表现为社会文化环境对市场的维护和支持，这包括从政治、法律、社会结构、科学技术、精神活动的各个领域对市场的积极作用。

企业家带着主营业务进入市场，他必须了解当地政策法规、环保规定；当公司正式成立后，招贤纳士组建团队时又必须遵守当地的劳动法；进行生产销售时，必须讲究质量安全和价格公道……只有这些商业行为符合市场规则，企业才能够存活、发展壮大。

（二）市场信用

当共同意志达到一定高度时，人与人之间就建立起了庞大而复杂的信用关系，金融业由此产生。金融业的发展，使作为人的劳动能力的凝结的社会资本的集中和合理利用成为可能，当代人能够成就许多前人所无法成就的伟业（李鹏程，1995）。例如，昂贵的科学实验和巨型工程之所以能够成为现实，一个基本的原因是，当代人通过金融业具有了集中大量资本的能力。这种能力意味着现代人优化自己生命存在的速度和规模的可能性比前人有了无可比拟的提高。在一定意义上，这标志着人类改造自然界的活动变得越来越容易。哪个民族的金融业越发达，它集中的资本越多，利用得越是有效，它经济起飞的可能性就越大，经济发展速度就越快。

正是由于市场信用的建立，企业家能够在资金短缺或周转不灵的情况下快速实现融资，这是企业能够发展壮大的关键。

三、市场非理性的矫正

西方很多学者或经济学家，将市场经济建立在理性经济人的抽象假设基础上，将市场经济中的理性推到了极端而走向了谬误。很长一段时间，受到17～18世纪理性主义传统的影响，西方经济学夸大理性，忽视了市场经济中的非理性。值得警醒，中国必须正视社会主义市场经济中存在的非理性世界，我们才能找到更好的解决办法。

（一）市场经济中的非理性

市场是人类社会活动的产物，其主体是人，有人就有情绪和偏见，必定有着其非理性之处，学者将其称为“有限理性”。张雄的著作《市场经济中的非理性世界》指出，至少有四种形式的非理性因素与市场有着密切关系：欲望、习俗、无意识和情绪情感，这就决定了市场或经济系统是一个充满着非线性、非均衡性和不确定性的演化系统，人们的行为有时候会呈现出非自觉性、非逻辑性、冲动性和盲目性的特征（张雄，1995）。例如，企业管理者明明知道随意排放污水会造成环境污染，一旦发现会给企业带来毁灭性伤害，但仍囿于短期利益做出随意排放行为。

所以，单纯地基于理性计算而做出的市场行为也伴随着非理性因素。一旦企业负责人将经济发展肤浅地归结为数量、效率指标，他们将单纯地、狭隘地追求产量、追求发展速度，造就大量假冒伪劣、粗制滥造的商品或服务，最终损害最广大人民的利益。这与市场经济发展的目的是相违背的。

（二）市场经济的终极目的

20 世纪 80 年代初强调发展经济的重要性，对于当时的中国无疑是最为迫切的。甚至是今天的中国，经济发展仍旧十分重要。然而，在改革开放伊始、市场经济体制建立之初，一些人产生了错觉，认为经济建设就是社会发展的“目的”，似乎只要把经济搞上去了，只要“富”了，一切问题就都会解决。这种认识上的偏差，不但忽略了宏观层面发展经济必须考虑的政治文化问题，也忽略了微观层面与经济发展有着密切关系的伦理道德考量。这种情况下，在中国社会的某些阶层和某些领域中，出现了一种“怪现象”，即物质财富的急剧增长和精神伦理道德的衰落之间的强烈反差。党的十八大以来的正风反腐行动即是党和国家对以上现象进行强势回击的典型缩影。进入新的发展阶段，随着我们对市场规律的认识和驾驭能力不断提高，宏观调控体系更为健全，必须加快完善社会主义市场经济体制。党的二十届三中全会进一步围绕处理好政府和市场关系这个核心问题，把构建高水平社会主义市场经济体制摆在突出位置，强调既“放得活”又“管得住”（何自力，2024）。

市场经济所促成的社会物质财富的剧增，固然是有利于中国社会发展的大好事。但应该说，物质财富剧增只是市场活动的直接目的，而非最终目的。市场活动作为人的生命存在的一种活动方式，它的最终目的，同其他活动的最终目的一样，是保持和优化人的生命存在。

（三）市场与政府的博弈

市场经济中的非理性已然导致了不良后果，那解决办法是什么？权威学者和管理者们给出的药方无外乎是政府的干预这只“看得见的手”。自经济学诞生以来，亚当·斯密的《国富论》、马克思的《资本论》和凯恩斯的《就业、利息和货币通论》被公认为三部最重要的经典，他们都与“手”有关，问题的焦点是：“看不见的手”强一点，还是“看得见的手”强一点？这两只手构成了近百年政治经济世界的全部风景。一反西方主流认识，凯恩斯倡导政府干预市场、主导经济发展，并成功创造了罗斯福新政期间的经济复兴。这里，政府干预市场，是有利的。

在凯恩斯主义大行其道的第二次世界大战后20年，哈耶克和弗里德曼的出现打破了这一局面，他们带着“新自由主义”强势回归。他们尤其崇尚自由，认为“一个把平等置于自由之上的社会，两者都得不到。相反，一个把自由置于平等之上的社会，在很大程度上可以两者兼得”。弗里德曼生活的20世纪正是美国崛起的100年，他的理论似乎也为美国经济腾飞写下了注脚。这里，政府撤出市场，采取不干预政策，似乎也是正确的。

那么，中国市场经济体制，应该是凯恩斯主义还是弗里德曼主义？

答案都不是，这再次告诉我们没有任何权威专家或者经济理论可以为一国经济开出现成的改革良方。这与国家所处发展阶段、经济发展程度、社会文明状态等复杂因素相关。这样看来，约瑟夫·斯蒂格利茨的话更具深意和指导性：政府应该在更正市场失灵和市场局限，以及追求社会公正方面，扮演重要但有限的角色（斯蒂格利茨，1998）。他所写的《政府为什么干预经济》能够带来了一些启发。自亚当·斯密以来，“看不见的手”和“看得见的手”之间的争论从未停歇，似乎也从来没有达成完美的均衡，或者也许根本不存在理想的均衡状态。这个意义上，现代经济学从道德伦理学中被剥离出来，而实际上又需要回到道德伦理学去寻求答案。

第三节　中国企业家伦理精神的要义

社会主义市场经济体制下，中国企业家应该遵循什么样的原则？既不与市场交易原则相违背，又能够实现政府所追求的公共利益和社会福祉。令人欣喜的是，在解放思想、实事求是的思想路线指导下，越来越多的人开始接纳、相信并且践行邓小平同志的观点“判断的标准，应该主要看是否有利于发展社会主义社会的生产力，是否有利于增强社会主义国家的综合国力，是否有利于提高人民的生活水平”[①]。计划多一点还是市场多一点，不是社会主义与资本主义的本质区别。计划经济不等于社会主义，资本主义也有计划；市场经济不等于资本主义，社会主义也有市场。换句话说，计划和市场都是经济手段，不能将它们视为中西方国家分界的绝对标准。

这背后揭示的一个逻辑是：无论是西方社会的市场经济，还是中国

① 1992 年年初，邓小平同志在南方谈话中提出“三个有利于”判断标准，即是否有利于发展社会主义社会的生产力，是否有利于增强社会主义国家的综合国力，是否有利于提高人民的生活水平。

的市场经济，它们背后都运行着某种普遍的共同逻辑。对于中国企业家而言，有必要扎根中国土壤，去寻找那些能够与西方同等对话、世界公认的伦理价值，将之赋予现代内涵和管理意义，这是至关重要的。

一、以人民为中心

党的十八大以来，以习近平同志为核心的党中央提出以人民为中心的发展思想，坚持一切为了人民、一切依靠人民，始终把人民放在心中最高位置、把人民对美好生活的向往作为奋斗目标，推动改革发展成果更多更公平惠及全体人民，推动共同富裕取得更为明显的实质性进展①。践行“以人民为中心”，必须坚持人民力量至上，充分调动人民群众的积极性主动性，这是对人民的权利、能力、尊严、人格乃至生命的尊重和珍视。近年来，越来越多的企业家投身社会公益事业，通过设立慈善基金、捐款捐物等方式帮助弱势群体、改善社会福利。他们率先示范“以人民为中心”理念，体现了富而有责、富而有义、富而有爱。

（一）尊重人的利益需要

以“人”的现实利益、需要作为出发点，注重个人物质文化生活水平和健康水平的提高，将关心和解决个人切身利益之事作为重点，强调认识和处理问题必须以人的利益和需要作为出发点和归宿。这也应该成为中国企业家追求的基本方向。只有尊重顾客的需要，企业所提供的产品或服务才有价值和市场；只有尊重员工的需要，企业才能凝聚人心为实现企业目标而共同努力；只有尊重供应商、经销商的需要，企业才能形成完整的价值创造和利益共享链条。任何不基于对方需求建立起来的合作关系都犹如“无源之水”，不能行稳致远。

---

① 《江山就是人民　人民就是江山——习近平总书记关于以人民为中心重要论述综述》，载于《人民日报》2021 年 6 月 28 日，https：//www. xuexi. cn/lgpage/detail/index. html? id = 7877577434841424854& item_id = 7877577434841424854.

（二）激发人的自主独立

无论是中西方历史，都向我们证明了人的力量。人的创造精神、批判精神、理想主义精神、乐观主义精神，使我们能够战胜愚昧盲从，真正推动科技创新、社会进步和人类文明的提升。企业家进行改革创新、整合资源、突破瓶颈需要强大的独立自主精神。同样地，对于企业管理而言，如果企业中每个员工都是唯命是从的傀儡人物，企业终将是一潭死水，难言发展。因此，只有激发了员工的独立自主性，才能为组织创造更多的价值。当今许多企业采用扁平化管理或者平台化管理，这是企业发展的需要，也是知识经济到来对组织变革提出的新要求。人的自主独立性得到空前发展，继续采用传统的、等级森严的传统组织管理模式，将极大阻碍企业发展壮大。

（三）强调权利义务互惠

“人人生而平等”，已是世界共识。“以人民为中心”崇尚平等、互惠互利。这是传统中国伦理文化在现代社会实现的自我革命，褪去了阶级性、差等性和尊卑性。对于企业家而言，尊重员工的权利，如劳动权、工资报酬权、休息权等；对于员工而言，也要尽到岗位职责义务，对组织忠诚，对工作尽责，对结果负责。

二、兼济天下与社会责任

与西方城邦文明不同，中华文化是一种耕读文化。土地让人们彼此亲近，和谐相处。温润的土地让中国人民养成了热爱苍生、爱好和平、乐于协作的性格。中国的传统思想追求将个体发展融入到社会进步之中，不计较个人具体的得失，而将个体价值放大至“兼济天下”的理想追求中。“天下”体现了“士”的强烈历史使命感。孟子说：“如欲平治天下，当今之世，舍我其谁也？”（《孟子·公孙丑下》）。汉代蔡邕

《独断》中说："天子无外，以天下为家。"赵汀阳则在当代政治语境下对"天下"概念进行了重新定义和阐释："天下无外意味着一种世界性尺度，意味着不存在任何歧视性或拒绝性原则来否定任何人参与天下公共事务的权利，天下的执政权利和文化自主权利对世界上任何民族开放。以天下作为世界理念，由此推想一个作为万民公器的世界制度，这在哲学上是独一无二的。"（赵汀阳，1995）。"天下"也可以成为企业家精神的一部分，不仅体现为天下英才尽为我用、天下资源莫非我归的国际视野，也体现为"兼济"各种利益相关者间的冲突，尤其是照顾弱势的利益相关者（如穷人、少数民族、濒临灭绝的动物），在不断地交互中找到共济之道、相安之所。企业家心怀天下，意味着要兼顾受企业政策和活动影响的直接和间接利益方，在识别他们的基础上承担相应的责任和义务，把企业和社会利益融为一体。

（一）哪些是利益相关者

社会责任是一个非常宽泛的概念，最受争议的则是"责任的受众是谁"。公司对谁负责？对员工？对社区？对消费者？对当地政府？对整个国家？对所有利益相关者？对象不同，所承担的责任和义务就不一样。所以我们有必要厘清利益相关者的概念。

在公司产品、运营、市场等方面拥有利害关系或权益的个人或机构都有可能成为企业的利益相关者，他们可以是客户、投资者、股东、员工，也可以是供应商、政府机构乃至社区。按照关联程度和重要性，利益相关者分为主要利益相关者和次要利益相关者。主要利益相关者对企业的生存和发展至关重要。次要利益相关者通常不参与公司业务，对公司的生存不是最重要的，如媒体、行业协会，但如果处理不好也会造成严重后果。

无论是主要利益相关者还是次要利益相关者，都有他们自己的一套价值观和行为标准，用来判断公司哪些行为是可接受的，哪些行为是不可接受的。作为企业最高领导者，企业家应该认识到，尽管主要利益相关者会带来更多的日常关注，决策中也不能不考虑次要利益相关者。

（二）承担什么样的社会责任

确定了哪些是利益相关者群体后，我们要厘清应该承担什么样的社会责任。对企业社会责任的认识经历了从经济责任和法律责任，到社会责任的变化。最早，以弗里德曼为代表的经济学家强调对股东负责、实现股东利益最大化就是履行企业社会责任，认为企业从事与盈利无关的行为则是不务正业。人们逐渐发现这一观点忽略了自由竞争下的市场失灵的有限性，于是法律从保护社会利益免受企业活动损害的角度，以政府为代表采取相应行动（比如征收环境税、资源税）规范企业行为。当前人们普遍认为经济和法律责任是企业责无旁贷的责任范畴，但对于诸如慈善活动这样的社会行为还存在很多争论，认为慈善是值得赞扬和钦佩的，但并不是每一个企业都必须做的事情。令人欣喜的是，中国现在越来越多的人认为企业活动应该与主流规范、价值观相一致，把企业的社会责任与社会期望联系在一起。类似观点开启了全新的现代企业社会责任观，企业不仅需要向投资者、政府负责，而且因消耗大量社会资源（或社会成本）而负有天然的社会责任。

（三）建设企业公民

随着社会的发展，人们对企业的期望日益提高，企业发展目标也日益多元化，企业社会责任由最初的经济责任为基础，逐步增加了法律责任、道德责任、慈善责任等方面的内容。借用政治学中公民权理论，洛格斯登和伍德将公民权从个人公民扩展到企业公民，依据公司权的社会观，企业不同于个人的功能实体，它有义务服务于社会利益（J. M. Logsdon and Wood，2005）。所以，企业在社会中既有权利也有义务。公民权是“参与国家公共生活的权利，它更多的是与照顾社会利益的义务和责任相一致”（李彦龙，2011）；而义务则是企业要承担相应的社会责任，包括经济责任、法律责任、道德责任以及慈善责任。责任与权利形影相随，责任越小、权利越小，企业躲避责任的后果将是社会权利的逐步丧失，其他团体或组织就会取而代之。从利益相关者理论到企业社会责任，再到企业公民，理论的演变序列清晰勾勒出企业社会责任思想的发展过程，逐渐匡正和超越了企业社会责任存在的责任性质悖论和责任范围悖论。

企业公民一个典型特征就是全面履行社会责任，推动社会福利的发展。企业家必须把自身和企业放在整个社会范围内进行决策和运营，努力推动社会共同目标的达成。企业的社会属性不再是一个从属性或者并列性概念，已经发展成为一个主导型概念。

三、生生不息

1980 年，国际自然保护联盟（IUCN）向联合国提交《世界自然保护大纲》战略报告，第一次提出“可持续发展”理念。1987 年的布伦特兰报告《我们共同的未来》首次明确给出可持续发展的共识性定义，即“既满足当代人的需要，又不对后代人满足其需要的能力构成危害的发展”，进而将环保上升到与人类发展密切相关的地位。什么样的思想可以与西方“可持续发展”理念对话？“生生不息”理念早见于《周易·系辞》，“日新之谓盛德，生生之谓易”；宋代周敦颐《太极图说》解释为“二气交感，化生万物，万物生生而变化无穷焉”。方东美在《哲学三慧》中解释生生之德的奥妙：乾元大生与坤元广生，代表宇宙万物生生不已、人类自强不息与厚德载物，可以合天地之心、配天地之德、宏天下之博、含天下之约。这一境界视野宏大、气势恢宏，似乎远超西方可持续性发展、三重底线等观念。2009 年，在丹麦首都哥本哈根举行“愿景与行动——中国商界气候变化国际论坛”，万科集团董事长王石、万通集团董事长冯仑等中国企业家在论坛上代表二百余名中国企业家发表了“我们的希望与承诺——中国企业界哥本哈根宣言”，企业家们承诺了具体的行动，包括设立气候变化战略长期指导企业发展方向；努力减少生产和商务活动中的碳足迹；积极参与国际国内减排活动；积极推动企业设立具体的减排目标；尽力支持并参与气候变化减缓和适应活动……可见，利于后代生存发展的生生不息的可持续性发展理念成为中国企业家的理想追求和战略目标。

（一）追求可持续发展是企业家智慧的体现

企业存在的根基在于能给消费者提供有价值的产品和服务。随着人类高阶需求的产生，产品或服务的功能更加多元，既要满足现代人的物质需求，也要向内觉察心灵，满足非时间性的心灵需求，兼具科学性和智慧性的双重属性。哲学的智慧性提供了生活的意义和价值体系，为掌控物质进步奠定了正确动机和原则，令生活得以在一种确定性中获得平衡，而不是依然受制于原始的丛林法则。借用农业生态学之父皮埃尔·哈比（Pierre Rabhi）的概念，可持续发展可被定义为“幸福的素朴”。

（二）追求可持续发展能提高组织的经济效益

研究表明，员工对可持续性活动的深度参与，将提升组织可持续性项目的执行力，也将提高组织的经济效益。许多企业通过各种可持续性活动（如对清污活动的赞助、回收，改变工序以减少废弃物，使用更多的可替代资源等方式）去表明自己的社会义务（Ferrel O C，2008）。利益相关者对企业可持续性做法的正面评估，可视为一项有价值的资源，促成了企业的竞争优势。

四、自我批评

任何一个组织发展壮大后都容易患上“富贵病”，表现为机构臃肿、人浮于事、固步自封，这就需要采取特定手段对其干预、调整，使其“肌体”更加健康、结实。这一过程常被称为“变革”。回望中国历史，“纳谏”机制的出现与发展具有典型代表性。东汉王夫之提出设立谏官，加强舆论监督。唐太宗李世民对纳谏的重要性有深刻的认识，认为国家只要“任贤良，受谏净，就能长治久安”，采取了许多“恐人不言，导人而使之谏”的做法[①]，也就有了魏征“兼听则明，偏听则暗”这样的至理名言。发展至今，“纳谏”演变为中国共产党的重要作风之一——“批评与自我批评”，是党的优良作风和传统优势。近百年来，“批评与自我批评”的作风在中国共产党领导革命和建设过程中，为保持党的先进性和纯洁性、增强党的团结和战斗力、建设学习型马克思主义政党、防止党的僵化和腐败提供了锐利的武器。引人注意的是，“自我批评”成为当今很多杰出企业家保持组织活力的有力武器。

1998 年，《华为基本法》定稿之时，任正非就提出在华为新基地的总部门口要立一块石碑，上书：“一个企业长治久安的基础是接班人承认公司的核心价值观，并具有自我批判的能力”。在总结相关企业使用“自我批评”这一工具时，笔者发现要尤其注意以下两点。

1. 营造包容的、开放的企业文化氛围

包容性指的是企业成员在遵守组织规范的前提下，即便与他人表现不同，仍可以平等地被群体接纳和欢迎，拥有与他人同等的机会和待遇。一个企业没有包容性，员工的想法就容易被习惯性忽视，当他们不再分享新的想法和观点，企业创新也失去了来源。研究表明，企业氛围越是具备“包容性”，员工和高管就越敢于发表自己的创新性想法，企业就越能实现突破和创新。营造包容开放的企业文化氛围，前提是培养企业家及各层级领导的包容性。

2. 慎重使用“互相批判”这一方法

无论是西方还是中国，都不主张“互相批判”，这极易造成伤害，带来关系紧张。西方将“互相批判”视为侵犯隐私，触及人的尊严。中国人更是讲究“面子”，若当众撕下“面子”，问题就会变得更加复

---

① 《太宗求谏》选自《贞观政要》（上海古籍出版社 1978 年版）。《贞观政要》是一部记载李世民政绩及君臣论政的历史著作，全书 40 篇，合为八卷。

杂。一直推行“自我批判”文化的华为也不主张“互相批判”，认为“企业天生是一种建设性的营利性组织，而不是政党和政府部门，也不是军队和艺术团体……把握适度这一原则”。

【案例思考】

海底捞的成功悖论：靠“家”文化创业，却不能在“家”守业？*

众所周知，创业是一件极其困难的事情，做餐饮更是九死一生，而在四川做火锅生意，就如同开启了地狱模式一般，无论是同行间激烈的竞争还是食客挑剔的口味，都是很难控制的事情。而这个从街边四方桌起步的火锅店，通过20多年的奋斗，成为如今的火锅餐饮上市第一股，张勇的海底捞可以说完成了餐饮行业的一个奇迹。

无论是对待员工，还是对待顾客，张勇的成功，离不开“真诚”二字。在做成海底捞之前，张勇曾有过三次失败的创业经历，但他没有因为失败而放弃自己，反而更加真诚地面对自己的事业。如今，经过20多年的发展，海底捞已经在全国100多个城市开出了超过300家门店，每年有超过1亿人次在海底捞用餐。在2018年9月26日上市后，2024年海底捞市值1 028亿元人民币，相当于25个全聚德，6个呷哺呷哺，是名副其实的中式火锅餐饮第一品牌。

（一）真心对待员工

一说起餐饮服务，人们就会想到海底捞，海底捞的服务员为什么能如此尽心尽责地对待工作，甚至连超出工作范围的事情也乐此不疲地去做呢？原因就在于张勇对待员工是十分真诚的，他把自己的员工当作家人看，从头至尾贯彻以人为本的理念，员工的工作就更有积极性。

---

* 笔者根据海底捞相关新闻报道整理。

真诚对待员工，张勇主要做了两件事，第一是高工资，第二是做“主人”。现任海底捞副总经理的杨丽娟就是张勇用高工资挖来的优秀员工。创业初期，张勇在一个小饭馆吃饭，发现了这里一个服务员特别勤快，他就用160元每天的高工资把杨丽娟挖到了海底捞，要知道，当时四川简阳的服务员平均工资也不过80元，杨丽娟17岁追随张勇，如今资产30亿元。

海底捞现在拥有超过50 000名员工，而张勇给员工（排除董事高层）的平均薪酬约为6万元，在同行中处于领先，除了薪水，各项福利待遇和培训也是领先餐饮行业的，2017年海底捞在员工身上花了31亿元，每年海底捞收入的近三成都用在了员工身上。

（二）人性化的管理

在张勇的自述中，他提到了自己对于管理的独特理解。他总结起来，自己就一句话：把员工当人看。只有把员工当自己家人看，员工才把海底捞当家看，客人来海底捞就是来家里做客，员工才会尽心尽力地服务客人。

在餐饮行业，常见的考核标准比如利润、利润率、客单价这些，在海底捞，会做记录，但这些并不是对员工的考核标准。张勇说，不想让员工为了考核而完成考核，相反，海底捞考核的是客户满意度、员工积极性和员工之间的传帮带。海底捞的员工有很多级别，只要干得好，就能升职。海底捞的管理就是这样，充分调动员工的积极性，而不是用一大堆指标和数据去强迫员工好好工作，海底捞的服务是优秀品牌形象的基础，它正是来自张勇制定的以人为本的管理制度，除了钱，海底捞的员工能感受到自己工作的价值，这才是他们管理文化的核心。张勇像一个带头大哥一样，带着从家乡出来的打工兄妹，一起闯事业。

（三）张勇面临的新问题

在创业初期，张勇引以为傲的“家”文化和管理制度帮助海底捞迅速成长并俘获了众多食客。如今，已经成为上市公司的海底捞将不得不面对现代企业做大之后必然会出现的问题，很明显，张勇还是大家长，但他已经不可能和他的每一个员工像创业时一样亲密无间。如何改造转型成为真正的现代企业同时还能保持海底捞的好口碑，已经成了张勇不得不面对的问题。

张勇是发自内心想让大家好，不然不可能给员工的父母、孩子发钱，但是规模做大之后，文化控制不住企业了，而制度一强，曾引以为傲的文化就要减势。这些问题逐渐在海底捞的运营中暴露出问题。2017年8月25日，海底捞北京一家门店就被曝光后厨有老鼠，用火锅漏勺疏通下水道的问题，在2018年7月上市前夕，海底捞内部发布的食品安全通报显示，通过自查有15家门店出现了食物过期、发现老鼠和操作不规范的问题。

市场在变化，员工也在变化，创业时张勇带领的是急需用双手改变命运的员工，而新一代的服务员大多没有吃过什么苦，靠高薪水也不能完全刺激他们全心全意努力工作，张勇必须在新的形势下为海底捞做出变革，如今的海底捞风险与机遇并存，但我们相信，真诚永远是可贵的品质。

讨论：

（1）海底捞创始人张勇体现了什么样的伦理精神？

（2）企业规模扩大后，海底捞如何平衡文化与制度的关系？

第五章

中国企业家伦理精神的实现路径

“对于不理解我的理念的员工，怎样才能让他们理解呢？我在这个问题上倾注了许多时间和精力。在许多企业家的眼里，花一小时做员工的思想工作，远不如让员工干一小时的活儿来得合算。但在我看来，只要能够转变员工的思想，让他们理解我的理念，花一个小时也好，两个小时也好，我都在所不惜。”

——稻盛和夫（2016）

国学大师季羡林曾经如此评价稻盛和夫先生，“根据我七八十年来的观察，既是企业家又是哲学家，一身而二任的人简直如凤毛麟角。有之自稻盛和夫先生始”。日本“经营之圣”稻盛和夫出生贫穷，父母卖纸袋为生，家里条件拮据，稻盛和夫自己学习成绩也一般，资质平平，这样一个普通人，却打造了京瓷和KDDI两家世界500强，还在78岁时用1年时间力挽狂澜，将即将破产的日航扭亏为盈。稻盛和夫最为称道之处是对“人心”的洞察和管理，确立了在经营中判断一切事物的基准是“作为人，何谓正确”，将伦理道德要素的管理效能发挥到了极致。

稻盛和夫对于商业伦理的贡献要远远大于管理模式，并成功发明了“阿米巴经营”模式，让每一位员工成为火车头，实现了真正的全员经营。中国企业家如何将伦理理念转化为所有员工的精神动力？如何让所有员工对于企业的前进方向与目标具有统一的认识？本章试图探讨中国企业家伦理精神的实现路径。

第一节　企业家伦理决策框架

商业情境中的伦理决策是由企业管理者（企业家）做出的，那么其决策的后果应该由决策者个人还是组织来承担呢？从本质上来看，任何商业情境的伦理决策，都无法脱离其行为主体而独立存在。企业管理层及成员等行为是否符合道德标准和社会期待，决定了企业的伦理表现，塑造了企业的形象和声誉。因此，商业决策的道德责任主要应由企业及其成员，尤其是高级管理者（企业家）来承担。伦理决策从伦理认知开始（意识到需要处理伦理问题），经由伦理判断（根据伦理原则确定应该如何做）而采取具体的行动（伦理行为）。在这个过程中，多数决策都受到组织及个体的道德水准和法律要求的影响。那么企业家如何做伦理决策？任何人都不能确切告诉你什么是正确的，什么是错误的，能做的只能是提供一种框架或程序，用以指导个体做出伦理决策。

笔者推荐肯尼思·布来查德和诺尔曼·V. 皮尔（Kenneth Blanchad and Norman V. Peale）于 1988 年提出的伦理审计模型（阎俊、常亚平，2005），如图 5－1 所示。该模型无须考虑抽象的伦理原则，却能得到基本合乎伦理的结论，因而受到决策者的欢迎。

一、伦理决策的合规导向

法律的制定与执行是保障商业伦理环境的根本条件。该模型首先考虑的则是伦理决策是否具有合法性、是否符合社会伦理基本规范。一旦超出法律规定的界限，一切商业行为就不具备合法性基础。我们必须警惕的是，法律规定并不等同于伦理道德，满足法律要求仅仅是伦理决策的最低标准。很多人们认为理所应当的道德观念并未成为法律条文，避免出现道德绑架或道德惩罚泛滥化；同样地，符合法律要求的并不一定满足了道德情感需求。

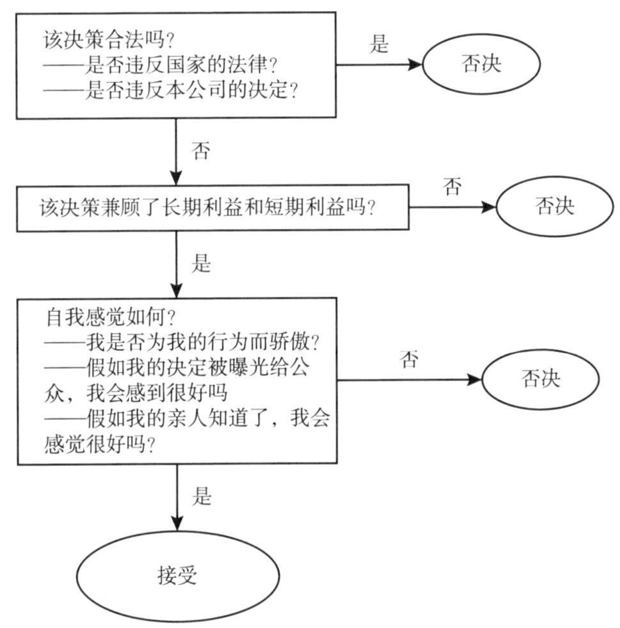

图 5－1　肯尼思·布来查德和诺尔曼·V. 皮尔的伦理审计模型

道德和法律，总有一个先行。当道德先进于法律，道德将被视作是填补法律空缺和漏洞的工具，最终推动法律体系的变革和完善。例如，大数据新算法下平台劳动者的权益保护，来自大众和专家学者的道德呼唤，相关法律法规也正在制定和完善中。当法律先进于道德，法律将约束人类行为、规定社会秩序，最终迫使个体行为符合法律要求。

二、利益相关者分析

满足法律条文是最低道德标准，下一步则要进行利益相关者分析。

利益相关者分析的目标是创造一种“双赢”或“多赢”的结果，即在实现利润目标的同时，能合乎伦理地对待利益相关者，使他们的需要也能得到满足，这是一种基于长期利益的行为视角。利益相关者分析需要回答三个方面的问题：

（1）谁是我们的利益相关者？我们从利益相关者那里能够得到什么？

（2）利益相关者想从我们这里得到什么？我们能给他们创造什么？

（3）如果利益相关者受损会不会采取行动？会采取什么样的行动？对我们的影响有多大？

通过回答以上问题，我们就能确定该决策是否符合伦理要求。

三、自我道德情感

这一伦理审计模型，除了考虑法律和利益之外，对决策者的自我道德情感的审核，是帮助决策者避免不道德行为的关键环节。人类的情感因素，往往是最直接反映道德需求的指标。决策者的道德直觉，可能是最好的评价标准。除了少数道德意识极为匮乏的决策者，多数决策者在伦理决策中能够直觉地感知到其决策中可能存在的问题。不希望自己的决策被公开或者感到矛盾的决策，这往往是基于利益而不是个人道德标准做出的，值得我们审慎对待和思量。

伦理决策过程是一个反复比较利害的过程，是对“好”“效果”“效率”的综合评价，是平衡道德和经济原则之后的选择（于惊涛、肖贵蓉，2016）。通过伦理决策分析，可以帮助企业家综合衡量决策所涉及的各种因素，包括企业家及所在组织的利益、相关者利益、决策后果以及决策的情感因素，从而做出更适合的决定。

第二节　企业家伦理精神的制度化

伦理精神是一种对善、对美的境界追求，犹如一盏明灯指引着企业家群体朝着对社会负责、对人类负责的方向前行。因其特殊身份和地位，企业家有能力将伦理精神转化为企业制度，更甚者他们是社会伦理体系的变革者，对国家治理机制和社会治理水平产生重要的影响，作为人大代表或政协委员的中国企业家就是典型代表。这里，笔者主要探讨企业家伦理精神的内部制度化，即企业家伦理精神如何转化为企业文化或组织制度。

制度化是指在组织、行业和社会中嵌入价值观、社会规范及图腾，运用法律和社会的力量对不符合规范的行为进行奖惩的措施（Ferrel O C，2008）。企业家伦理精神的制度化意味着企业家将伦理追求和抱负融入企业战略目标和经营管理，并形成一系列的规章、制度或规定来规范或引导企业全体员工的行为。笔者认为，企业家伦理精神的制度化可通过强制实践路径、鼓励实践路径和伦理文化路径等方式实现。

一、强制实践路径

企业家可以将伦理精神转化为明确的、强制性的管理条例和规章制度，谓之为强制实践路径。企业家面对来自不同方向的规范性压力，必须以特定方式作出回应。犹如法律，强制实践是企业对组织员工行为的最低要求，是强加的行为边界，如规章制度、监管要求和其他规定。具有伦理精神的企业家不仅会严格遵守国家层面的法律法规，如劳动法、反垄断法、消费者保护法等，还会在企业内部制定额外的伦理规范，为负责任的行为设定了最低标准。如果员工们没有履行强制性实践，则会受到惩罚。例如，福路（Fluor）是一家能源基建公司，非常强调安全问题，于是要求报告工作场所的危险行为是每一位员工的应尽职责，没有报告的员工会受到惩处。

在互联网时代，数据所蕴藏的强大价值已经毋庸置疑，也伴随着很大风险，比如个人隐私泄露、账户安全等。2018 年，国内外法律规则频繁出台，欧盟《一般数据保护条例》（GDPR）正式生效，印度、巴西及美国加州也相继通过了以个人信息保护为目标的法案法规。在国内，国家标准的《个人信息安全规范》正式实施，个人信息保护法也被列入五年立法规划。然而，个人信息泄露造成公众财产、人身损失的事件依然存在。多角度构筑隐私保护实现数据合规，成为政府、企业、社会共同关注的话题。部分企业或单位设立了相关的伦理委员会、首席道德官。例如，百度在践行隐私架构的建设过程中，优先明确隐私保护的价值观和方法论，再将价值观和方法论通过制度、流程嵌入到技术、产品、服务中去，把隐私保护融入公司的方方面面。组织结构上，百度最顶层有数据隐私保护委员会，确保数据保护纳入公司战略，执行层面法务、安全、技术、产品、交互等不同的角色根据职能承担不同的隐私保护的任务。这些都是将伦理价值观外化为强制性管理规定的做法。

二、鼓励实践路径

如果说强制性实践更多受制于国家、社会强加的规范要求，那么鼓励性实践则是在企业家价值观的影响下形成的，是企业家对真善美个人追求的现实做法。鼓励性实践并没有受到法律、行业协会的明文要求，而是企业家个人裁量后作出的自由选择。比如关心照顾员工家人、为员工解决子女教育事宜等。

值得注意的是，有些伦理观念并不适合转化为强制性实践，如慈善捐赠以及鼓励二孩、三孩的生育政策等，很大程度上会干涉个人隐私或自由。这时候，企业家就可能会采用鼓励路径，即员工出现所期待的伦理行为时，便给予表彰或奖励。如天地壹号饮料股份有限公司为鼓励生育，每年 5 月 20 号会让年轻员工带薪休假；贵州中勘建设集团会对考上大学的员工子女进行奖励。诸如此类的，均是鼓励实践路径。

三、伦理文化路径

企业家也可以通过伦理文化的打造来实现自己的伦理精神。企业文化是一系列价值观、规范、图腾以及组织成员解决问题的共同方式，而伦理文化则创造了一种环境来塑造人的行为，实现着教化和感染的功能。员工越能感受到组织伦理文化的影响，就越不容易做出有悖伦理道德的决策。要营造凝聚人心的伦理文化氛围，需要重点思考以下几点。

（一）凝练伦理价值观

伦理规范和要求涉及方方面面，企业家必须对自己的伦理主张进行凝练和总结，如此才能在组织中进行传递。确定组织伦理文化最可靠的方式是回归到企业使命及其宗旨或愿景。企业使命宗旨一般传递了普世的人类关怀和社会责任，涉及投资者、顾客、供应商等不同利益相关者，是最能体现企业伦理价值观的。

凝练后的伦理价值观一般要具备以下特征：（1）宏伟，伦理价值观要超越常态，具有一定的英雄主义色彩；（2）振奋，采用热烈的语言，激发情感的力量；（3）共鸣，体现共同愿景和共同利益，凝聚人心；（4）社会责任，关注苍生，造福社会和人类；（5）清晰，要形象生动，容易理解和记忆；（6）可实现，兼顾好宏伟和可实现之间的平衡，让员工相信。让我们来看看一些知名企业的做法，通用电气的愿景是“让世界更美好”；迪士尼的使命是“让人们过上幸福的生活”；华为致力于把数字世界带入每个人、每个家庭、每个组织，构建万物互联的智能世界。

（二）打造物质空间

根据心理学“具身认知”观点，认知、身体和环境是相互影响的，个人所处的环境直接作用于身体感知，进而影响个人的认知状态。企业可以将伦理价值观和要求融入物理空间和外部标示的打造上，形成企业特有的标志或图腾。网页、伦理准则、仪式、语言、物理设置都属于图腾。一进入腾讯公司大门，映入眼帘的是深灰的冷色调，一只企鹅赫然站立。这样的装饰风格是对腾讯公司高效、极简、实效风格最贴切地反映。

（三）加强伦理传递

企业家伦理精神转化为组织伦理价值观后，不是停留在组织高层或悬挂在墙面上就可以了。做好伦理价值观的沟通和教育对于塑造伦理文化、形成伦理氛围具有非常重要的作用。譬如，浙江中兴精密公司编制《Z公司哲学手册》，确定员工伦理标准，定期与员工开展恳谈。美国运通公司反复向员工强调“要尽可能帮助顾客摆脱困境”，这种对顾客的态度，促使员工超越职责范围努力帮助顾客，为运通公司赢得了客观的市场份额……可见，只有伦理价值观传递到组织各层级、渗透到员工行为中，企业家伦理精神才能够真正落地。

第三节　企业家伦理精神的组织化

个体嵌入特定的组织结构中，已然受到组织整体的目标、准则、价值观的影响，体现为“人”的组织化和“人的行动”的组织化（李珮瑶，2020）。在企业组织中，企业家伦理精神成为组织意图后，如何转化为企业上下共同遵守的伦理规范和要求，外化为员工行为，笔者将之称为企业家伦理精神的组织化。

信息技术的飞速发展催生了企业组织形式的转型，追求快速响应、灵活应对的扁平化组织架构广受欢迎。组织架构的扁平化，“高高在上”的企业家与“奋斗一线”的员工间的距离大大缩短，有两方面的情况值得关注：其一，企业家伦理表现的信号作用更加明显，形成对组织员工更强的影响力；其二，上下级之间的互动日益频繁，下属有更多的机会和能力去影响企业家或高层管理者。因此，笔者认为组织扁平化趋势下组织伦理影响关系是一个双向交互过程：自上而下的伦理涓滴和自下而上的伦理重构。

一、企业家伦理精神的涓滴渗透

采用涓滴效应来解释领导有效性是近年来的一个研究热点，突破了单一领导层次研究的局限性，凸显了组织中不同层次领导力的整合效应，是个人领导力转化为群体领导力的关键（White et al.，2016）。当前不少研究关注伦理型领导在组织中的逐级涓滴效应（Mayer et al.，2009），这些研究主要采用质性研究方法（扎根理论、案例研究等）来论证不同层级间领导对员工态度行为的自上而下的“涓滴效应”。

企业家身居组织层级顶端，具有丰富的资源禀赋，会形成更强大的影响力，员工们倾向于将组织卓越表现归功于企业家或高层领导。正如莱汶和巴特勒（Levine and Butler，1952）通过实验研究表明，个体对他人的认知会受到对方地位和等级的影响，人们会因为领导者的地位高而对他们做出更高的估计。加之，中国是高权力距离国家，所以我们推断自带“光环”的企业家可能会因其在组织中的显赫地位和身份对员工发出更强的“信号”，通过组织中层领导间接或直接对员工行为产生影响。

二、企业家伦理精神的重构反思

尽管中国古代、近代史有不少关于向上影响行为的记载，例如魏征谏唐太宗十思疏、海瑞上疏嘉靖帝、张居正推行“万历新政”、康有为和梁启超等改良派发动的变法维新运动等，但迄今为止鲜见学者研究中国情境下员工向上影响行为（Deluga and Perry，1991）。这显然与实际不符。在企业管理实践中，我们不难发现员工的伦理或非伦理行为也会诱使上级领导的伦理反思和改进。

正如前面提及，随着组织层级的日益扁平化和员工参与度的提升，上下级之间的互动日益频繁，下属有更多的机会接触企业家或高层管理者。因此，企业家、领导与员工之间的关系不再是单一的自上而下的渗透模式，员工也能够自下而上对企业家产生触动、施加影响。

【案例思考】

宋志平的领导力——构建学习型企业*

1993年初，时年36岁的宋志平成为北新建材一把手，是全行业最年轻的正局级干部。但这可不是他上任的好时机。20世纪90年代初，正是国企脱困的时代，北新停滞不前。宋志平任厂长时，企业正面临建厂以来最困难时期，当时银行已不给北新贷款，企业没钱买原材料，宋志平号召大家把家里存款拿出来，集资400万元，才买来第一批原料。宋志平和车间的每个工人都面对面谈话，寻找工厂经营不佳的原因，他强调以人为中心的管理，调动员工的积极性。同时通过推行精细化工厂管理，工厂逐渐进入良性循环。

一、学习管理课程

1991年，厂里安排宋志平参加为期半年的“日本产业教育”培训，宋志平初步了解了日本的企业管理。1992年武汉工业大学在北京管庄的建材研究生院开设工商管理班，宋志平和北新建材的其他干部周末赶去上课。1993年初宋志平当厂长后，曾打电话给组织者尹毅夫教授，称工作太忙不想再读MBA了。尹教授却批评他说，责任越大，工作越忙，则越应该学习。宋志平认为尹教授说得很对，就继续读了下去。当厂长需要全面的管理知识，尤其是财务知识。当时，我国还在沿用计划经济体制下的国有企业会计制度，随着市场化进程加快，我国的财务会计制度很快就同西方国家并轨。尹教授讲授的正是西方企业财务会计

---

* 本案例正文（此处根据需要有所删减调整）收录于清华经管学院·中国工商管理案例库，版权归清华大学经济管理学院所有。案例作者为清华经管学院领导力与组织管理系教授吴维库、案例研究员李承文。作者或版权方无意说明企业成败及其管理措施的对错。

理论。

宋志平常想，假定没有那段时间的学习，他当厂长肯定会受影响，或者不知道该怎么当厂长。得益于学习对工作能力的提升，于是他动员厂里年轻中层干部去参加清华大学、北京大学等学校的 MBA 课程。1996 年，他自己又通过考试成为华中理工大学经管学院管理工程专业博士生，成为有学历和学位的双证博士。

日本海外技术者研修协会（AOTS）是日本政府对发展中国家管理人员进行培训的一个组织，每年中国政府都会派出一些企业领导人去学习。1996 年冬，宋志平到日本学习了现场管理、精益管理等管理方法，AOTS 安排了很多去企业参观的机会，参观企业时，宋志平问了一些决策机制、劳资关系等问题，日本同行觉得很奇怪，因为别人大多对技术和产品更感兴趣。AOTS 研修结业时，宋志平写了一篇《浅谈日本企业的经营管理》的论文加以总结，文章中的思考深深地影响了日后中国建材的发展。

上海宝钢最早全套引进新日本制铁公司的装备和新日铁管理软件，宋志平安排中层干部赴上海宝钢学习现场管理。宝钢工厂里连打开的电器柜里都一尘不染，给中层干部留下了深刻印象。北新建材外学日本、内学宝钢，推动现场“5S”管理，工厂管理上了一个大台阶。日本三泽房屋社长看完北新的工厂后说，没想到北新把每一个细节都管理得这样好。

二、改革阵痛下的人本关怀

1994 年，国务院选择全国 100 家国有企业作为建立现代企业制度的试点单位，称作“百户试点”，北新建材是国家建材局系统内唯一一家入选企业。市场化转型后，国家不再对国有企业拨款投资，而是把投资改成了贷款，称“拨改贷”。再后来，专业银行向商业银行转化，很多国有企业从资金方面被国家彻底“断奶”。同时国家进行了增值税改革，加重了企业税负。国家也不再对国企的原材料和产品进行指令性计划安排，企业被推入市场。

1996年1月，北京新型建材总厂正式改制成北新建材（集团）有限公司，宋志平出任董事长兼总经理。国家经贸委①副主任陈清泰多次来指导，希望北新建材进行脱胎换骨的转变，做改革的尖刀班和排头兵。宋志平也多次参加国家经贸委召开的百户试点会议，从朱镕基、王忠禹的讲话中学习改革方面的知识。

百户试点的主要目标是建立现代化企业制度，即产权清晰、权责明确、政企分开、管理科学。百户试点是一个系统工程，国家各部委围绕着支持试点准备出台13个文件，但受当时国家经济基础和环境所限并没有颁布。退休人员社会保障体系、医疗保险等没有建立起来，企业无法解决富余人员出路问题。当时，地方政府成立再就业中心，承接因地方国企改革而富余下来的职工，但中央企业的下岗职工却没有去处。

北新建材在公司制改革中分了两步：一是把总厂改成国有独资有限公司，确立企业的法人财产权；二是在有限公司里拿出优质资产吸引投资，成立股份公司。

北新集团有2 200人，实际只需要800人，甚至500人就可以维持企业运转。为了让职工心理上可承受，宋志平制定了一个550人的分流计划，看着长长的名单，他好几天睡不着觉。北新集团是员工以厂为家的企业，大多是双职工，这550人牵涉到每个家庭以及家属生活区6 000人的心。当时做了两个决定，一是无期限禁止企业调入工人，二是进行转岗培训，把550名富余人员从岗位上分流出来，在企业培训中心进行再就业培训。北新集团提出一个口号：通过企业发展创造2 000个饱满的就业岗位，让下岗职工再就业，这个计划也得到了时任国家经贸委企业司蒋司长的支持。

宋志平通过厂报和员工谈心来化解转岗中的情感压力，一篇《我们崇尚的机制》，希望大家勇敢迎接竞争的挑战。一天，宋志平在《文摘周报》上看到一篇《工资白条令中走上绝路》的文章，讲述的是东北

① 2003年改名为国家发展和改革委员会。

一些经营困难的国企长期拖欠工资令职工生活艰难，甚至走上绝路的故事。宋志平非常难过，立即给各工厂厂长、经理写了封信，要求大家以身作则，对职工多多教育，动员全体职工面向市场，积极做好本职工作。宋志平也亲自去培训中心和大家面对面谈心，各工厂和部门领导都去给转岗职工讲课，使其掌握更多的技能。

三、像办学校一样办企业

1995 年，宋志平提出一个口号，“像办学校一样办企业”，意思是管理即教育，企业不仅要出产品，还要出人才。宋志平认为，管理不是无师自通，管理水平的提高源于坚持不断地学习。抓管理就要有管理的制度，学习用管理的语言来对话。只有具备了持续学习的能力，拥有足够的专业知识、管理知识，才能进行高质量的沟通，团队才能进步。

为此，宋志平把人力资源开发放在头等重要位置，把工作分为两个层次。第一个层次是充分发挥人的专长和潜能。先对整个企业的人员分工进行彻底了解，再将企业的工作分类，通过整合劳动组织，解决人力资源浪费的问题。企业要实现人尽其才，一是领导干部要心中有数，熟悉整体人员情况，真正做到知人善任；二要破除旧的观念，真正发挥员工的聪明才智。第二个层次是对现有人员的培养，包括在职培养和技能培训。在职培养主要是对管理干部和技术干部而言，技能培训主要是对岗位工人而言。

于是，宋志平决定将北新建材打造成一个学习型组织，开展“岗位读书、技能培训”，鼓励员工在职学习。企业改建培训中心，建立语音室、计算机房、图书馆，举办企业文化与现代化管理、市场营销、财务管理等专题培训……通过一系列努力，员工普遍接受了市场经济与管理知识的熏陶。

1997 年北新建材上市时，市场这样描述北新建材：北新是一所大学校，公司董事长是在读博士，管理团队是一个硕士群，这是一家管理良好的公司。后来，宋志平把“管理是教育”的理念带到中国建材集团，集团多年来结合实际，采取分级、分类的方式弹性开展培训，为企业快速成长奠定了坚实的人才基础。

管理是再造过程，实现再造需要团队不停地接受再教育。如果管理者总抱怨部下这个不行那个不行，说明管理者管理意识不到位。管理者的责任不在于挑选优秀的员工，而是要把普通的员工培养成为训练有素的优秀员工，在每一个员工内心植入实现自我价值之“芯”。

四、建立学习型组织永不过时

宋志平非常赞同联合国教科文组织在一份报告里提出的一个观点，“学会了学习实际上是学会了生存，人生的教育不是某一阶段而应贯穿人的一生”。

到底该怎样学习呢？宋志平一直把建立学习型组织作为企业经营的一个目标，学习不是哪一个领导、哪一个人的事，而是整个团队的事。学习型组织告诉员工如何通过系统的学习和交流互动，使组织更具活力和生命力，达到不断进取、自我完善、整体提高的目的。像企业里举办乒乓球赛等活动，其目的不仅是锻炼身体，更重要的是增加员工互动的机会。按照美国学者彼得·圣吉的归纳，学习型组织要进行5项修炼：建立共同愿景，加强团队学习，实现自我超越，改变心智模式，进行系统思考。

团队的质量，主要取决于其不断学习和创新的能力。企业如何立于不败之地？宋志平的答案是建立学习型组织，一个好企业必定是一个学习型组织。

五、持续学习的企业家

有些媒体称宋志平是“谜一样的人”，他认为自己只是一个普通人，能做成一些事靠得是不断学习。中国建材集团副总经理常张利说：“宋董事长带着一本厚厚的书，从香港飞到北京短短3个多小时的时间里，就可以把书中的核心内容讲给同行的人。他总能够在众多纷繁复杂的信息中，提炼出有价值的知识。他参加论坛，在短时间内就可以把参与对话人的背景和主要思想搞清楚，这使得对话很充实。”

宋志平认为杰出的企业家其本人都是杰出的领导者，有卓越的领导力、独到的见解、很强的影响力，这些又构成企业特殊的竞争力，是企业软实力的重要部分。领导是企业具有特质的负责人，企业领导特有的思维模式和灵感，以及开拓思想、创新精神和对接资源的整合能力是企业获得成功的原动力，这恰恰是竞争者最难以超越的。

宋志平认同欧洲管理界对领导力的看法，认为领导虽有天分，但通过学习和实践可以提升领导力。企业领导必须不断拓宽知识面、更新知识结构才能应对当今信息量庞大、不断变化的社会环境。

宋志平总结从担任副厂长至今 30 多年的管理生涯，他做企业的主要关注点发生了 4 次蜕变：具体业务—生产效率—资源整合—创造思想。在一次次的蜕变和升华中，宋志平完成了从管理者到领导者、从企业家到思想者的跳跃。他认为，做企业领导有三点素质至关重要：一是有与时俱进的勇气；二是过硬的心理素质；三是有不断学习的毅力。他的职业生涯是“台阶式”的，几十年来“小步快跑”，企业里几乎每个层级的岗位都做过。

六、企业家是布道者

宋志平的管理方式是布道式的，自己先悟道，再清楚地告诉大家该往哪里走，为什么这么走。他认为企业领导应是个爱做梦、会做梦的理想主义者，是个爱讲故事并能讲好故事的布道者。企业在中国香港上市的时候，宋志平非常自豪地向投资者说，中国建材的发展，演绎了一个稳健经营的故事，一个业绩优良的故事，一个行业整合的故事，一个快速成长的故事。

在企业内部，要把企业的发展目标变成激励员工共同奋斗的美好愿景，反复宣讲企业的战略和文化，使全体员工凝聚在共同的价值观之下，带领员工努力实现目标。在企业外部，与社会做好沟通交流，赢得更多的理解和支持。很多世界级企业的领导人都是演讲高手，一上台就能侃侃而谈且富有感染力，这是他们的专长和必备本领。宋志平认为，讲好企业故事有两点值得注意：第一，故事是真实的，引人入胜；第二，故事能持续讲下去，善始善终。企业如同一本故事书，能否讲好企业故事与企业的经营状况息息相关。好的故事需要好的讲述者，企业领导应该是个讲故事的高手。

讨论：

（1）在解决下岗职工再就业方面，宋志平如何用伦理思维来处理的？

（2）宋志平伦理精神的制度化体现在哪些地方？

（3）宋志平伦理精神的组织化体现在哪些地方？

实践篇

第六章

中国企业家伦理精神的内涵结构

自改革开放以来，在西方经典企业理论的影响下，追求经济利润最大化成为中国企业运营的主要目标甚至是唯一目标，许多民营企业普遍将伦理道德要素搁置于组织运营和管理决策之外。随着改革开放的不断深入和市场经济体制的建立健全，人们发现那些违背社会伦理、罔顾社会责任的企业非伦理行为将对组织声誉带来重创，甚而危害企业自身发展。组织伦理文化和高管伦理行为将对企业发展产生重要影响。因此，越来越多的中国企业在设计组织发展和竞争战略时纳入对伦理要素的考量。

当前，学者们普遍认为组织伦理行为的产生主要有两个动力机制：一是组织层面的伦理策略（Frisch and Huppenbauer，2014），是企业家或高管为企业发展和获得更大利润而进行的社会资本投资，有助于企业赢得社会认可和社会地位，获取其他优势资源，如组织声誉、社会合法性地位等；二是企业家个人的伦理抱负（Li and Liang，2015），企业家或高管具有高度的社会使命感和责任感，进行运营和管理决策时会考虑对员工和社会福祉的影响。可见，企业家作为组织发展的掌舵者，他们的伦理价值观一定程度上决定了组织的伦理文化和氛围。根据西方理性经济人假设，随着我国法治体系的建立健全和市场经济体制的逐步完善，环境不确定性和制度风险性降低，企业家依靠承担社会责任的伦理行为来获取社会资源优势的意图将逐渐被弱化，毕竟维持高标准的组织伦理行为将给企业带来巨大的社会责任成本，如优化雇佣行为、进行慈善捐赠、提高福利待遇等。换言之，在正式治理机制趋于完善的情况下企业家会减少伦理策略行为。但我们发现，当前中国企业逐渐成为履行社会责任的重要角色，不仅关心员工基本利益和福利保障，他们也是助力脱贫攻坚、实现乡村振兴、促进社会发展不可或缺的力量，企业家在这背后所发挥的作用不容忽视。2022 年 6 月，第十九届中国慈善榜显示，慈善企业总数和捐赠总额均创历史新高。2021 年度排在榜单前十名的慈善企业共计捐赠 79.2067 亿元。从第一届到第十八届，中国慈善榜累计记录了 3 068 位慈善家、8 936 家慈善企业的大额捐赠，收录捐赠总金额近 2 267 亿元。很明显，西方经济人假设无法对这一现象做出合理解释，那么是什么原因促使中国企业家遵循较高的道德标准，承担需要付出较大成本和精力的社会责任呢？这背后势必存在着某种非经济驱动的行为逻辑和决策机制。这个暂未被学术界深入探讨的企业家伦理行为，若得到充分解读和剖析将进一步丰富中国情景下的伦理型领导理论和高阶理论研究，为企业管理实践提供新的理论视角。

不同于西方规范性伦理和工具性伦理，中国伦理文化因其特殊内涵展现独有的魅力和价值（原理，2017）。中国儒家思想的丰富内涵为解释中国情境下的企业家伦理精神提供了文化机理和理论基础。据此，笔者以中国民营企业家为研究对象，结合理论演绎和跨案例分析法来探讨中国企业家伦理精神的内涵结构，并在此基础上，开发具有中国本土特色的企业家伦理精神量表，希望为我国企业家提升领导效力提供有益借鉴和参考。

第一节　文献回顾与研究框架

领导的个人特质一直被视为是领导效力的重要来源，其中伦理道德要素（如正直、利他、责任心等）被广为关注。早在西方伦理型领导概念被正式提出以前，其他领导理论就已经孕育了伦理道德要素，如有学者研究发现，道德提升是变革型领导的重要方面（孙健敏等，2017）。服务型领导、真实型领导都蕴含了正直、利他等核心伦理要素（Cooper，2011；Avolio and Gardner，2005）。伦理型领导成为独立概念以后，大量相关研究开始涌现，其中以特维诺等（Trevino et al.，2000）的伦理型领导"双支柱"模型、布朗等（Brown et al.，2005）的单维度量表最受关注。然而，这些研究成果都是在西方伦理规范基础上发展起来的，在解释华人伦理领导行为时会出现"失效"现象，集中体现为它们无法处理好领导作为"道德的个人"（moral person）和"道德的管理者"（moral manager）两个角色的关系。例如，有些领导认为自己只要成为一个"道德的个人"即可，以此来影响和感染员工，反对伦理规范的说教或宣贯。而有些领导则认为自己只需要发挥"道德管理者"的职能，为组织和员工设定伦理规范，个人道德属于私人范畴不应予以讨论或公开，难掩"伪善"（hypocritical leader）面具。由于深受儒家"兼容并蓄"哲学思想的影响，在中国管理情境中，领导的双重角色"道德的个人"和"道德的管理者"并非相互独立或矛盾，而是相互依赖、互补，共同构成一个和谐整体。张笑峰和席酉民（2014）指出，西方伦理型领导的起源就有对儒家伦理思想的借鉴，我们可以进一步分析华人组织中可能存在的企业家伦理精神和行为，探究其背后的文化根源，这不失为对西方伦理型领导理论进行完善的有益探索。

一、中国企业家伦理精神的本质：关系伦理

西方文化倾向于从个体道德角度来解读伦理系统，属于"个人本位"的伦理，就如同黑格尔所说"原子式的探讨，即以单个人为基础的道德提高"（朱贻庭，2018）。在中国，伦理是建立在以宗法等级制为核心的人际关系及其秩序上的，规定了人与人之间的上下、亲疏、远

近的人伦关系，规定了人伦关系的行为规范，从而形成了伦理秩序，即“五伦”“十义”，人际关系均是以上对偶关系的延伸与发展。因此，中国伦理文化的本质是关系伦理，这在第四章已进行过深入探讨。这种人伦的“关系本质”主要体现在两个方面：一是作为对偶关系存在。古代论及人伦关系，总是两两结对，形成对偶关系，具体体现为“五伦”，即父子、君臣、夫妇、兄弟、朋友五种关系。因古代社会伦理传统的影响，后人多以父子为逻辑在先的人伦关系，而君臣关系是父子关系的延伸，这对理解中国领导—成员关系有着重要启示。二是这种对偶关系具有双向义务。所谓“慈”“孝”，“良”“恭”，“仁”“忠”，“惠”“顺”等是诸多双向义务的规范形式，可归纳为“五伦十义”（父慈子孝，兄良弟悌，夫义妇听，长惠幼顺，君仁臣忠）。对双向义务的理解关键在于“仁礼互构”，“仁”是情感流露，但建立社会伦理、维持社会秩序，我们仍然需要“礼”。以“君仁臣忠”为例，作为君主，他有责任对臣子仁爱慈悲（仁），但同时也默认臣子要忠诚敬主（礼），这样二者才能和谐共生。这对当前中国本土情境下领导—员工间的互动关系有着重要影响。

二、中国企业家伦理精神的表现：修己安人

如前所说，中国企业家伦理精神的本质是关系伦理，直接体现为企业家与他人关系的处理与平衡，关键在于“仁礼互构”。那如何实现“仁礼互构”呢？孔子认为“仁者爱人”（《论语·颜渊》），拥有仁德之人，会通过自身修养，使得自身与他人的人格向更好的方向发展，从而实现伦理关系的和谐，乃至整个社会的和谐，即“修己以安人”（《论语·宪问》）。可见，中国情境下的具有伦理精神的企业家不仅仅是“独善其身”，而表现出“修己安人”[①] 的关系导向，是“道德的个

① 在前文第四章笔者将其归纳为“己立立人”，与“修己安人”同义。

人”和“道德的管理者”的统一体。在儒家“修己安人”的关系伦理影响下，中国伦理型领导表现出己立立人、己达达人的现实关怀和人生追求，主要有三个方面的含义：(1) 强调“道德个人”(修己) 的基础性。所谓“以力服人者，非心服也，力不赡也。以德服人者，中心悦而诚服也”(《孟子·滕文公上》)，修身以成“仁”的领导把关键点落于自身，通过对“仁”的领悟和践行，使组织成员受到感染，促使他们进行更加积极有效的自我管理。(2) 强调“道德的管理者”(安人) 的目的性。无论出于有意或无意，“修己”可实现“安人”的目的，这种对人的管理并非靠各种制度、程序去控制或监督，而是对人的一种改造或激励，是员工发自内心的接受与践行。(3) 强调“道德个人”(修己) 和“道德管理者”(安人) 的统一性。这种统一性体现在两点：一是手段与目的的统一，“道德个人”(修己) 是前提和手段，“道德管理者”(安人) 是结果和目的。对于儒家德行领导而言，“安人”是随“修己”而来的自然而然的结果，实现了手段与目的的统一。二是自己—他人关系的统一，“道德的个人”指向对自己的管理，“道德的管理者”指向对他人的管理，中国伦理型企业家很好地将这两者进行统一和平衡。

虽然西方学者们明确指出伦理型领导需兼顾“道德的个人”和“道德的管理者”两个角色，且也体现在量表开发中，但在管理实践中却难以有效调和两者关系。例如，当员工违反组织伦理规范时，伦理型领导应该是坚持“顾及员工利益”(道德的个人) 还是“惩罚违反道德标准的员工”(道德的管理者)？这很难在现有的西方伦理型领导理论中找到答案。针对以上特点，张等 (Zhang et al.，2015) 认为对中国领导力的描述采用“既……也……”复合句更为贴切，才能体现中国领导平衡性管理艺术。据此，本书打破西方采用单句对伦理型领导进行描述的惯例，运用复句对中国企业家伦理精神进行描述，实现“道德的个人”和“道德的管理者”双重角色的统一，这也是对中国“修己安人”关系伦理本质的贴切回应。

三、中国企业家伦理精神的维度：修齐治平

《礼记·大学》曰："古之欲明明德于天下者，先治其国；欲治其国者，先齐其家；欲齐其家者，先修其身；欲修其身者，先正其心；欲正其心者，先诚其意；欲诚其意者，先致其知；致知在格物，物格而后知至，知至而后意诚，意诚而后心正，心正而后身修，身修而后家齐，家齐而后国治，国治而后天下平。"儒家的"修齐治平"学说清楚地概括了传统儒家领导力的发展维度及特点，成为诸多企业家安身立命的道德信仰，激励他们投身于治国平天下、建功立业的历史创造中。根据这一学说，企业家伦理精神的第一维度是"修身"，企业家要不断修养德行、积累知识、完善自身，成为"内圣"（Lin，2011）。第二维度是"齐家"，家是中国社会结构的内核，聚焦婚姻维持和家庭成员发展。企业家要管理好一个家族，成为宗族的楷模（Fei et al.，1992）。第三维度是"治国"，企业家要积极投身事业并力争取得成功。第四维度是"平天下"，这是中国本土企业家发展的终极目标，成为"外王"，即安抚天下黎民百姓，使他们能够丰衣足食、安居乐业。

第二节　中国企业家伦理精神的结构维度

西方伦理型领导及其在中国的实证研究多是探讨直线型领导（范恒等，2018；章发旺等，2017），对高层伦理型领导（包括企业家）的情境性研究甚少，所以研究内容往往聚焦的是组织内部伦理，缺乏对组织外部利益相关者的关注。而中国儒家的"修齐治平"学说表明，越是成功和地位越高的管理者，他们的"修齐治平"情结越加浓厚，不仅追求自我完善和自我价值的实现，还致力于造福百姓、贡献社会，表现出"大同世界、天下为公"的天下情怀。因此，从"修齐治平"这一

角度探究中国企业家伦理精神的结构维度具有特定的文化意义和实践价值。在西方相关研究基础上，结合儒家“修齐治平”理念和“修己安人”的关系伦理内涵，本书认为可以采用“关注个人—关注组织—关注社会”这一理论框架，挖掘中国企业家伦理精神的内涵特点。

一、研究方法

案例研究适合对现实中复杂而又具体的问题进行深入考察，常被视作理论创新的重要源泉（Eisenhardt，1989）。本书以中国民营企业为研究情境，探讨企业家伦理精神的内涵和表现，研究对象比较特殊，研究问题具有一定的探索性和解释性，适合采用案例研究方法。同时，与单案例研究相比，多案例间遵循复制逻辑，形成交叉印证，使得研究结论更具说服力和普适性（Yin，2014）。

二、分析单元

案例研究的分析单元反映了研究所关注的变量或关系。本书选定民营企业家为基本分析单元，是个体层次的变量，从行为视角来挖掘中国企业家伦理精神。之所以选择行为视角，是因为越来越多的学者们认为行为实践最能反映管理领域的现象及其本质，倡导“实践转向”（Whittington，2006；Schatzki et al.，2001）。同时，本书用企业实际控制人来表征企业家，他们处于管理层的核心地位，是集控制者、决策者和领导者等角色于一身的企业灵魂人物。

三、案例选择

由于本书是要建构具有中国本土特色的企业家伦理精神理论，需要采用理论性取样的方式进行有目的地选择样本。根据理论性抽样的典型性和可获得性，本书选取具有典型伦理文化的浙江 ZX、苏州 GD 和宁波 HE 三家民营企业作为扎根研究的案例对象，案例企业信息详见表 6－1。ZX 公司创建于 1990 年，是一家多元化发展的生产制造型企业，产品跨消费类电子部品、汽车部品、光学部品等，拥有 8 家子公司，员工近 5 000 人。2010 年，该公司确定企业文化的转型目标，通过学习中国传统圣贤文化，确保企业的可持续发展和员工的幸福人生，并将公司的企业使命定位为“追求全体员工物质和精神两方面幸福的同时，为人类社会的进步和发展作出贡献”。苏州 GD 于 1990 年 11 月成立，是中国电子行业半导体十大知名企业、江苏省高新技术企业，公司现拥有职工 2 800 余人。当前公司成立了“幸福企业家文化中心”，全面展开以八大模块（人文关怀、人文教育、绿色环保、健康促进、慈善公益、志愿者拓展、人文纪录和敦伦尽分）为脉络的组织伦理推进工作，将伦理观念落实于经营的方方面面，主动造福社会，成就员工幸福人生，从而建立真正的幸福企业。宁波 HE 目前共有员工约 900 人，主要从事各类电推剪、修发器、按摩器的研发、生产和销售。该公司关注营造和谐的家庭氛围，倡导大家在努力工作的同时，也积极帮扶困难家庭、重视子女教育、关注身心健康、促进事业发展。这三家企业共有的典型特征如下：（1）企业负责人或 CEO 是引入伦理文化的关键人物，是典型的伦理型领导；（2）组织上下都认为伦理文化对公司长远发展有着重要意义；（3）员工认为伦理文化有利于凝聚人心、形成组织合力。鉴于以上几点，本书认为这三家公司适合作为典型案例样本开展研究（见表 6－1）。

表 6－1　　案例企业信息

企业名称	企业性质	员工规模（人）	成立年份	企业文化或价值理念	获得的主要荣誉
浙江 ZX	民营企业	5 000	1990	追求全体员工物质和精神两方面幸福的同时，为人类和社会的进步与发展作出贡献	中欧校友社会责任奖

续表

企业名称	企业性质	员工规模（人）	成立年份	企业文化或价值理念	获得的主要荣誉
苏州 GD	民营企业	2 800	1990	打造幸福企业	中国电子行业半导体十大知名企业、江苏省高新技术企业
宁波 HE	民营企业	900	1986	创新、合作、尊重、信任、关注家庭	××市纳税百强企业；和谐企业创建先进单位；××省十家实力企业

资料来源：本书整理。

四、数据搜集与整理

为提高研究的效度，本书主要采用“三角验证法”，从多个信息来源获取研究素材。“三角验证法”强调采用多种手段研究同一现象，通过多元数据和交叉验证确认新的发现，避免偏见造成的负面影响。具体而言，本书的资料获取有以下四个方式：（1）公司门户网站和内部文本资料，包括公司网站信息、内部期刊、员工手册、人力资源管理制度、企业负责人讲话材料等。（2）深度访谈。为确保访谈与研究主题密切相关，本书决定采用半结构化访谈方式，访谈对象包括公司高管 9 人、中层管理者 15 人、一般员工 23 人，访谈时间总计 1 620 分钟。研究小组对访谈内容进行录音，并对其进行整理，形成原始资料。（3）现场观察。调研期间，作者深入对象企业的工作现场进行观察，将观察内容整理为备忘录，与其他资料相互印证和补充。（4）公开发布的访谈对话类节目视频。这些企业享有盛誉，当地电视台多次对企业负责人进行采访。研究小组将视频资料整理成文本资料。将以上各来源资料进行归纳整理，形成案例资料库，并形成证据链，相互印证，从而使得案例资料尽量可靠。整个数据搜集过程历时 17 个月，整理出文字资料约 82 万字。本书在收集数据的同时对其进行初步整理和分析，将新旧数据进行反复比较，以指导下一步的数据收集工作。当数据不能产生新的类属或概念时，说明数据收集已达到饱和状态，暂停数据收集工作。

五、中国企业家伦理精神的结构维度

通过案例分析发现，中国企业家伦理精神体现了横向联结、纵深延展的立体形象，深度刻画了中国伦理的关系本质，形成了一个纵横交错的网状结构。从纵向结构来看，中国企业家伦理精神不仅关注个体，也聚焦组织和社会层面，涵盖了个体层面的德行修养、组织层面的集体动机和社会层面的天下情怀三个维度；从横向维度来看，企业家伦理精神的每个维度，不仅仅是企业家"独善其身"，还表现出"修己安人"的关系导向，体现为企业家通过先行示范，将自己的伦理道德准则外化为组织和员工的行为规范，详见表6－2。

表6－2　中国民营企业家伦理精神的结构维度

关注层次	维度命名	行为表现示例
关注个体	德行修养	A－29 企业家关爱员工的同时也要对员工行为进行规范； A－73 善良的人才能幸福，我（企业负责人）会引导员工做一个善良之人； M－54 以身作则，我（企业负责人）要求员工怎么干，前提是自己要做到； ……
关注组织	集体动机	F－13 老总强调利益共享，但公司持续盈利是实现各方利益的前提； N－142 我（创始人）是强调团队作战的，所以考核团队绩效； ……
关注社会	天下情怀	A－82 我倡导大义名分的经营，做事业首先想到对社会的影响； C1－5 我经常参加公益活动，也组织员工做公益，如给环卫工人送礼品、慰问百岁老人； ……

资料来源：本书整理。

（一）德行修养维度

这一维度表现为企业家通过提升自己的道德魅力来感染员工，引导员工在工作和生活中也要遵从较高的伦理标准。具体来看，浙江 ZX 公司创始人张总踏实努力，经常加班至深夜，其工作激情深深感染了与他共事的员工。同时，他也要求员工要勤奋认真，对工作要讲究精益求精。正如他的员工评价道“从未看到如此投入的老板，一直激情不减，非常执着。所以，他对我们的工作要求也非常高”（人物代码 B）。苏州 GD 公司董事长为人善良，当看到某员工为母亲眼疾而焦虑时，他亲自联系当地知名眼科医生为其母亲诊治，并承担大部分医疗费用。同时，他对于那些心术不正的员工行为持“零容忍”态度。这一维度反映了企业家在个体层面上对自己和员工品行修为的高标准、严要求。

（二）集体动机维度

这一维度表现为企业家以集体利益和组织绩效为准则，并以之规范员工行为。案例分析显示，宁波 HE 公司老总自创办公司以来，一直将“合作”打造为公司的核心价值观，他做决策时通常会征询其他高管的意见，高管团队非常具有凝聚力和向心力。同样地，他要求员工也要有团队精神，他经常说“五根指头合成拳头才更有力量”（人物代码 F）。浙江 ZX 公司创始人十分注重企业形象的打造，企业在当地享有盛誉，公司员工也会以身穿公司制服而感到自豪。所以，当有损组织声誉的行为发生时，该公司创始人会坚定惩处。这一维度反映了企业家非常具有大局意识，高度关注组织的整体利益，并将集体利益原则内化为员工行为。

（三）天下情怀维度

这一维度表现为企业家心怀天下，并将之渗透于企业运营和员工行为中。浙江 ZX 公司创始人表现出高度的社会责任感，并将企业使命定义为“为人类社会进步与发展作出贡献”。他经常组织公司员工开展志愿服务，如慰问敬老院和福利院、义务为高考学子成立爱心车队等，正如他自己所说：“我们企业就是要打造幸福社区，为社会整体幸福尽一份力量”（人物代码 A）。无独有偶，苏州 GD 公司董事长也有着强烈的“济世精神”，在他的影响下，公司承担着对员工家庭、社区乃至整个社会的责任和担当，如开办社区公益讲座、成立义工队伍等。在这一维度上，“天下情怀”不仅是企业家个人行为，它已经成为企业的一个重要“基因”，内化为员工和组织行为，“公民组织”形象得以树立。

第三节　中国企业家伦理精神的量表开发

在探究某一现象及其作用机理，质性研究往往是第一步，有趣的观点和理论命题基本上都诞生于此。质性研究有赖于研究者知识储备和价值观念，不可避免会烙上主观意识，这时定量研究就显得尤为重要，采用数据驱动的方式去佐证观点是否正确？理论是否恰当？据此，本书尝试采用量表开发方法对中国企业家伦理精神进行量化呈现，为进一步验证该理论的科学性及其作用机制奠定工具基础。

一、研究方法

量表开发一般采用自上而下和自下而上两种方法。自上而下法也称为演绎法，量表维度或题项的开发源于成熟概念或理论，但情境敏感性较弱，无法全面反映特定文化的情境特征。自下而上法也称归纳法，量表的开发源于管理实践，能有效反映情境特征，但却因样本差异或研究者水平影响逻辑归纳的质量。针对这一问题，有学者指出，在对理论概念进行开发的过程中，应当采用多种研究方法，即综合设计的思路，基于运用几种方法所获得的交叉验证结果，来实现对聚焦概念的全面理解

（陈晓萍等，2008）。据此，本书将自上而下和自下而上的研究取向结合起来，剖析中国情境下企业家伦理精神的内涵和结构。在开发测量工具的过程中，首先采用学者们普遍认可的伦理型领导理论（概念、内涵、维度、内容等），与西方伦理型领导的原始概念保持可比性，即确保量表在内容、语义、测量和文化上的等值性。同时，在西方原始概念的前提下，结合中国伦理文化和管理实践，开发本土企业家伦理精神量表，进一步推动伦理型领导研究在国内的发展。

本书在文献回顾部分，根据西方伦理型领导在中国的文化适应性问题，结合中国伦理文化特点提出了企业家伦理精神的结构包括“德行修养—集体动机—天下情怀”三个维度层次，企业家伦理精神行为表现为“修己安人”的关系内涵，这一过程属于自上而下的理论演绎阶段。在跨案例研究阶段，本书扎根三个本土民营企业，对演绎出的中国民营企业家伦理精神的内涵结构进行印证，这一过程属于自下而上的归纳阶段。

二、初始量表的设计与编制

本研究根据前文理论演绎和跨案例分析得出的维度框架开发量表，基于“德行修养—集体动机—天下情怀”框架，围绕企业家伦理精神“修己安人”的行为表现，通过4种途径收集中国民营企业家伦理精神的条目：（1）文献阅读。阅读相关文献，对西方成熟的伦理型领导量表条目进行搜集、整理和归纳。（2）开放式问卷调查。围绕“在德行修养方面，您的企业负责人是如何影响您的?”“在处理个人与集体关系时，您的企业负责人是如何影响您的?”和“在关心社会方面（如顾客、环保、扶贫、慈善等），您的企业负责人是如何影响您的?”三个问题，让被试举例说明。调查对象包括MBA和EMBA学生，以及研究团队成员担任顾问的公司高层管理者和骨干员工。共发放问卷120份，有效回收72份，有效回收率为60%。（3）深度访谈。深度访谈基于以上问题进行挖掘，若被试无其余信息提供，则就之前搜集到的条目信息进行访谈确认。通过面谈或电话访谈的形式，共访谈 36 人，每次约 35 分钟。被试中，普通员工 17 人，中层管理者 12 人，高层管理者 7 人；男性占 60%，女性占 40%；企业约占 60%，政府、事业单位等约占 40%。（4）专家咨询。由 1 位组织行为学领域的副教授、2 位博士生共同讨论，编制中国企业家伦理精神的初始测量题项。然后，邀请 3 名管理专业教授对上述编制的初始题项设置的合理性、准确性进行评价，并根据他们的建议，对相关题项进行增加、删除和修改等处理。

通过以上步骤，最终形成了中国企业家伦理精神的初始测量题项，详见表 6－3。其中，“德行修养”包含 5 个条目，“集体动机”包含 6 个条目，“天下情怀”包括 6 个条目，共计 17 个条目。初测问卷共发放 170 份，回收 142 份，剔除无效问卷（如漏答数过多、勾选的选项具有明显规律性等），有效回收问卷为 93 份，回收有效率为 54.71%。受测员工年龄在 21～55 岁，平均年龄为 33.94 岁；男性占比 50.5%，女性占比 49.5%，男女比例相当；大专以下占比 10.8%，大专占比 20.4%，本科占比 51.6%，硕士占比 15.1%，博士占比 2.2%；一般员工占比 74.2%，中层管理者占比 18.3%，高层管理者占比 7.5%。初测结果分析表明，该问卷已有一个清晰的三维结构，不过质性分析阶段本属于因子 1 的题项 5 被归类到因子 2，对于这类有争议的条目予以剔除。根据各题项的因子载荷，本书剔除了题项 12（它同时在两个或以上因子中的载荷都超过了 0.50）。最后的量表由 15 个题项组成。

表 6－3　　　　初始量表分析结果

题项	因子 1	因子 2	因子 3	处理
1. 他/她为人正直，并引导员工也要正直做事	0.849			保留
2. 他/她诚实守信，并引导员工也要诚实守信	0.812			保留
3. 他/她尽职尽责，并引导员工也要爱岗敬业	0.793			保留

续表

题项	因子1	因子2	因子3	处理
4. 他/她很善良，并引导员工也要善待他人	0.808			保留
5. 他/她乐于奉献，也引导员工要学会奉献	0.495	0.637		删除
6. 他/她强调集体利益，并要求员工要“小我服从大我”		0.670		保留
7. 他/她善于合作，并要求员工要有团队精神		0.744		保留
8. 他/她有着强烈的集体荣誉感，不容许有损组织声誉的行为		0.752		保留
9. 他/她注重组织文化的塑造，并以之规范员工的行为		0.613		保留
10. 他/她重视组织绩效，并要求员工要在岗位上创造价值		0.788		保留
11. 他/她善于沟通交流，并要求员工和部门间要加强沟通		0.752		保留
12. 他/她认为单位应对社会作出贡献，反对有违社会福祉的行为		0.538	0.534	删除
13. 他/她关心社会疾苦，并动员单位和员工参与帮扶			0.673	保留
14. 他/她注重环保，并号召员工参与环保生态活动			0.796	保留
15. 他/她有志愿者精神，经常组织员工从事志愿活动			0.870	保留
16. 他/她关心时事政治，并带领单位和员工积极响应国家政策号召			0.593	保留
17. 他/她热衷慈善，并鼓励员工行慈善之事			0.797	保留

三、正式量表的实证检验

（一）测试过程与对象

本书以企业员工为研究对象，采用线上线下两个途径进行问卷调查。除基本人口统计学变量外，所有被试参与回答关于企业家伦理精神的题项。所有题项均采用 Likert 5 点法计分，即非常不符合为 1 分，不符合为 2 分，一般为 3 分，符合为 4 分，非常符合为 5 分。

共发放问卷 600 份，回收问卷 506 份，有效问卷 408 份，有效回收率为 68%。样本的分布情况如下：年龄在 20 ~ 58 岁，平均年龄为 31.38 岁；男性占比 46.8%，女性占比 53.2%，男女比例相当；大专以下占比 2.7%，大专占比 7.6%，本科占比 52.2%，硕士占比 35.8%，博士占比 1.7%；一般员工占比 75.5%，中层管理者占比 18.9%，高层管理者占比 5.6%。

（二）项目分析

将样本数据按被试量表总分高低排序，取其中前 27% 为高分组，后 27% 作为低分组，进行平均数差异检验。数据分析显示（详见表 6 – 4），高、低分组被试在各项目上的分数差异 t 值有统计学意义（$P < 0.001$），表明 15 个题项均具有良好的区分度。标准差的大小反映了被试在该项目的得分分布范围，标准差越大，说明该项目能够鉴别个体反映的差异。数据显示所编制问卷各项目的标准差均大于 0.50，说明各项目的鉴别力较好。另外，采用同质性检验分析发现，各项目与总分的相关非常显著（$P < 0.01$），相关系数在 0.590 ~ 0.822，均高于 0.50，表明各题项内在一致性高。因此，项目分析后未删除任何条目。

表 6-4　　中国企业家伦理精神量表的项目分析结果

题号	决断值（t 值）	与总分相关（r 值）	标准差
1	-16.712***	0.759**	1.000
2	-18.102***	0.801**	0.978
3	-15.661***	0.764**	0.950
4	-19.507***	0.796**	1.006
5	-9.790***	0.596**	0.943
6	-18.492***	0.792**	0.955
7	-14.074***	0.708**	0.887
8	-21.339***	0.822**	1.010
9	-14.311***	0.680**	0.868
10	-16.765***	0.721**	1.016
11	-16.222***	0.702**	0.991
12	-15.427***	0.679**	0.952
13	-13.750***	0.629**	1.043
14	-11.669***	0.590**	1.046
15	-15.081***	0.689**	0.993

注：** 表示 $p<0.01$；*** 表示 $p<0.001$。

（三）探索性因素分析

将回收的 408 份有效问卷根据奇偶数编号进行分半，奇数编号为样本 1，用于探索性因素分析（N = 204），偶数编号为样本 2，用于验证性因素分析（N = 204）。为了检验样本 1 数据是否适合做因素分析，对数据进行 Barlett 球形检验，检验值为 2 271.737（$P<0.001$），说明各条目间共享因素的可能性。同时，KMO 值为 0.939，表明数据样本适合做因素分析。

采用主成分法提取公因子，提取 3 个特征根大于 1 的因子，累计方差贡献率为 72.839%，比较理想。然后，采用方差最大变异法对因子载荷矩阵进行直交旋转，使各因子的方差达到最大。根据前人研究经验，均以因子负荷量大小作为删除题项的准则，有学者将 0.35 作为取舍项目的临界值，也有学者将 0.50 设为删除的临界值，但学者们普遍采用 0.40。本书为进一步确保精准性和严谨性，以 0.50 作为因子载荷的最低标准，即题项的因子负荷量小于 0.50 或题项因子负荷量有两个以上大于 0.50（横跨两个因素以上者），予以删除。数据分析显示，各题项的因子载荷如表 6－5 所示，均在 0.519～0.864 的范围里，清晰地聚合为三个维度。结合各维度项目所表达的含义，我们分别命名，因素一为“德行修养”，因素二为“集体动机”，因素三为“天下情怀”，分别包含 4 个、6 个、5 个条目。根据 Hinkin（2005）的建议，量表编制时每一维度的最佳题项数量为 4～6 条，表明本研究所编制量表在条目数量上是比较合理的。

表 6－5　探索性因素分析

题项	因子 1	因子 2	因子 3
1. 他/她为人正直，并引导员工也要正直做事	0.857		
2. 他/她诚实守信，并引导员工也要诚实守信	0.864		
3. 他/她尽职尽责，并引导员工也要爱岗敬业	0.815		
4. 他/她很善良，并引导员工也要善待他人	0.763		
5. 他/她强调集体利益，并要求员工要“小我服从大我”		0.764	
6. 他/她善于合作，并要求员工要有团队精神		0.635	
7. 他/她有着强烈的集体荣誉感，不容许有损组织声誉的行为		0.693	
8. 他/她注重组织文化的塑造，并以之规范员工的行为		0.572	
9. 他/她重视组织绩效，并要求员工要在岗位上创造价值		0.731	
10. 他/她善于沟通交流，并要求员工和部门间要加强沟通		0.519	
11. 他/她关心社会疾苦，并动员单位和员工参与帮扶			0.825

续表

题项	因子1	因子2	因子3
12. 他/她注重环保，并号召员工参与环保生态活动			0.824
13. 他/她有志愿者精神，经常组织员工从事志愿活动			0.863
14. 他/她关心时事政治，并带领单位和员工积极响应国家政策号召			0.524
15. 他/她热衷慈善，并鼓励员工行慈善之事			0.782
解释变异	25.384%	22.543%	24.912%

注：N = 204。

（四）验证性因素分析

采用样本2（N = 204）进行验证性因素分析，进一步检验探索性因子分析得到的三维结构是否可以得到另一样本数据的支持。验证性因素分析采用Mplus7.0统计软件处理数据，采用最大似然估计ML进行模型估计。结果显示，三因素模型的各项拟合指数为：$X^2 = 159.467$，df = 87，$X^2/df = 1.833$，AIC = 6 490.458，BIC = 6 649.727，TLI = 0.961，CFI = 0.968，SRMR = 0.048，RMSEA = 0.064，拟合优度指标都在可接受的范围内，说明设定模型的结构是合理的。

（五）信度分析

内部一致性分析：使用总样本计算中国企业家伦理精神量表的内部一致性信度，结果见表6-6。德行修养、集体动机和天下情怀三个维度与总量表的Cronbach' α系数分别为0.922、0.877、0.862和0.931，表明该量表各维度和总量表均具有较好的内部一致性信度。

表 6－6　　内部一致性分析

维度	项目数	Cronbach' α 系数
德行修养	4	0.922
集体动机	6	0.877
天下情怀	5	0.862
总量表	15	0.931

（六）效度分析

结构效度：使用总样本计算量表的结构效度，结果如表 6－7 所示。首先，各维度均分之间的相关系数在 0.524～0.762，各维度均分与量表总均分的相关系数在 0.818～0.916，表明各维度能反映总量表所要测查的内容，并且维度之间既相关联又相对独立，量表具有较好的结构效度。

效标关联效度：布朗等（2005）开发的伦理型领导量表使用非常广泛，条目适中，本书采用该量表作为效标。经相关分析发现，如表 6－7 所示，开发的量表总均分、各维度均分与布朗等开发的伦理型领导量表总均分显著正相关（$p<0.01$），相关系数在 0.662～0.849，表明开发的量表具有较好的效标关联效度。

表 6－7　　结构效度和效标关联效度

项目	德行修养	集体动机	天下情怀	开发量表总均分	Brown 量表总均分
德行修养	1	0.762**	0.524**	0.866**	0.764**
集体动机	0.762**	1	0.596**	0.916**	0.783**
天下情怀	0.524**	0.596**	1	0.818**	0.662**
开发量表总均分	0.866**	0.916**	0.818**	1	0.849**
Brown 量表总均分	0.764**	0.783**	0.662**	0.849**	1

注：** 表示 $p<0.01$。

第四节　研究结论与启示

当前伦理道德要素日益成为中国本土企业组织战略的重要组成部分，但其表现形式、作用大小、重视程度等受到企业实际控制者伦理观念和价值观的影响。本书以中国民营企业家为研究对象，采用跨案例分析法探讨民营企业家伦理精神的内涵结构，并在此基础上开发了具有中国本土特色的中国企业家伦理精神量表。研究结果表明：（1）受中国儒家伦理文化影响，中国企业家伦理精神包括“德行修养”“集体动机”和“天下情怀”三个维度；（2）中国企业家伦理精神行为表现为“修己安人”的关系内涵，企业家自身不仅有着较高的伦理道德标准，且将之扩展至对员工、组织行为的引导和规范；（3）本研究开发的中国企业家伦理精神量表具有良好的信度和效度。

本研究的理论贡献主要有：（1）开发了具有中国本土特色的企业家伦理精神构念。以往国内外学术界相关研究大多采用以“个体伦理”为核心的西方伦理型领导理论，忽视了中国“关系伦理”的本质内涵。本书结合中国儒家“修己安人”的伦理文化，认为中国情境下的企业家伦理精神不仅仅是“独善其身”，还表现出己立立人、己达达人的现实追求，他们将自己的道德观念和伦理规范外化为对员工和组织行为的要求。（2）再次凸显了伦理型领导的层级差异性。以往伦理型领导研究未严格区分不同层级的领导对象，其实际研究对象大多聚焦直线型领导。近年来不同层级伦理型领导的差异性受到学者们的广泛关注，但仍停留在呼吁或构想阶段（莫申江等，2015；李建玲等，2017），鲜少有实证研究对不同层级伦理型领导（尤其是高层领导）的内涵特征进行差异分析。本书以民营企业家为研究对象，探讨中国民营企业家伦理精神的内涵结构和特征，是对现有研究局限性的突破。（3）丰富了高阶理论研究。高阶理论认为，高管决定着组织战略的形成，也影响着组织其他成员的行为。而高层管理者的行为受到其认知、价值观、经验等个性特征的影响。因为实际研究中获取大样本高管人员心理数据存在较大困难，以往相关研究主要采用高管团队的人口统计学特征作为心理特征的代理变量。本书探讨了企业家伦理精神和行为表现，直接对企业家个体心理和伦理道德等内隐因素进行挖掘，拓宽了高阶理论的研究内容。

本研究对中国本土企业家如何提高伦理领导力的管理实践具有重要启示：（1）以身作则的重要性。企业家作为公司实际掌舵者，代表着公司形象，一言一行传递着企业讯息。正所谓“其身正不令而行，其身不正虽令不行”，企业家要先“修己”，做好带头示范作用，不能说一套做一套，否则将对组织文化和氛围带来不良风气。（2）强调对他人的影响和教育，即“安人”。对于中国企业家而言，他们是成功的典范，有责任和义务将成功经验复制分享至更广范围。只有做到“修己安人”“己立立人”，对他人产生积极影响，个体伦理才能发展成为关系伦理，逐渐扩散为社会伦理，带来更大裨益。（3）履行社会责任逐渐成为企业的常规动作。企业家作为组织代言人，在组织（群体）间常常扮演着重要的边界跨越者角色（boundary spanner），势必更加关注组织行为对外部利益相关者或社会层面的影响。为进一步优化企业形象、维持良好的企业声誉，企业的公民意识将更加深入人心，企业将承担起更多更大的社会责任。

本书建立了中国企业家伦理精神构思，并在此基础上开发了企业家伦理精神量表，通过了初步检验。这只是中国伦理型领导本土化研究的初步探索，未来研究可重点关注：一是通过更大样本的测量与统计，进一步检验其构念效度；二是有必要探索中国企业家伦理精神的预测变量、对员工行为和组织绩效的影响效应，如此才能更为完整地描述具有中国文化特点的企业家伦理精神，进而提供具有本土适应性的领导力提升建议。

第七章

中国企业家伦理精神的制度化研究

如前文提及，企业家伦理精神的制度化意味着企业家将伦理追求和抱负融入企业战略目标和经营管理，并形成一系列的规章、制度或规范来引导企业全体员工。基于中国企业家伦理精神制度化而建立起来的组织伦理系统，具体体现在哪些方面？又如何作用于员工绩效？西方伦理理论的相关研究（如伦理型领导、组织伦理氛围）并不能很好回答这些问题。基于上述考虑，本章节旨在挖掘中国企业家伦理精神如何形成制度化的组织伦理体系，最终对员工绩效产生影响，这是一个具有理论和实践价值的研究领域。

第一节　文献回顾和研究设计

制度化的组织伦理有别于个人伦理价值观和社会道德体系，是一系列内隐的或明文规定的组织内成员广泛认可的行为规范或道德标准。中国几千年传统文化对本土企业家的影响根深蒂固，加之改革开放以来西方文明的冲突，中国企业家在摸爬滚打中形成的实践经验或管理模式不能简单地用“西方科学管理”或“家长式管理”一言以蔽之，他们的伦理关注点、所采用的伦理道德标准在经济社会转型期呈现其特殊性，其伦理精神的制度化也产生了重要变化。

一、企业家的伦理关注层次

西方学者主要采用伦理型领导、组织伦理氛围和组织伦理文化等概念来表征企业家伦理精神。卡伦等（Cullen et al.，1989）提出的组织伦理氛围（organizational ethical climate）是指组织内部成员对于什么是符合伦理的行为，如何解释伦理困境的共同体验，体现了组织内部利益相关者的伦理互动关系；伦理文化是组织关于伦理道德问题做出的一系列外显的基本假设与价值取向（Treviño et al.，1988），体现了组织对待所有利益相关者的伦理观点。可见，企业家的伦理关注层次可划分为组织内部利益相关者和外部利益相关者，前者是从员工或组织利益的角度进行决策和开展工作，后者会将顾客或社会效益置为首要考虑因素。

目前大多数组织伦理研究均聚焦于组织内部利益相关者，真正能够体现组织与外部利益相关者等非员工要素的相对较少（莫申江、王重鸣，2010）。如伦理型领导通过自身的榜样作用来影响下属的伦理感知，强调公平、授权、诚信或激励等内部伦理实践；组织伦理氛围也是组织内成员对伦理道德标准所形成的共同感知。中国学者莫申江等基于社会学习理论，结合中国传统文化中的“敬畏”思想框架，通过案例分析得出组织伦理系统主要包含伦理型领导和伦理问责两方面要素（莫申江等，2015），仍然停留在内部伦理实践的探讨。

二、企业家的伦理道德标准

在关系存续期间，互动双方主要包括工具性交换和情感性交换两个方面，前者被视为权衡成本与收益的一种算计性行为，后者表现为一种情感性导向或价值观的契合性（Lynn et al.，2006）。互动双方所持的伦理标准不同，其行为方式及其结果也会不同。对企业家而言，功利性伦理标准强调围绕企业的经营目标，形成一系列管理制度和规范，追求组织利益最大化，具体表现为伦理规范、角色责任、伦理问责或规范遵从等工具性伦理实践（White and Lam，2000）；情感性伦理是企业家“嵌入”于社会网络中，承担着一定的社会责任和义务，追求共同利益最大化，具体表现为员工关怀、价值共享、正直美德或社会协同等情感性伦理实践（Solomon，1993）。回顾以往文献，相关研究在伦理标准的定位上存在“人情化过度”现象，片面强调企业或企业家的仁爱关怀、关系维系、大公无私等情感性伦理行为对员工态度行为转变的决定性影响。值得注意的是，如果员工仅仅感受到来自企业领导持续性的人文关怀和宽容让步，会引发诸如“组织善，员工欺”“员工做错后不反省”等现实管理困境（Brown and Mitchell，2010）。因此，组织伦理体系更有可能是一种混合状态，不同要素相互作用，产生的效果也完全不同。莫申江等的研究结果就表明，伦理型领导的关怀只有与伦理问责相结合，让员工“心服口服”，才能对其行为产生正面影响（莫申江等，2015）。

三、研究方法与设计

本书拟通过扎根理论质性研究方法，从系统整合的角度出发，构建一个更具解释效力的企业家伦理精神的制度化架构，并在此基础上揭示企业家伦理精神如何转化为组织伦理制度？又是如何作用于员工绩效的？

（一）研究方法

本书的研究主题涉及复杂的社会文化现象和心理，且是探索性质的，故采用单案例扎根研究方法。单案例研究适合对现实中复杂而具体的问题进行深入考察，以发掘其中潜在的理论贡献（毛基业、李晓燕，2010）。目前扎根理论有两种不同流派：以格拉泽（Glaser）为代表的客观主义扎根理论和以卡麦兹（Charmaz）为代表的建构主义扎根理论。

格拉泽是客观主义扎根理论方法的忠实捍卫者，认为扎根理论的核心要义在于数据本身，主张在数据的“自然呈现”中发现理论，力求脱离情境（Barney，1992）。格拉泽（1978）的扎根理论是一种完全基于数据的价值无涉的客观主义研究，属于实证主义范畴。卡麦兹（Charmaz，2006）在前人研究基础上提出了建构主义扎根理论，关注数据的生成过程，强调研究者与研究对象的视域融合，认为扎根研究是“定位于社会的、历史的、当地的以及互动的背景中”，旨在建构具体情境中的意义和行动，属于诠释学范畴。

本章节的研究目的在于解释和描述中国本土企业家有意义的社会行动，揭示企业家伦理精神及其制度化对员工态度行为的作用机理，故建构主义扎根理论方法更适合本书。席酉民等也指出本土化研究中，基于诠释学传统的建构主义研究方法能够更好地揭示、解释特定组织情境中的互动关系，加深对组织真实动态的理解，丰富探索组织真实结构和机制的认识途径（席酉民、韩巍，2010）。建构主义扎根理论的具体研究流程如图 7 -1 所示。

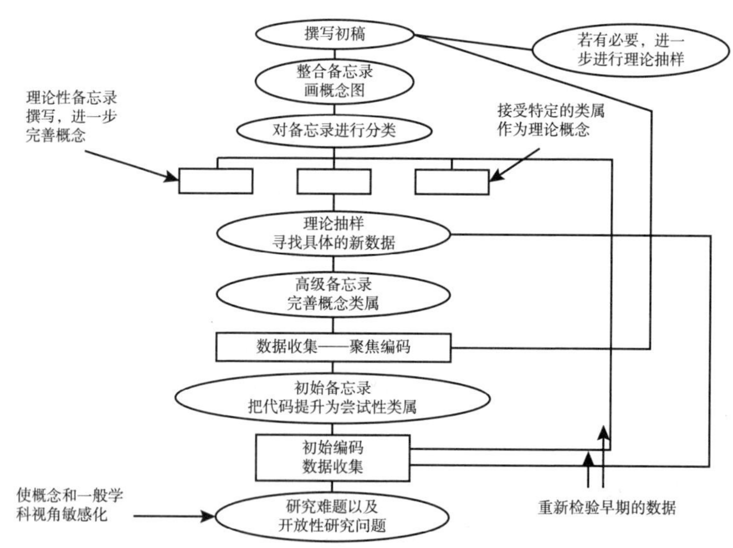

图 7 -1　建构主义扎根理论的研究流程（Charmaz，2006）

（二）理论性取样与案例背景

理论性取样是依据建构理论的需要而进行有目的地选择样本（Glaser，1978）。根据理论性抽样的典型性和可获得性，本书选取浙江 ZX 工业有限公司（以下简称“ZX 公司”）作为扎根研究的案例对象。

ZX 公司创建于 1990 年，是一家多元化发展的集团公司，产业跨消费类电子部品、汽车部品、光学部品等零部件事业、装备事业、健康事业、环境环保事业五大领域。近几年来发展迅速，先后成立 8 家子公司，员工近 5 000 人。2010 年集团二十周年之际，董事长向全体员工提出了给自己减去 20 岁的年龄，以创业时的热情和斗魂，与全体员工一起确立转型目标，特别是企业文化的转型，以确保企业的长久发展和员工幸福之路。2012 年集团再次启动了更为深刻的家文化转型。通过学习中国传统圣贤文化，树立了企业的经营哲学“提高心性，拓展经营”，重新确立了公司的企业使命“追求全体员工物质和精神两方面幸福的同时，为人类社会的进步和发展作出贡献”。为此，公司成立“幸福企业推进中心”，全面展开以八大模块为脉络的组织伦理推进工作（详见表 7－1），将伦理观念落实于经营的方方面面，主动造福于社会，成就员工幸福人生，从而建立真正的幸福企业。以上实践表明，公司正积极打造一家恪守商业伦理、主动承担社会责任的生产制造型企业。值得一提的是，近几年来正值东部沿海地区工业生产面临“用工荒”之际，ZX 公司的春节后员工复工率基本保持在 97% 以上，且公司利润增长率连续三年高达 30%，未出现任何亏损情况。鉴于此，本章节认为 ZX 公司适合作为典型案例样本开展扎根研究，通过深度剖析 ZX 公司的组织伦理系统，探讨组织如何激发员工积极性，提高员工绩效。

表 7-1　　ZX 公司的组织伦理活动一览

组织伦理模块	模块内容简介	2015 年执行情况
人文关怀	在公司内倡导“家”的氛围，不仅在工作、学习、生活方面给予员工最大帮助，更要通过领导的言传身教，在思想、行动、情感等方面给予员工家人般的温暖。关怀举措不仅限于员工本人，还包括员工的父母、子女，将爱延伸到员工的家中	14 项主题，51 次活动，累计参与员工人数 13 744 次
人文教育	在人文关怀的基础上提升员工的道德理念，使员工认识“作为人何为正确”，找到生命的价值和意义，从而让每一个员工都能够担当起自己在工作、家庭以及社会中的不同角色	5 项主题，19 次活动，累计参与教育人数 4 558 次
绿色企业	在生产经营活动中践行绿色低碳，实现绿色设计、绿色采购、绿色制造、绿色销售，同时更加注重生态环境的保护	3 项主题，累计参与员工人数 1 504 次
健康促进	通过教育及健康关怀提升员工的健康意识，改善员工的健康状况	2 项主题，累计受益员工人数 700 次
慈善公益	通过传统文化教育和爱心倡导，形成一种风气，每个人都愿意伸出援助之手帮助需要帮助的人，用自己的点滴付出，换得更多人的幸福，让这个世界充满爱和温暖	3 项主题，累计参与员工人数 555 次
志工拓展	积极培养公司志愿工作者，职责是义务协助更多的企业、社区、学校等创建幸福典范，引导更多行业懂得以员工的幸福为经营目的，同时知道如何去落实	4 次拓展活动，374 名志工常态参与
人文记录	通过人文志工进行文字、照片和影像的记录，为全面推广做好文档及相关资料的储备	人文记录近 10 万字，2 170 张照片，视频制作 260 分钟
敦伦尽分	无论是在社会家庭还是在自己工作的公司，人人都应该承担起自己应尽的职责和义务	落实《哲学手册》和“ZX 员工标准”

资料来源：笔者根据调研搜集的资料进行整理。

（三）研究素材搜集与整理

为提高研究的效度，本书主要采用“三角验证法”，从多个信息来源获取研究素材。三角验证法强调采用多种手段研究同一现象，通过多元数据和交叉验证确认新的发现，避免偏见造成的负面影响。具体来看，本章节的数据来源与收集方式主要有：（1）深度访谈。深度访谈是主要资料来源，为确保访谈与研究主题密切相关，本书采用半结构化访谈，话题涉及公司的发展历程、战略定位、公司创始人故事、组织文化与伦理规范、人力资源管理实践、管理者风格和员工对组织文化的理解及其工作态度和行为。为确保访谈对象的代表性，本书对公司各层级人员进行深度访谈，包括公司高管 2 人、中层管理者 5 人（职能部门 1 人，生产部 4 人）、一线员工 5 人。访谈时间总计 632 分钟，整理出文字资料约 127 954 字。样本基本信息见表 7 –2。（2）公司门户网站信息和文本资料：本书对公司网站信息、公司内部期刊和公司哲学手册进行整理，约 586 950 字。（3）现场观察：调研期间，笔者深入企业，对工作现场进行观察，整理为备忘录，与其他资料相互补充和印证。（4）公司高层管理者（人物代码 B）、中层管理者（人物代码 C）、一线员工（人物代码 L）的个人微信号。整个数据收集过程历时 10 个月。本书在收集数据的同时对其进行初步整理和分析，将新旧数据进行反复比较，以指导下一步的数据收集工作。当数据不能产生新的类属或概念时，说明数据收集已达到饱和状态，暂停数据收集工作。

表 7 –2　　　　样本基本信息

编号	性别	年龄（岁）	工作年限（年）	职位	访谈时间（分钟）	整理稿字数
A	男	50	26	公司董事长	35	5 462
B	男	48	17	公司副总裁	135	31 739
C	男	39	5	人力资源部部长	110	29 274
D	女	42	18	质检主管	45	8 326
E	男	45	24	车间主管	45	8 637
F	男	32	12	车间主管	33	5 302
G	男	38	13	车间主管	40	7 543

续表

编号	性别	年龄（岁）	工作年限（年）	职位	访谈时间（分钟）	整理稿字数
H	女	33	13	一线员工	35	5 379
I	女	22	1	一线员工	32	5 267
J	男	25	3	一线员工	43	7 749
K	女	36	8	行政工作人员	37	5 621
L	女	23	1	行政工作人员	42	7 655

（四）质性数据的分析

本书严格遵循 Charmaz 扎根理论的具体操作程序进行，依次为初始编码、聚焦编码和理论编码。具体编码过程中，由 1 位 HRM 领域的副教授、2 位 HRM 领域的博士生参与独立编码，经过小组讨论协商对编码进行修正。

初始编码是指首次给质性资料内容贴上标签的过程，其目的在于对数据展开初始的说明、分类与概括性分析。笔者坚持开放性、契合度和比较性原则对数据进行分析。开放性是指对数据保持开放性的态度，不被脑中的预设框架所束缚，据此笔者采用逐句分析、逐个事件分析的方式进行编码；契合度是指代码应该紧贴数据，笔者尽可能使用动名词编码和原生代码——即研究对象自己所使用的一些独特词语，从而反映中国本土情境下的一些特殊现象；比较性是指为分析留下空间，需要不断分析和发展形成最合适的代码。通过对质性数据的初始编码分析，最终从资料中抽象出 464 个初始代码。

聚焦编码意味着对初始编码的聚焦，“将编码分类到某些变量上，并使这些变量能够按照某一理论和核心变量足够显著相关”（Glaser，1978）。为了形成最为核心的聚焦代码，需要在资料和初始代码、各初始代码间进行循环往复的比较。本章节对初始编码进行比较，从数据中

“萃取”和组织伦理与员工绩效相关的核心概念，通过筛选、合并、分类，聚焦在组织伦理影响因素、组织伦理实践及其作用机制方面。数据之间的逻辑关系很快浮现，形成了理论雏形，为后续分析提供基础。

理论编码是研究者在聚焦编码过程中选择代码后所进行的复杂水平上的编码。聚焦编码形成了类属，而理论编码就是让这些类属之间可能的关系变得具体化。通过对聚焦代码及其关系脉络进行分析与讨论，笔者进行理论抽样，再次回到原始数据并补充新的数据，促使理论概念和模型接近饱和。

为确保数据分析的可信度与有效性，本章节采用三角验证、自然观察法、研究者反思和理论饱和度检验等多种方法。三角验证通过以下途径来实现：一是数据来源多样性，包括公司内部资料、观察笔记和访谈资料。二是受访者来自案例企业的不同管理层级和不同部门。三是同时由 3 位学者独立完成编码，对比讨论获得共识；自然观察法是在不干预的情况下对案例企业的生产经营、日常管理和员工行为态度进行现场观察。该方法能够解决受访者印象整饰和回溯释意的问题（Graebner and Eisenhardt，2007）；研究者反思是研究者力求摒弃预设框架，不断反思在数据分析和理论比较过程中，编码和编码之间的关系是否真实；理论饱和度检验是确保编码过程中没有发现新概念类属，类属之间也没有产生新的关系，从而保证理论模型的饱和性。

第二节 企业家伦理精神的制度化构思

要探究企业家伦理精神制度化的结构内涵，需要确定影响伦理精神制度化的变量特征。通过编码分析，对初始编码阶段的各项概念进行整合，得到了 2 个聚焦代码和 4 个核心概念（见表 7－3）。在此基础上，研究者再次回到原始数据并搜集新的数据，尝试是否能找出其他影响企业家伦理精神制度化的因素。通过对材料的分析，暂未发现新的概念和核心类属，影响企业家伦理精神制度化变量特征这一概念类属已经达到饱和。

表 7-3　ZX 公司董事长企业家伦理精神制度化变量特征的聚焦编码示例

聚焦代码	次级核心概念	初始代码示例
伦理关注层次	外部利益相关者	A1-90 为下游商家提供高质量产品； A1-97 生产出让消费者放心的产品； B3-5 公司发展事业的出发点是服务社会； F1-13 塑造良好的企业形象； F1-15 让整个行业、市场对公司产生信心； ……
	内部利益相关者	A1-87 企业要留得住员工； A1-99 组织内部关系和谐； B2-54 员工是企业可持续发展的原动力； G1-5 让员工获得物质和精神两个层面的幸福； L1-4 领导与员工关系融洽； ……
伦理道德标准	情感主义导向	A1-41 公司与员工彼此信任； A1-85 公司与员工感情深厚； B3-6 公司对社会充满感情； F1-2 大家亲如兄弟姐妹； G1-13 公司切实为员工着想； ……
	工具主义导向	A1-42 员工行为符合组织规范； A1-55 公司赚取利润是实现利益共享的前提； C1-45 员工有责任成为一名优秀职员； C1-77 公司的本质是经营； C1-90 公司不盈利是失败的； ……

一、企业家伦理精神制度化的变量特征

表 7-3 的编码结果显示，在中国情境下，伦理关注层次和伦理道德标准是影响企业家伦理精神制度化的重要因素，共同决定了组织伦理实践系统的构成。

（一）伦理道德标准

通过编码可知，案例企业在关系构建、员工福利、社会责任等方面强调关怀和付出，而在组织制度规范、企业经营目标方面强调服从和奖惩。“作为公司，具备一定的社会功能，我们有义务和责任让员工和社会幸福，包括物质层面和精神层面的幸福。一个让员工和社会痛苦不堪的企业是不道德的；但作为一名员工，你需要敦伦尽分，做好本职工作，有责任为企业作出贡献，否则员工就是不道德的”（人物代码 B）。可见，案例企业根据具体的管理情境和管理目的采取不同的伦理道德标准。

本书将伦理道德标准（ethical judgment criterion）界定为组织在管理和决策过程中所表现出来的道德观，回答了“什么样的行为是合乎道德”的问题。道德标准不同，组织伦理实践表现出较大差异。通过对材料的编码发现，案例企业的伦理道德标准具有“情感主义导向”和“工具主义导向”两个要素。情感主义导向强调对利益相关者的“家庭般”关怀，在与他们的互动中注重情感交流；工具主义导向强调组织利益最大化，一切行为都是基于利益计算的。ZX 公司兼顾情感主义导向和工具主义导向，一方面强调关怀员工和贡献社会，另一方面也认为企业要通过创造价值不断盈利才能实现企业的良性发展，更好地为员工、为社会谋福利。如此看来，情感主义导向和工具主义导向两者之间并不矛盾，而是相互促益的关系。正如集团董事长指出“企业是以大爱为根基的广泛听取民意的独裁者，真心关爱员工的同时也要对员工行为进行规范和教育。员工不仅需要爱，还需要引导，告诫他什么能做、什么不能做”（人物代码 A）。

（二）伦理关注层次

通过编码可知，案例企业董事长深刻认识到内、外部利益相关者对组织潜在竞争优势和战略目标达成的重要性。“现在生产制造型企业的经营环境面临内外部威胁，对外产品竞争力减弱，订单减少，销售额急剧下降；对内难以凝聚人心，雇佣关系恶化。必须重获市场信心，并与员工发展共同体关系，企业才有发展的原动力”（人物代码 A）。2008年金融危机爆发，面对内外交困的艰难处境，ZX 公司创始人深入思考企业发展的原动力，反复强调“过去企业过度追求经济利润，人心被伤得太深，消费者和员工都不相信企业”这一现实问题，从而将企业使命定位为“追求全体员工物质和精神两方面幸福的同时，为人类社会的进步和发展作出贡献”，体现了 ZX 公司兼顾内、外部相关者利益，提高组织内部凝聚力和外部竞争力的伦理战略定位。

本研究将伦理关注层次（ethical focus level）界定为企业进行伦理决策时所考虑的利益群体，回答了“哪些是利益相关者”的问题。关注点不同，组织伦理实践也不尽相同。通过对材料的编码发现，案例企业家的组织伦理关注层次可以划分为“内部利益相关者”和“外部利益相关者”两个方面。当关注内部利益相关者时，会采取一定的伦理管理措施和手段来激励或引导内部员工，消除内部伦理关系障碍，让员工忠于组织，为公司整体利益而奋斗；当认为外部利益相关者与企业发展休戚相关时，会表现出比其他企业更高道德意义的伦理行为，塑造良好的企业形象和声誉。ZX 公司董事长非常注重内部凝聚力和外部竞争力的打造，对内关怀和引导员工，组织上下形成一股合力；对外进行价值承诺和责任担当，倡导绿色环保和慈善公益。从这个角度来看，组织伦理系统需要兼顾内、外部利益相关者，从而搭建一个利于企业持续发展的伦理生态环境。

二、企业家伦理精神制度化的维度划分

从以上论述可知，组织伦理制度的设计与构建需要考虑企业家的伦理关注层次和伦理道德标准这两个基本向度。按照伦理关注层次和伦理道德标准的不同，可以把组织伦理制度分为 4 个组成部分（见图 7－2）：

注重员工关怀、强调伦理问责、鼓励价值创造和承担社会责任，每一维度的特点及典型实践举例详见表7－4。

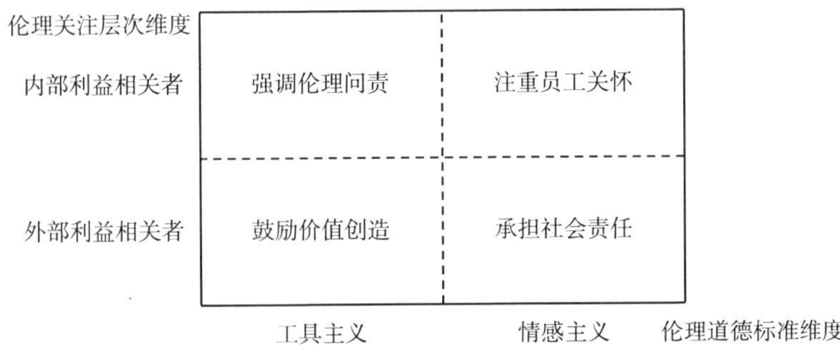

图7－2　ZX公司组织伦理制度的构成

表7－4　ZX公司组织伦理制度的组成部分及典型实践举例

维度	特点	典型实践示例
注重员工关怀	满足员工基本需求；关注员工物质和精神层面的幸福；强调员工思想和技能上的成长；包容引导员工	B2－5 员工有困难了，公司尽力提供帮助和支持；B2－55 员工共享企业收益，实行全员持股；F－16 邀请医学专家为特殊员工开展一对一的咨询工作；L－43 为在职人员开办学历进修班……
强调伦理问责	强调角色义务；明确原则底线；搭建问题沟通机制	A－29 真切关爱员工的同时也要对员工行为进行规范；A－49 确定公司的客观行为标准；A－48 坚决惩罚触碰公司底线的行为；D－41 多渠道收集员工合理化建议……
鼓励价值创造	鼓励员工创造价值；追求持续盈利能力	A－57 号召员工在岗位上实现价值；B2－7 开展精益生产项目；C1－16 对优秀员工和团体进行表彰奖励；D－13 持续盈利是实现各方利益最大化的前提……
承担社会责任	具有高度的社会责任感；分担员工家庭责任；从事社会公益活动	A－82 公司倡导大义名分的经营，做事业首先想到对社会的影响；B2－66 为员工小孩提供暑期夏令营班；C1－5 开展向社会送温暖活动，如给环卫工人送礼品、慰问百岁老人……

“注重员工关怀”强调对员工的人文关怀，在满足员工基本需求的同时，积极挖掘并培养员工潜能，关注员工物质和精神层面的幸福。这有助于在组织内部打造“大家庭”氛围，员工—组织间情感深厚，企业照顾关爱员工，员工对企业尽忠尽责。自从公司导入“幸福企业工程”以来，人文关怀一直作为 ZX 公司的重要工作来推进。同以个体单元为主的传统人本关怀实践不同，ZX 公司选择将员工家庭视为一个有机的管理单元，不仅关心员工个人，还将关心“渗透入”员工家庭，解决员工家庭困难。比如，公司创始人与高管自愿投资成立“家文化基金”，对员工 80 周岁以上的父母发放黄金老人关爱金，对适龄结婚员工发放结婚关爱金，为员工学龄儿童开办“暑期夏令营班”，相似福利还有幸福宝宝关爱金、宝宝出生关爱金、父母往生关爱金等。其他典型关怀实践还有：邀请医学专家为特殊员工开展一对一的咨询工作；为单身青年举办联谊活动；员工绩效不达标，主张沟通教育，重奖轻罚，等等。

“强调伦理问责”认为有必要在组织内建立起行为规范和沟通反馈机制，为员工提供工作生活方面的指引。案例企业认为，员工犹如大家庭里面的孩子，不能过分宠溺，要对其进行引导和规范，帮助其树立正确的人生观和价值观。例如，公司制定哲学手册，明确客观行为标准，所有员工人手一本；施行某项规章制度时，广泛教育与宣传，并让员工签字认可，员工一旦触犯（如在公共领域抽烟），将根据条例接受处罚。行为问责机制的建立很好地解决了关系导向、宽松文化等可能触发员工反生产行为的潜在风险。值得注意的是，伦理问责机制的有效性依赖于沟通反馈机制的建立，公司或领导要扮演“民主型”家长，不能专断独行，在广征民意的基础上制定规章制度，确保每位员工的知情权，才能赢得“人心”。只有获得普遍认同的制度规范，在付诸执行时，才能激起员工的主动参与意识。ZX 公司沟通反馈机制有幸福午餐沟通会、新员工座谈会、微信平台、公司 OA 系统等多种形式。

“鼓励价值创造”认为为了满足外部相关者的利益诉求（如消费者

对产品的质量要求、股东持续盈利的需要、社会公益要求等)，公司要不断创造价值并保持持续盈利的能力。因此，公司鼓励员工进行技术创新，以创新带动产品升级，最终实现共享利益最大化。在案例企业中，公司鼓励技术突破、产品开发和市场开拓等行为，并对“品质优秀个人”“精益先锋”和“精益团队”进行表彰奖励。在全员共创价值的工作氛围下，ZX 公司的产品持续进行更新换代，满足了顾客的质量要求，也响应了社会的绿色环保政策，进一步保证了公司的市场竞争力。

“承担社会责任”强调对员工家庭、社区乃至整个社会的责任，以一种有利于社会的方式进行经营和管理。具有社会责任感的组织往往具有良好的企业形象和声誉。案例企业表现出高度的社会责任感，并将企业使命定义为“为人类社会进步与发展作出贡献”，集团副总裁 B 说道：“我们企业就是要打造幸福社区，为社会整体幸福尽一份力量。”在具体实践中，公司为了员工家庭和谐，分担本属于员工的家庭责任，为员工小孩提供暑期夏令营班、关爱员工父母的身体健康状况，等等；此外，公司开展多项社会公益活动，定期组织志工慰问敬老院和福利院、倡导每周少开一天车的环保力行活动等。

第三节　组织伦理制度对员工绩效的影响路径研究

企业家伦理精神的制度化过程则是组织伦理系统构建的过程。组织伦理系统是由明确的道德规范和有效的道德管理手段所共同构成的伦理价值推动体系（Berheim，1992）。通过上述分析，我们已经明确 ZX 公司组织伦理系统包括注重员工关怀、强调伦理问责、鼓励价值创造和承担社会责任 4 个方面的伦理管理制度或措施。那这 4 个方面的伦理制度是如何发挥价值推动作用，有效提高员工绩效的呢？本节对“组织伦理制度如何提高员工绩效”这一问题的相关质性数据进行编码分析，通过对材料的概念化和范畴化，识别出主范畴和次范畴。编码分析最终得到

4 个聚焦代码，10 个核心概念和 147 个初始代码（见表 7 –5）。由于上文已对组织伦理制度进行了丰富阐述，此处主要就其他代码进行解析。依据梅耶（Meyer）和艾伦（Allen）提出的组织承诺概念（Meyer & Allen，1991），本节进一步将情感承诺和规范承诺归纳为组织承诺，体现了组织成员对特定组织及其目标的内化与认同；社会赞许倾向和惩罚规避倾向反映了个体嵌入于特定社会网络，为迎合社会或组织期望与规范所表现出来的个体特质，本文将其归纳为网络压力；编码结果显示员工绩效行为包括任务绩效和关系绩效，前者与工作产出直接相关，后者与工作任务没有直接关联但能促进团体互助与协作，这与博尔曼和莫特维多（Borman and Motowidlo）的工作绩效二维分类相吻合（Borman and Motowidlo，1997）。

表 7 –5　　组织伦理系统对员工绩效的影响编码分析

聚焦代码	次级核心概念	概念内涵	初始代码示例
伦理实践	注重员工关怀	强调对员工的人文关怀，在满足员工基本需求的同时，积极挖掘并培养员工潜能，关注员工物质和精神层面的幸福	B2 –5 员工有困难了，公司尽力提供帮助和支持；B2 –55 员工共享企业收益，实行全员持股……
	强调伦理问责	在组织内建立起行为规范和沟通反馈机制，为员工提供工作生活方面的指引	A –29 真切关爱员工的同时也要对员工行为进行规范；A –49 确定公司的客观行为标准……
	鼓励价值创造	为了满足外部相关者的利益诉求，公司要不断创造价值并保持持续盈利的能力	A –57 号召员工在岗位上实现价值；B2 –7 开展精益生产项目……
	承担社会责任	强调对员工家庭、社区乃至整个社会的责任，以一种有利于社会的方式进行经营和管理	A –82 公司倡导大义名分的经营，做事业首先想到对社会的影响；B2 –66 为员工小孩提供暑期夏令营班……

续表

聚焦代码	次级核心概念	概念内涵	初始代码示例
组织承诺	情感承诺	员工对企业的心理依附，与组织有着深厚情感	B2－49 幸福企业建设增加了员工归属感；H1－12 对公司认可程度高，穿着公司制服很有荣誉感……
	规范承诺	组织目标和价值观内化的结果，员工对组织表现出强烈的义务感和责任感	C1－22 员工将公司伦理文化内化为自身价值观；G1－18 员工的责任心增强……
网络压力	社会赞许性	个体为了赢得他人认可或获得奖励，做出符合社会规范或社会期望的行为的倾向性	D1－2 公司家庭氛围让性格顽劣的人也会变得柔软；F1－15 公司在当地和员工家乡享有盛誉，言行举止要符合公司形象……
	惩罚规避性	个体为了避免惩罚或免遭排挤，使自己行为符合组织的价值判断及其规章制度的倾向性	B3－4 公司上下都努力工作，自己无法消磨度日；D1－38 规章制度在那里摆着，自己也签字确认了，必须遵守……
员工绩效	任务绩效	与工作产出直接相关的，员工完成工作的结果或履行职务的结果	A1－98 处理问题的效率提升；D1－33 产品合格率提升较大，在99.6%左右……
	关系绩效	保持良好的工作关系，营造良好的组织氛围，对工作任务的完成有促进和催化作用	C1－10 性格不再急躁，更会为人处世；H1－7 员工间相处融洽，同事之间调休、值班非常容易沟通……

在聚焦编码基础上，进一步抽象出这些编码之间的逻辑关系，以“故事线”的方式描述行为现象和事件脉络，这一过程也是发展出新的理论架构的过程。根据“刺激—态度—行为”的典型逻辑，围绕“组织伦理制度（刺激）如何影响员工绩效（行为）”的故事线可概括为：（1）组织伦理制度通过提高员工组织承诺（情感承诺和规范承诺），对员工绩效产生影响。这一作用机制反映了伦理制度对员工内在动机的激发，可被视为个体内在驱动路径。（2）组织伦理制度通过激活员工社会网络属性（社会赞许倾向和惩罚规避倾向），对员工绩效产生影响。

这一作用机制反映了员工嵌入某一社会网络，必须面临和承受该网络所施加的舆论压力和监督机制，可被视为社会网络影响路径。之所以将组织承诺（情感承诺和规范承诺）和网络压力（社会赞许性和惩罚规避性）视为中介因素而非调节因素，除了遵从“刺激—态度—行为”的典型逻辑范式外，主要原因在于扎根分析发现组织伦理制度与组织承诺/网络压力存在明显的前因后果关系，正如被访者说道“我们并不是一开始就忠于组织、为公司考虑，而是公司的关怀照顾、无私共享，让我们心甘情愿如此”（人物代码 C），同时“公司营造的这种伦理氛围，你不这样做，就感觉不合群，不是公司的一员”（人物代码 G）。可见，组织伦理制度激发了员工的组织承诺并诱发了网络舆论压力，最终间接作用于员工绩效，组织承诺和网络压力是组织伦理制度影响员工绩效的重要中介变量。为了更好地说明组织伦理制度对员工绩效的影响，本节将进一步探寻组织伦理制度各维度对员工绩效的具体作用机制。影响路径及其关系结构如表 7 – 6 所示。

表 7 – 6　组织伦理制度对员工绩效的影响路径及其关系结构内涵

影响路径	主要关系结构	关系结构内涵	典型语句描述
个体内在驱动路径	注重员工关怀→情感承诺→任务绩效	通过伦理关怀实践，员工与组织建立深厚的情感联结，员工积极完成职责范围内的工作	“公司对我的关怀和照顾让我和家人十分感动，我唯有好好工作，才能回报”（人物代码 J）
	注重员工关怀→情感承诺→关系绩效	通过伦理关怀实践营造家庭氛围，员工与组织建立深厚的情感联结，表现出高度的奉献和人际促进精神	“公司是一个大家庭，相互关心是公司基调，同事只要有需要，即使不是职责范围，大家都会全力帮助”（人物代码 H）
	鼓励价值创造→规范承诺→任务绩效	通过鼓励价值创造，将组织经营目标内化为员工价值观，激发员工的工作责任感和义务感，进而提高任务绩效	“我们公司实行利益共享，只有努力创造更大价值，才能实现自身利益最大化，所以我们很乐于努力工作”（人物代码 E）

续表

影响路径	主要关系结构	关系结构内涵	典型语句描述
社会网络影响路径	承担社会责任→社会赞许倾向→任务绩效	社会责任行为塑造了良好的企业形象，为了匹配组织形象，赢得组织认可或获得奖励，员工表现出较高的任务绩效	“我们公司做了许多公益活动，在社会上享有盛誉。我们更要好好工作才符合公司形象，才对得起这种荣誉感”（人物代码 F）
	承担社会责任→社会赞许倾向→关系绩效	公司的社会责任行为感染员工，为了赢得他人认可或获得奖励，员工行为符合组织规范或期望，表现较高的关系绩效	“公司上下每个人都力争为社会做贡献，营造了一种积极氛围。性格顽劣的人内心也会变得柔软，与人相处融洽”（人物代码 H）
	强调伦理问责→惩罚规避倾向→任务绩效	在伦理问责的影响下，个体为了避免惩罚或免遭排挤，使自己行为符合组织价值判断及其规章制度的，进而保证任务绩效	“公司上下都努力工作，自己消磨度日肯定会遭人嫌弃。而且规章制度在那里摆着，自己也签字确认了，必须遵守”（人物代码 D）

一、个体内在驱动路径下组织伦理制度对员工绩效的影响

个体内在驱动是个人由于对组织产生认知或情感认同，而激发出的内部行为动机。通过编码分析发现，案例企业“注重员工关怀”和“鼓励价值创造”的伦理制度分别激活了员工内在情感驱动的情感承诺和内在认知驱动的规范承诺（见图 7－3）。已有研究表明，对组织具有较高的情感承诺和规范承诺能有效提高员工绩效（Rafiei et al.，2014；Khan et al.，2010）。

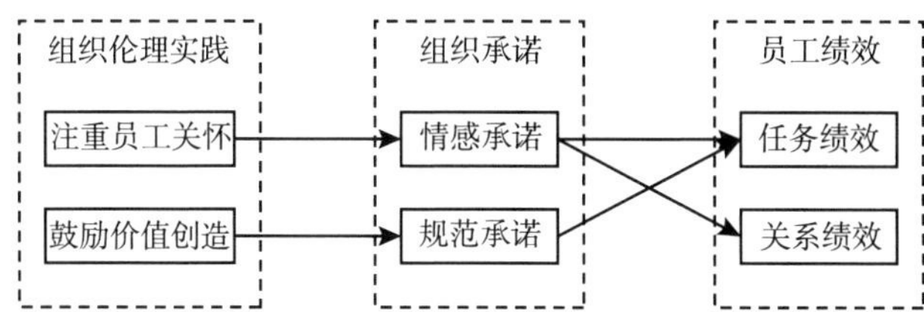

图 7－3 个体内在驱动路径下组织伦理实践对员工绩效的影响

情感承诺是员工对企业的心理依附，与组织有着深厚情感。“员工关怀”伦理制度实践在公司营造了家庭氛围，员工对公司产生深厚感情甚至是依恋，最终表现为对组织的高度忠诚。ZX 公司一直强调在人文关怀方面的持续性改进，建立起了一系列员工支持计划，如“急难情况关怀项目”，因家庭经济条件十分困难而遇上棘手问题的员工，可申请基金资助；再如“家庭子女上学资助项目”，员工子女因经济困难面临辍学时可申请助学金；同时，公司还根据实际情况为员工组织爱心捐款活动，充分调动其他员工和社会的力量。集团行政中心一名普通工作人员（人物代码 K）就切实感受到来自公司的温暖，该员工姐姐重度烧伤、病情严重，急需手术，公司了解情况后立即组织募捐，一天内就收到来自公司 200 余人的捐助，金额近 5 万元。这种对员工困难毫不迟疑、效果卓著的人文关怀事件并非个案，在公司上下普遍形成了一种共识——一人有难，八方支援。公司对员工“人心”的凝聚不仅体现在人文关怀的制度设计上，还体现在对“问题员工”的处理上，苏州子公司生产部一孙姓员工曾带头罢工，导致车间停产三天，子公司总经理建议裁掉该员工，但集团董事长不同意，多次同该员工进行恳谈，了解到该员工父亲过世，母亲双眼几近失明的情况下，他毫不犹豫安排其母亲前往杭州某知名医院就诊。每当孙姓员工说到此事，都会哑了喉咙，湿了眼眶。“公司老板都这样对我了，我唯一能做的就是感恩，好好工作”（人物代码 J）。在调研过程中，就有员工表示“有家公司打算高薪邀请我，我拒绝了，有时候人图的不是物质，是一种幸福感”（人物代码 C）。可见，员工对组织一旦产生情感承诺，即使是自身利益受到损失，也愿意为组织发展作出贡献。同时，在感受到来自组织或领导的关心和照顾时，ZX 公司员工也容易将这种情感转移到工作场所中人际关系的处理上，将同事视为兄弟姐妹，关系融洽，相互扶持。“这样的公司怎能让你不爱它、珍惜它，它是我一辈子的归属，我愿意与公司领导、同事相互扶持，共同进步”（人物代码 C）。所以，员工关怀实践通过情感承诺的中介作用对任务绩效和关系绩效均产生积极作用。

规范承诺是组织目标和价值观内化的一种结果，员工会表现出强烈的义务感和责任感。“鼓励价值创造”实践让员工看到本职岗位及其价值对自身、对公司、对社会的重要影响，企业经营效益不断攀升的同时自身利益也得到充分保障，利益共同体观念内化为员工价值观，引导员工工作态度和行为。ZX公司实行全员持股，员工认识到公司利益与自身利益休戚相关，只有努力创造更大价值，才能实现自身利益最大化。不仅如此，ZX公司每年都有经费预算用于改善员工生活和工作环境，加强基础设施建设，如增设健身房、建立生活超市和医疗机构等，让员工真实感受到企业盈利情况下个人福利的不断充实。“这样，公司经营犹如动车组，动力装置分散安装在每节车厢上，每个员工都是企业发展动力的源泉”（人物代码A）。这样的“动车效应”在员工身上得到充分体现，正如员工表示“如果某个员工没完成任务，我会跟他一起加班，因为这关系到公司的整体效益”（人物代码I）、“员工为公司赚取了最大利润，公司才能为员工谋取最大幸福”（人物代码C）。值得一提的是，扎根分析显示，“鼓励价值创造”通过规范承诺的中介作用仅对任务绩效产生积极作用，而对关系绩效没有明显影响。

二、社会网络影响路径下组织伦理制度对员工绩效的影响

社会网络影响是指员工嵌入于一定的社会网络，社会舆论的促进或抑制作用，使他们产生相应的外部行为动机。通过编码分析发现，案例企业“承担社会责任”和“强调伦理问责”的伦理制度实践促使员工表现出社会赞许行为倾向和惩罚规避行为倾向，分别体现了社会网络规范的促进和抑制作用。通过社会赞许倾向和惩罚规避倾向，员工行为会主动迎合社会、组织期望，进而影响员工绩效（见图7-4）。

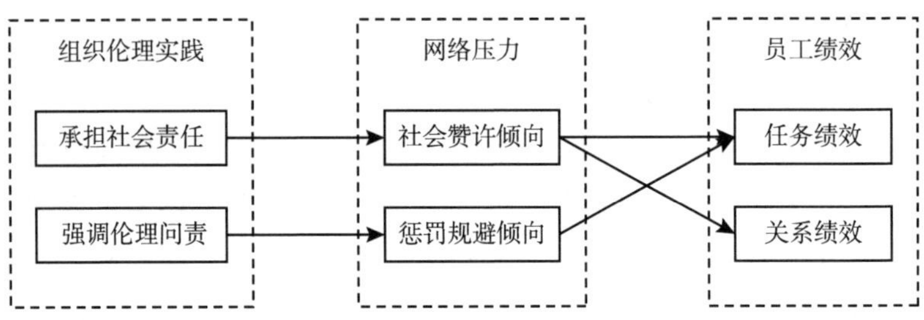

图 7-4 社会网络影响路径下组织伦理制度对员工绩效的影响

社会赞许行为倾向是指个体为了赢得他人认可或获得奖励，做出符合社会规范或社会期望的行为的倾向性。"承担社会责任"伦理制度实践使公司享有良好声誉，并在组织中形成一种榜样效应，上行下效，员工倾向于表现出社会赞许性行为。基于此，履行社会责任不再是组织的"不务正业"，而是为企业营造积极组织氛围的一种有效方式。在这种氛围影响下，一方面，员工为了使自身"身价"匹配组织形象，赢得组织认可或获得奖励，他们往往表现出较高的任务绩效。正如一位员工说到"公司在本地和我们家乡享有盛誉，作为公司一员感到非常自豪，所以更要把工作做好，不能给公司丢脸"（人物代码 F）；另一方面，公司履行社会责任所营造的和谐氛围也有利于促进员工的关系绩效。"公司上下每个人都力争为社会做贡献，营造了一种积极氛围。性格顽劣的人内心也会变得柔软，与人相处融洽"（人物代码 H）。在现场观察中，我们也发现员工在完成指定任务后，即使是免费加班也会帮助其他员工。可见，"承担社会责任"的伦理实践通过社会赞许倾向的中介作用对任务绩效和关系绩效均产生积极作用。

惩罚规避倾向是指个体为了避免惩罚或免遭排挤，使自己行为符合组织的价值判断及其规章制度的倾向性。"强调伦理问责"传递了公司行为规范，控制了组织舆论导向，为避免惩罚或被边缘化，员工行为往往会符合组织期望。在案例企业中，公司采用多种渠道（如哲学手册、公司内刊、教育培训、微信公众号等）将公司价值观、经营理念和行为规范渗透到员工日常工作和学习中，员工有着明确的行为准则。近期，公司开展“健康促进”员工关爱项目，为提高工作场所的空气质量水平，倡导所有成员集体戒烟，为保证措施有效，凡是自愿签字认可该措施的员工，如发现抽烟行为会遭到罚款，无一例外。再如，以前工作上出现问题，部门间推诿扯皮现象时常发生，但自从公司倡导“行有不得反求诸已”的家训后，领导在会上带头进行自我反思，各部门、各员工也会反思自身存在的问题，寻找问题解决的办法。“并不是说公司每个人都是自觉自愿的，但在这样的环境氛围下，你不好好工作、遵守规范，就感觉不合群，不是公司的一员”（人物代码 G）。编码分析发现，“伦理问责”通过惩罚规避倾向的中介作用仅对任务绩效产生积极作用，而对关系绩效没有显著影响。

第四节　理论整合和结果讨论

总结以上内容，根据企业家伦理精神的制度化和作用路径，我们构建了组织伦理制度及其对员工绩效影响的理论模型（见图 7－5）。首先，我们确定了，组织伦理制度是组织处理与内外部利益相关者关系时所参照的道德标准，由明确的道德规范和有效的道德管理手段所共同构成的伦理价值推动体系（Berheim，1992），有利于改善员工态度和行为，提高其绩效，这对组织经营管理具有重要的指导意义。其次，根据伦理关注层次和伦理道德标准两个维度来界定组织伦理制度。伦理关注层次回答了“哪些是利益相关者”的问题，包括内部利益相关者和外部利益相关者两个方面；伦理道德标准回答了“什么样的行为是合乎道德”的问题，包括情感主义和工具主义两个方面。伦理关注层次和伦理道德标准两个维度可以将组织伦理制度分为 4 个组成部分：员工关怀、伦理问责、价值创造和社会责任。4 个组成部分的关注点各异，形成了良性互补关系，共同支撑企业目标的实现。最后，组织伦理制度中的4个要素分别通过个体内在驱动路径和社会网络影响路径，使员工对组织产生情感承诺和规范承诺，并为了迎合社会和组织的期望，表现出积极的工作态度和行为，最终有利于员工绩效的提升。

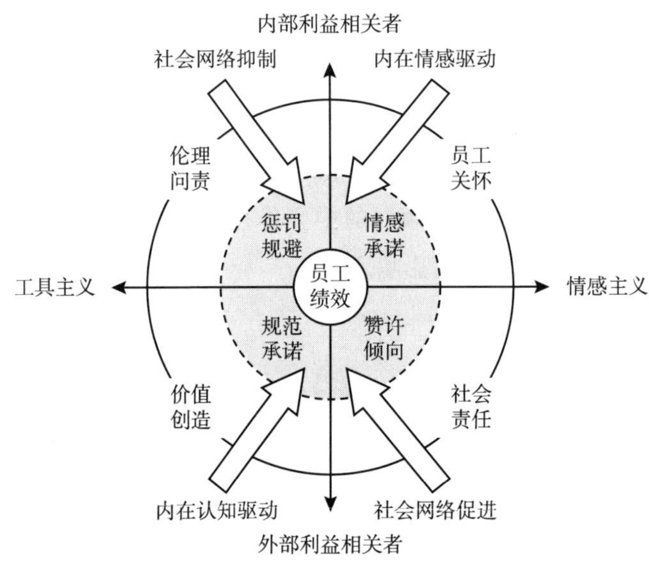

图7-5　组织伦理制度及其对员工绩效影响的理论模型

一、组织伦理制度的构成及其内部一致性讨论

根据企业家的伦理关注层次和伦理道德标准，本节形成了一个兼顾内、外部利益相关者，包括情感导向和工具导向的组织伦理制度的四维整合概念，即注重员工关怀、强调伦理问责、承担社会责任和鼓励价值创造，完成了对企业家伦理精神制度化过程的系统刻画。

根据组织竞值架构理论的思想（Quinn and Cameron，2011），内部利益相关者与外部利益相关者、情感主义导向和工具主义导向这两组维度看似矛盾或冲突，但能统一于特定组织中共同发生作用。本节证实，这些要素在ZX公司中均有不同程度的体现，实现了有效统一。具体来看，“情感主义导向”和“工具主义导向”体现了中国本土企业家的“大家长”情怀，ZX公司将员工视为儿女，注重与员工的情感交流，给予充分的关怀照顾，同时也要求员工履行自身的角色义务，当员工出现越轨行为就会受到“家法警告”。这种“严厉的爱”（Kelman and Sounman，2015）与中国“敬畏”思想相契合，是对本土组织家长式管理的贴切描述；兼顾“内部利益相关者”和“外部利益相关者”体现了企业由“经济组织”向“公民组织”的转换，追求经营利润不再是企业唯一追求，企业要将视角转向外部利益相关者，承担一定的社会责任（詹姆斯·C. 柯林斯和杰里·波拉斯，2006）。当前企业组织纷纷嵌入所属行业、社区网络，试图构建联盟、集群或战略合作伙伴关系，脱离企业所处互动背景以及与企业有着密切关系的利益相关者来探讨企业的组织伦理制度，已不能完整地反映组织伦理系统的真实价值。因而，提升组织伦理管理水平，不再局限于在组织内部营造一种积极的伦理氛围，还应强化对外部利益相关者的伦理影响，进而为企业营造良好的伦理生态环境，全方位发挥组织伦理的管理效能。这一发现也是对已有研究的突破，企业不需要在内部利益相关者和外部利益相关者之间，在情感性伦理标准和工具性伦理标准间做绝对性的选择和舍弃，而是可以构建多维度的组织伦理系统来获得企业管理的韧性和灵活性（Lavine，2014）。

二、组织伦理制度对员工绩效的影响路径讨论

在个体内在驱动路径下，组织伦理制度实践使员工产生情感认同和价值观内化，工作态度更为积极，进而提高了员工绩效。具体而言，组织的“注重员工关怀”实践通过员工情感承诺的中介效应，作用于员工的任务绩效和关系绩效；组织的“鼓励价值创造”实践通过员工规范承诺的中介效应，作用于员工的任务绩效。无论是情感承诺还是规范

承诺，都是高质量员工—组织关系的表现，意味着员工对组织及其目标的认同与承诺。同时，这也是员工执行力的保证，他们往往表现出较强的工作主动性和组织公民行为，被称为“责任过载”效应（Stamper et al.，2009）。

在社会网络影响机制下，组织伦理制度实践通过社会网络促进和社会网络抑制的双重效应，促使员工表现出组织所期待的行为。具体而言，组织的“承担社会责任”实践通过社会赞许倾向的中介效应，作用于员工的任务绩效和关系绩效；组织的“强调伦理问责”实践通过惩罚规避倾向的中介效应，作用于员工的任务绩效。中国个体存在高度的关系嵌入性，个人成就或主观幸福感源于所处社会网络的定义和评判（沈毅，2012），进而驱动个体在符合社会行为规范的框架内行动。因此，在华人组织中，通过伦理实践对员工施加社会舆论压力，也是提高员工绩效的有效途径。

深入分析发现，情感主义向度的“注重员工关怀”和“承担社会责任”均间接作用于员工的任务绩效和关系绩效，而工具主义向度的“强调伦理问责”和“鼓励价值创造”仅间接作用于员工的任务绩效。根据社会交换理论，工具性交换强调双方利益交换的公平性和等价性，且是物质利益的交换，所以以“工具主义”为原则的两组伦理制度实践仅影响与员工薪资报酬紧密相关的任务绩效。而就关系绩效而言，它并不属于职责范围内的义务，是员工源于情感表达的自觉自愿行为，所以关系绩效往往是情感性互动诱发的结果，这已得到学者们的共识（Han et al.，2015）。在中国，员工—组织的情感关系更具泛家族色彩，员工一旦与组织建立起“类亲情关系”，便与组织同进退、共患难，努力工作之外也表现出极高的奉献和人际促进行为（朱苏丽等，2015）。因此，以“情感主义”为原则的两组伦理实践能显著提高员工的任务绩效和关系绩效。

第五节　研究结论

通过扎根理论方法，本章节开发了依托于中国本土企业家伦理精神的制度化构思，不仅反映了中国本土企业家的伦理诉求，也体现了企业实体的经营本质。同时，组织伦理制度各要素相互作用，共同激发了组织内潜在的人心效力，实现企业经营目标的同时也赢得了良好的组织声誉，不失为组织实现持续良性发展的一剂良药。

一、研究意义

首先，本章节扎根得出的企业家伦理精神的制度化不仅考虑到内部利益相关者，还加入了对外部利益相关者的考量，是对现有组织伦理理论的延伸。本章节发现，组织伦理制度是一个多维度的复杂构思，由注重员工关怀、强调伦理问责、承担社会责任和鼓励价值创造四个要素构成。同组织伦理氛围理论相比，组织伦理制度将企业不同伦理要素进行整合，形成了一个统一整体，向我们揭示了情感主义导向和工具主义导向、外部利益相关者和内部利益相关者这两组看似矛盾的伦理维度如何通过不同作用机制，共同对员工绩效发挥作用；同伦理型领导理论相比，组织伦理系统的内涵更为丰富。伦理型领导强调员工关怀、权力分享、角色界定等榜样示范行为，让员工产生敬重和钦佩之情。但必须指出的是，无论个体或组织，只有同时做好弘扬伦理道德和明确伦理底线两方面，才能够形成凝聚人心的力量。本章节的组织伦理制度不仅体现了伦理型领导的“员工关怀”和“社会责任”的榜样示范性，也体现了“伦理问责”和“价值创造”的规范引导作用。

其次，本章节从个体内在驱动和社会网络影响的微观角度揭示了组织伦理制度的动态作用机制，对组织伦理制度实践作用于员工绩效的过程进行了阐释，是对以往组织伦理静态研究的拓展。国内相关研究大多采用理论推导或实证检验对企业伦理进行探讨，缺乏质性数据的支撑。莫申江等（2015）从社会学习理论的角度，研究了各层级领导伦理关怀和伦理问责两方面的涓滴影响效应，并证实两者交互作用下对员工离职意愿和行为的影响作用，与本书伦理实践的相关类属有相似之处，然而该研究仅从领导角度剖析组织伦理系统的动态作用机制，大大缩小了组织层面伦理制度的结构内涵。此外，对比国外关于组织伦理的作用机制研究，社会网络影响视角拓展了员工绩效提升的途径，不再仅仅是个人内在驱动的结果，也可借助社会舆论对员工“施压”。

最后，本章节分析了情感主义导向和工具主义导向这组矛盾性伦理制度实践如何共同作用于员工绩效，是对当前管理实务中伦理管理困境的有效破解。一方面，有些企业过度追求经营效益，制定各种“刚性”规章制度强迫员工行为与组织目标保持一致，忽视了员工关怀与社会责任的履行。这一类企业往往在短期内能取得一定的经营业绩，但不利于企业形象和品牌效应的树立，持续性发展受到牵制。另一方面，有些企业过度强调社会公益活动的组织和参与，并对员工体现出无微不至的关怀，但忽略了企业的经营本质，企业经营效益低下，“员工关怀”和“社会责任”也成了“无源之水，无本之木”，难以实现。这一类企业虽让人钦佩，却带着浓烈的“悲怆”色彩。本书证实了组织伦理的“工具理性”作用，是对组织经营本质的有效补充而不是替代。对组织伦理制度的合理设计和理性运用，能有效促进员工绩效的提升。这一理念可以为伦理嵌入型企业提供实践参考和指引。

二、研究局限及展望

作为一项探索性研究，本章节内容也存在一定局限性。首先是理论饱和度。本研究采取单案例扎根研究方式，虽然选取了具有代表性的企业，多来源多途径搜集资料，但仍只能保证个体样本的理论饱和，难免影响该研究的外部效度。后续研究需要增加其他样本开展多案例比较研究，不断丰富和完善本章节所发展的理论，使其达到更广泛意义上的饱和。其次，本章节的研究目的是对组织伦理系统及其对员工绩效的影响进行探索性的理论建构，未对理论模型进行量化检验。接下来可进一步采用量化数据验证模型，以弥补质性分析的不足。再次，组织伦理制度是否因企业性质和规模不同而存在显著差异，这有待未来进一步验证。最后，本章节从质性角度探讨了组织伦理制度对员工绩效的影响，其与组织绩效是否存在必然联系，还有待未来开展量化研究加以验证。

第八章

中国企业家伦理精神的组织化研究

西方伦理型领导将组织伦理设想为一个由上至下的单向传递过程。但在实际情境中，员工与领导/组织的关系是一个相互作用、相互影响的过程（Carter et al.，2015），员工的伦理行为或非伦理行为也有可能对企业家或高层产生倒逼效应。这些尚未被解读和剖析的伦理互动，如果得到充分探索将进一步丰富中国情境下的领导行为研究，并为企业管理实践提供新的理论视角。

本书理论篇的第五章对企业家伦理精神如何转化为组织行为进行了重新解读。复杂领导理论反映了伦理型领导的动态作用机制，揭示了“自上而下”和“自下而上”的双重作用路径。据此，本章节拟结合典型案例分析和理论演绎探讨这一关键问题。

第一节　文献回顾和研究模型

中国传统伦理文化为解释中国本土企业家伦理精神的内涵结构提供了理论基础，以此为切入点，第六章采用理论演绎和跨案例分析法来探讨中国企业家伦理精神的内涵结构，并在此基础上开发了测量量表。本章继续沿用第六章关于企业家伦理精神的内涵结构，进一步剖析中国企业家伦理精神的动态组织化过程。

一、中国企业家伦理精神的结构维度

首先我们再简要回顾一下中国企业家伦理精神的结构维度，具体内容详见第六章。受中国儒家伦理文化影响，中国企业家伦理精神包括“德行修养”“集体动机”和“天下情怀”三个维度。德行修养维度，表现为企业家通过提升自己的道德魅力来感染员工，引导员工在工作和生活中也要遵从较高的伦理标准；集体动机维度，表现为企业家以集体利益和组织绩效为准则，并以之规范员工行为；天下情怀维度，表现为企业家心怀天下，并将之渗透于企业运营和员工行为中。

二、复杂领导理论：伦理渗透与伦理反思

复杂领导理论（complexity leadership theory）认为组织是一个复杂系统，领导及其影响力来自与组织其他成员的良性互动，而不是领导先赋权力或固定职位的结果。领导者只有将自己置身于与他人的关系之中，与组织成员积极互动，才能充分发挥领导力。可见，领导力涌现于互动中，强调员工在领导过程中的主动性，领导力的作用可以是自上而下的，也可以是自下而上的（张永军等，2016；Uhl - Bien，2011）。这一观点突破了以往研究将领导者视为绝对中心的狭隘思路。基于这一观点，本书认为组织不同层面的伦理影响关系是一个双向交互过程，企业家伦理精神不仅是自上而下的渗透过程，也存在自下而上的倒逼反思机制。

自上而下的伦理渗透（top-down）也即企业家伦理精神的涓滴影响效应。以社会学习理论为基础，涓滴影响效应认为，人类的习得活动多数是在社会交往中，通过对榜样人物示范行为的观察和模仿来进行的（班杜拉，2015）。基于社会学习视角，伦理型领导通过个体行为和人

际交往，向员工表明什么是规范的、合理的行为，并通过双向沟通和强制等方式要求员工遵照执行。伦理型领导的涓滴影响效应已得到众多学者的证实。迈尔等最早构建了一个自上而下的多层级伦理型领导涓滴模型，研究表明不同层级的领导有着不同的伦理焦点，但下一层级伦理型领导会显著受到来自上一层级领导伦理价值观的影响（Mayer，2009）。绍布罗克等以 2 572 名军人为样本的实证研究也证实了伦理型领导的多层涓滴效应（Schaubroeck，2012）。莫申江等人也通过案例研究呈现了多层面伦理型领导自上而下的影响关系（莫申江，2015）。

自下而上的伦理反思（bottom-up）。那企业家伦理精神就一定能激发员工的积极行为吗？事实并非如此。史托顿等研究发现伦理型领导与员工组织公民行为呈倒 U 形曲线关系，较低或较高的伦理型领导都难以激发员工的组织公民行为，只有中等水平的伦理型领导效果最佳（Stouten J et al. ，2013）。不难理解，低水平的伦理型领导只会增加员工对领导或组织的失望感知，反生产行为倾向提高；但领导的伦理水平过高时，也会让员工感到“高不可攀”，甚至产生“领导作秀”的怀疑。根据社会学习理论的观点，员工行为取决于榜样特征，榜样的伦理水平直接影响着员工的伦理行为。因此，领导应充分认识到自身伦理定位对员工的影响，切勿将自己过于完美化或理想化，让人无法接近、难以企及。只有保持中等水平的伦理型领导，积极采取符合组织基本道德观点的榜样示范行为，如真实可信、关怀照顾、充分授权、角色界定等，在员工认知和能力接受范围内向他们传递与组织目标和价值观相一致的态度和行为规范，才能真正实现凝聚人心。所以，企业家也应时刻反思自己的榜样示范形象，以免脱离员工实际。然而，本书发现很少学者关注到企业家及高管的伦理反思现象。在企业管理实践中，我们不难发现较低层次的伦理或非伦理行为也会诱使上级领导的伦理反思和改进，即自下而上的伦理倒逼机制。

综上所述，基于中国企业家伦理精神的内涵结构，结合复杂领导理论，我们从更为系统的角度构建企业家伦理精神的伦理渗透和伦理反思作用机制模型，如图 8－1 所示。

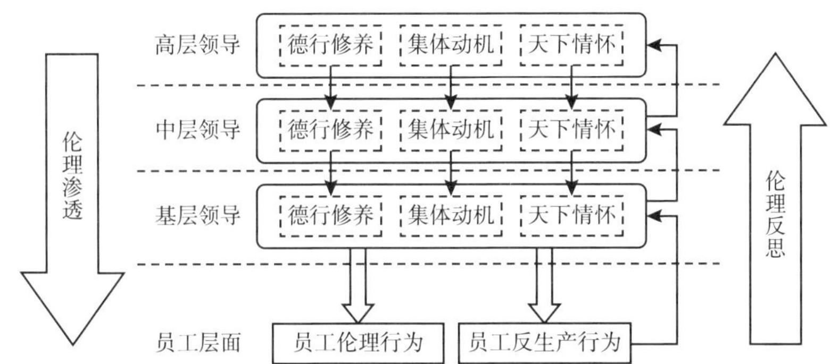

图 8－1　中国企业家伦理精神的结构内涵及其作用机制的理论模型

第二节　研究方法与案例选择

一、研究方法

本章节拟采用以扎根理论为基础的单案例研究。案例研究适合对现实中复杂而又具体的问题进行深入考察，常被视作理论创新的重要源泉（Eisenhardt，1989）。相较于多案例研究方法，单案例研究通过获取更为丰富、详细和深入的信息，开展聚焦分析，实现更加贴近理论构念的研究目标。通过对某一极端现象的观察与分析，可以排除典型情境下非研究因素对研究问题的干扰，这样得出的结论有更强的解释性（毛基业、李晓燕，2010）。根据长期的走访调研发现，本书所聚焦探讨的浙江 Z 公司极具组织伦理色彩，管理效果突出，且是众多伦理型企业学习效仿的带头典范，基本上形成了以 Z 公司为核心的组织伦理生态群。因此，Z 公司具有足够的案例价值，在开展单案例研究时，研究者更能致力于去观察和分析这一典型现象，比研究多个组织现象得到更多的启示

(Siggelkow, 2007)。同时，本章节按照扎根理论要求的编码方法，逻辑和观点自然涌现，借此获得理论和数据的“紧凑”(Barney, 1992)。

二、分析单元

案例研究的分析单元反映了研究问题所关注的变量或者关系。在本研究中，企业家及各层级领导是个体层次的变量构思，领导本人的价值观对自身的伦理态度和行为发展起着主导作用。因此，本章节选定组织中的领导作为基本分析单元。

三、案例介绍

案例研究要求样本选择具有典型性。本书聚焦于浙江一家汽车部品生产型企业（简称 Z 公司），该公司注重伦理文化建设，各层级组织成员与公司伦理价值观保持高度一致，公司规模不断扩大，管理效果显著。Z 公司创建于 1990 年，起步于消费类电子调谐器机构部品，2006 年新加坡上市，2009 年开始转型往汽车部品业务发展，并逐步开始投资于健康事业和装备事业。目前总部设在浙江省慈溪市，产业地域主要布局于长三角、珠三角地区 7 个省市。2010 年集团二十周年之际，董事长向全体员工提出了给自己减去 20 岁的年龄，具备一开始创业时的热情和气魄，以及创业时的心态，确立转型目标和新经营的梦想，特别是企业文化的转型，来确立未来企业长久的发展和员工幸福之路。2013 年初，公司正式启动伦理文化建设，在员工关怀及员工教育方面投入了大量精力。2014 年，集团正式成立了“伦理企业推进中心”，全面展开以八大模块为脉络的伦理企业推进工作，包括人文关怀、人文教育、绿色环保、健康促进、慈善公益、志工拓展、人文记录和敦伦尽分等八个方面。图 8－2 呈现了 Z 公司伦理文化建设历程。在这一过程中，企业的核心价值观念定位为“在追求全体员工物质和精神两方面幸福的同时，为人类和社会的进步作出贡献”。以上实践表明，公司正积极打造一家恪守商业伦理、主动承担社会责任的生产制造型企业。值得一提的是，近几年来正值东部沿海地区工业生产面临“用工荒”之际，春节前后员工流失较大，但Z公司节后员工复工率基本保持在97%以上，且销售额增长率连续三年高达30%。同时，公司规模不断扩大，先后成立8家子公司，员工人数近5 000人，发展态势良好。由此可见，Z公司规模庞大，组织伦理实践极具特色，并取得显著效果，符合案例选择的典型性要求。

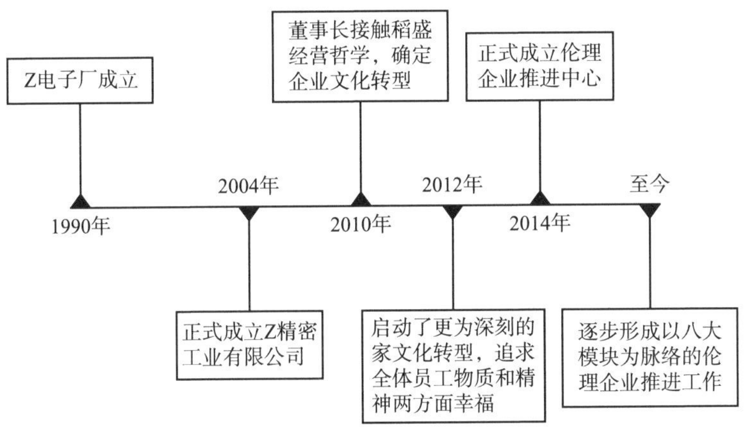

图8－2　Z公司伦理文化建设历程

四、数据搜集

本书采用“三角验证法”，即资料均通过三种以上的方式获取（Yin，2009）。具体而言，本书的资料获取有以下四个方式：（1）公司门户网站信息和内部文本资料，包括公司网站信息、公司内部期刊和公司哲学手册等，涉及公司年度规划、人力资源管理制度、企业老总讲话材料等。（2）深度访谈。丰塔纳（Fontana，2000）认为，访谈是试图了解我们所生存的社会最普遍、最有力量的方式之一，它使研究目的、对象与研究规模具有多元效用。本章节为确保访谈与研究主题密切相关，决定采用半结构化访谈方式，对公司各层级人员进行深度访谈，包括公司高管 2 人、中层管理者 3 人、基层管理者 3 人、一线员工 5 人，访谈时间总计 892 分钟。研究小组对访谈内容进行录音，并对其进行整理，形成原始资料。（3）现场观察。通过实地参观 Z 公司总部，并参与其伦理企业培训的相关活动，形成观察记录。（4）公开发布的访谈对话类节目视频。Z 公司享有盛誉，当地电视台多次对企业老总进行访谈。研究小组对视频资料进行整理。对通过不同方式获取的所有资料进行整理，建立案例资料库，并形成证据链，相互印证，从而使得案例资料高度可靠。整个数据搜集过程历时 10 个月，整理出文字资料约 60 万字。表 8－1 对数据来源的基本情况进行了描述。

表 8－1　　数据来源

数据类型	涉及主题	资料数量	整理字数
公司门户网站	集团简介、发展历程	1 个	约 11 943 字
内部文本资料	公司年度规划、人力资源管理制度、企业文化活动等	12 本	约 415 584 字
深度访谈	伦理价值观、伦理实践、伦理困境等	高层管理者 2 名	约 42 570 字
		中层管理者 3 名	约 33 674 字
		基层管理者 3 名	约 32 709 字
		一线员工 5 名	约 37 901 字
现场观察	新员工座谈会、幸福人生培训、公司月子餐等	3 小时/天，共 12 天	约 42 374 字
节目视频	公司发展历程、伦理建设等	2 个	约 7 847 字

五、数据分析

本书严格遵循卡麦兹扎根理论的具体操作程序进行，依次为初始编码、聚焦编码和理论编码。编码工作由三名具有质性研究经验的专家分别进行，包括1名教授和2名博士研究生。具体编码过程如下：(1) 初始编码。编码成员分别对原始数据进行编码，提炼出关键词，通过专家组讨论，确定抽象出464个初始代码。(2) 聚焦编码。对初始编码进行比较，通过筛选、合并、分类，从数据中“萃取”和伦理价值观、伦理实践有关的核心概念，数据之间的逻辑关系很快浮现。(3) 理论编码。通过对聚焦代码及其关系脉络进行分析与讨论，挖掘不同节点之间的关系，构建出相应的理论模型。

六、研究信度和效度

根据案例研究方法权威学者殷（Yin，2014）的研究成果，本研究在研究设计、数据收集、数据分析和报告撰写阶段，采取相关策略保证研究的各项信度和效度指标。详见表8-2。

表8-2　　研究信度和效度的保证策略

检验	案例研究策略	具体做法	运用阶段
建构效度	多元证据来源	通过公司网站、文本资料、访谈等多种途径收集资料，相互印证	数据收集
	形成证据链	提出研究问题→设计研究草案→搜集数据，建立资料库→逻辑推理，寻找证据→形成理论模型	全过程
	公司确认	征询Z公司王副总裁B的意见；人力资源部部长C审阅编码和报告	数据分析 报告撰写
内在效度	模式匹配	复杂领导理论框架与伦理“渗透—反思”作用机制的匹配	数据分析
	使用逻辑模型	不同层级组织成员伦理价值观和行为之间复杂而精确的链条	数据分析

续表

检验	案例研究策略	具体做法	运用阶段
内在效度	竞争性解释	专家组共同分析数据，提出竞争性解释，修正至理论成型	数据分析
外在效度	理论指导	基于儒家伦理思想和复杂领导理论，建立研究的分析模型	研究设计
信度	设计案例研究草案	形成详细的研究草案，包括问题提出、研究设计、数据收集与分析和理论建构等	研究设计
	建立案例研究资料库	建立案例资料库，供其他学者进行专门分析	资料收集

为保证研究的建构效度，本书采用“三角验证法”，通过公司网站、文本资料、访谈等多种途径收集数据，证据来源相互补充与印证。为了构造完整、可靠的证据链，数据编码或理论推演由 3 名具有质性研究经验的专家组成员（1 名教授和 2 名博士研究生）分别进行，通过小组讨论和专家咨询，最终形成研究模型，保证了逻辑推理的严密性。除此之外，本章节形成的阶段性成果或研究报告均征询案例企业的相关人员，得到认可后才进行下一步工作。

在数据分析阶段采用模式匹配、逻辑模型、竞争性解释和理论指导等策略来保证研究的内、外部效度。本章节构建了不同层级组织成员伦理价值观和行为之间复杂的关系链条，与儒家伦理思想和复杂领导理论框架相匹配，证实了该研究模型的理论合理性，具备推广价值。同时，通过提出竞争性模型，排除了其他可能因素的影响，保证自变量与因变量之间因果关系的“清洁性”。例如，在收集中层领导伦理行为的相关资料时，不仅关注高层领导对中层领导的影响，也关注中层领导本人的文化素质、父母教养或成长环境等因素。

在研究信度方面，通过研究草案的制定，问题提出、研究设计、数据收集与分析等均有详细的方法、技巧与证据支撑，确保每一步骤做到真实、可靠。另外，笔者建立了本书的案例资料库，可供其他学者进行类似分析。

第三节　各层级领导伦理精神的结构特征分析

Z公司注重对主管及以上管理层的价值观培训，并让他们高度卷入公司经营管理制度的整体设计中，这一做法保证了各层管理者与企业创始人价值理念的高度统一。根据质性数据的分析，在打造组织伦理文化、营造组织伦理氛围的过程中，Z公司各层级管理者均强调德行修养、集体动机和天下情怀三方面的重要性，表现出较高的一致性（详见表8－3）。

一、企业家及高层领导伦理精神的结构特征解码

Z公司的创始人和高管非常注重企业文化和伦理价值观在企业中的塑造和传递，将伦理意志融入德行修养、集体动机和天下情怀三个方面，实现以伦理规范为核心、嵌入于组织的制度系统。

（一）德行修养维度

案例分析显示，在企业创始人张总的影响下，Z公司高管团队可谓是志同道合，他们强调领导及管理者必须把修身作为第一要务，不断培养自己的德行，方可承载更大的使命，体现了Z公司“以德立身”的组织意志。具体来说，Z公司高管尤其强调自身在工作态度、诚实守信、宽厚待人等方面的严苛性。公司创始人张总勤奋踏实，工作上充满热情，他每天工作至深夜，时刻都在思考企业如何持续、健康发展，这般工作激情影响并感染了与他共事的其他高管。公司副总裁评价说，“我从未看到任何老板像张总这样投入工作，公司发展二十多年了，他仍旧激情不减，非常执着”（人物代码B）。除此之外，张总以身作则，

表 8－3　Z 公司不同层级领导伦理精神的结构特征

	德行修养	集体动机	天下情怀
高层管理者	工作态度： （1）充满激情，勤奋踏实，经常工作至深夜 （2）经常参加与工作有关的培训或研讨会 为人正直： （1）解除公司内部复杂的亲戚连带关系 （2）说到做到，答应员工的事情会尽力办到 （3）倡导大义名分的经营，做事业首先想到对社会的影响 宽厚待人： （1）将全部财富成立 Z 公司家文化基金 （2）为人处世温和，不发脾气 （3）乐于与下属沟通交流 （4）鼓励员工建立和谐家庭，关爱父母，疼爱子女 （5）与员工共享企业收益	行为引导： （1）定期的恳谈制度 （2）表彰优秀员工 （3）编制《Z 公司哲学手册》 （4）编制公司内刊 行为惩罚： （1）强调员工的角色义务 （2）明确公司的规则底线 （3）确定“伦理员工标准” （4）建立伦理沟通机制	家庭关爱实践： （1）金钱型福利，如黄金老人关爱金、适龄员工结婚关爱金、父母往生关爱金、幸福宝宝关爱金 （2）服务型福利，如暑期夏令营班、一对一健康咨询、单身青年举办联谊活动、车队服务 社会志愿服务： （1）慰问敬老院和福利院 （2）爱心车队
中层管理者	工作态度： （1）参加相关培训和课程 （2）工作勤奋踏实 （3）私下经常阅读修身养性的书籍 为人正直： （1）为人处世温和，不发脾气 （2）内省利他 宽厚待人： （1）柔性管理方式 （2）乐于与下属沟通交流	行为引导： （1）根据公司规章制度，确定部门行为规范 （2）形式多样的伦理沟通方式 责任机制： （1）将公司规章制度知晓员工 （2）贯彻现场主义，及时解决问题 （3）实行团队考核	员工关爱实践： （1）了解并向公司反映员工疾苦 （2）关心员工家庭成员 工作帮助： （1）帮助员工解决工作难题，提供指导 成长指引： （1）尊重员工成长需要 （2）尽量让每一名员工参加公司培训 （3）支持员工深造学习

续表

	德行修养	集体动机	天下情怀
基层管理者	工作态度： （1）参加相关培训和课程 （2）工作勤奋踏实，带头加班 （3）私下经常读修身养性的书籍 为人正直： （1）为人处世温和，不发脾气 （2）出现问题，不推诿责任，与下属共同担责 宽厚待人： （1）柔性管理方式 （2）以沟通为主，惩罚为辅 （3）乐于给予额外的工作指导	行为引导： （1）通过分享交流，让员工知道何为正确 责任机制： （1）员工签字确认承诺书 行为惩罚： （1）禁止公共领域抽烟 （2）不能打架 （3）绩效考核不得弄虚作假	员工关爱实践： （1）帮助员工克服生活困难 （2）员工出现经济困境，带头组织募捐 工作帮助： （1）号召同事间互帮互助，共同完成工作任务 （2）解决工作难题，提供工作指导

为人正直，为避免公司遭遇家族企业发展固有的弊端限制，他让自己的妻子、兄长另立门户，消除了公司内部复杂的亲戚连带关系。公司其他高管也深受张总影响，对公司规章制度均是亲力亲为、以身作则。例如，公司倡导礼制教育，集团副总裁王总大清早站在公司门口亲自为员工行鞠躬礼，员工孝亲活动时亲自为员工父母洗脚，“孝亲活动时，大家都觉得很难为情，这时王总亲自弯腰为员工父母洗脚，员工深受感染，在为自己父母洗脚的过程中有些员工触景生情，掉下眼泪”（人物代码 C）。在对待员工方面，集团高管表现更多的是仁慈宽厚，有员工评价说“从来没看见他们（高管成员）吹胡子瞪眼，待人非常亲切，毫无架子”（人物代码 G）。

（二）集体动机维度

文献分析已经表明，组织的持续发展、员工队伍稳定除了需要领导德行端正、人文关怀外，还需要以集体利益和组织绩效为客观行为准则。Z 公司强调员工角色义务的履行，明确指出公司规则底线，并建立伦理沟通问责机制。这一系列举措向员工清楚表明：公司或领导的关怀照顾与员工角色义务履行是相辅相成的，员工不仅要知道“什么行为是受到鼓励”的，还必须知道“哪些行为是应当规避的”。正如集团高层指出“企业是以大爱为根基的广泛听取民意的独裁者，真心关爱员工的同时也要对员工行为进行规范和教育。员工不仅需要爱，还需要引导，告诫他什么能做、什么不能做”（人物代码 A）。具体来看，公司强调敦伦尽分，并编制《ZX 公司哲学手册》和“伦理员工标准”，对现有人事制度中的奖惩制度进行修改，通过教育宣传，引导员工在岗位上实现价值，真正懂得如何做一名优秀员工。另外，公司建立伦理沟通和问责机制，在广征民意的基础上制定规章制度，公司会以多种方式进行宣传教育，确保员工知晓并签字确认，员工一旦触犯（如在公共领域抽烟），将根据条例接受处罚。值得注意的是，伦理沟通的内容和形式多样，贯穿于员工日常工作与生活，如午餐沟通会、公司 OA 系统、员工培训等，确保每位员工的知情权，并获得他们认可。只有获得普遍认同的制度规范，在付诸执行时，才能激起员工的主动参与意识。基于集体利益原则建立起来的行为问责机制很好地解决了关系导向、宽松文化等触发员工反生产行为的潜在风险。

（三）天下情怀维度

自从公司导入“伦理企业工程”以来，社会责任担当一直作为Z公司的重要工作来推进。同以个体单元为主的传统人本管理实践不同，Z公司选择将员工家庭视为一个有机的管理单元，不仅关心员工个人，还切实为员工家庭做好事、实事，解决员工家庭困难。比如，公司创始人与高管“自掏腰包”成立家文化基金，对员工80周岁以上的父母发放黄金老人关爱金，对适龄结婚员工发放结婚关爱金，相似福利还有幸福宝宝关爱金、宝宝出生关爱金、父母往生关爱金等。除了这些货币式福利外，颇具特色的还有一些服务型福利，如为员工学龄儿童开办暑期夏令营班、为单身青年举办联谊活动、邀请医学专家为特殊员工开展一对一的健康咨询等。Z公司创始人经常组织公司员工开展志愿服务，如慰问敬老院和福利院、义务为高考学子成立爱心车队，等等，正如他自己所说“我们企业就是要打造幸福社区，为社会整体幸福尽一份力量”（人物代码A）。

二、中层管理者伦理精神的结构特征解码

中层领导作为组织内部管理承上启下的关键环节，更注重组织价值观或文化理念的宣贯，通过消化吸收来自企业和高层领导的伦理理念，努力将其内化为基层管理者和下属的伦理价值观。

（一）德行修养维度

中层管理者有更多的机会直接接触公司高管，近距离地受到高层领导伦理精神的感染。在高管团队的影响下，他们“修身立节”，努力向基层管

理者和下属传递组织伦理和价值观。案例分析显示，Z 公司中层管理者积极进行干部修身养性的学习，公司还邀请北大教授为他们讲授修身齐家等相关课程。一名生产部经理反映，“以前处理问题简单粗暴，接受培训后我慢慢改变自己的管理方式，‘动之以情、晓之以理’的方式更能让下属接受批评和改正错误”（人物代码 F）。当工作出现问题，部门负责人不再推诿扯皮，而是从自身和所在部门寻找原因和解决办法，“内省利他”的工作氛围浓厚。“作为领导，要以德服人。这么多下属都看着你呢，你自己都不能做到品行端正，下属是不会真心听从你指挥的”（人物代码 H）。

（二）集体动机维度

Z 公司的中层管理者坚决执行公司的规章制度，并根据部门情况订立切实可行的行为规范。公司明文规定要贯彻“现场主义”，主张员工的问题要及时处理，以免问题堆积，在员工心中产生积怨，进一步影响员工的生活和工作质量。在笔者现场观察期间，正逢公司举办新员工座谈会，有员工反映宿舍阴暗、透风差，人力资源部门经理立即协调，为该员工调换宿舍。另外，公司实行团体考核。“按照这一规定，我们生产线的任何一个员工没有完成任务，我们都会留下来帮忙。为了及时下班，我们都会齐心齐力，争取早点做完工作”（人物代码 C）。除此之外，公司倡导“以心经营”，非常注重价值观的培训，而文化教育不是一蹴而就的，需要体现在工作生活的方方面面，才能渗透人心。因此，各部门经理在公司统一规定下，通过早会、午餐沟通会、定期例会等方式与员工分享心得体会，共同进步。可以看出，Z 公司的行为问责机制既保证了公司层面规章制度的严格执行，又给予了部门经理或主管因地制宜、自主管理的权限，很大程度上缩小了公司管理的“真空地带”，确保每一项任务都能落实到部门、团队或个人。

（三）天下情怀维度

案例分析显示，中层管理者高度卷入到企业管理制度的设计中，他们作为企业的中间环节，既是组织制度的“规划者”，也是员工利益的“表达者”，因此他们能基于组织目标，迎合员工心声，提出切实可行的员工关怀实践。Z公司倡导家文化建设，中层管理者贴近员工工作和生活，他们的相关建议更能解决员工迫切需求。公司人力资源总监发现许多员工都是外地人，家里的孩子成为留守儿童，他跟公司申请并成立了暑期夏令营班，员工子女放假期间可到公司进行学习和接受作业辅导。“暑期夏令营真好，我和孩子相处的时间更多了。而且夏令营教授做人的道理，孩子变得更加懂事了”（人物代码G），“经理向公司建议每年给我们体检，还对特殊员工进行一对一的健康咨询。为我们一线员工考虑得十分周到，我一定要好好干，才能回报公司”（人物代码H）。组织支持理论认为，员工会对组织的友善或不友善动机和行为做出评估，一旦他们感知到组织提供契合自身需要的便利和支持时，他们的组织承诺将大大增强，并以互惠行为回报组织。除了关心员工的个人生活外，Z公司中层管理者还为员工的工作情况和个人成长提供丰富指引。一方面，部门负责人持续追踪员工的工作完成情况，并引导员工达成岗位目标。“对于新进的员工，我会召开座谈会，询问他们关于工作方面的问题或困难，及时为他们提供指导”（人物代码G）。另一方面，部门负责人尤其关注员工的个人发展，尽量让每一名员工都能接受公司培训，并支持员工深造学习。正如一位中层管理人员说“每一个人都有成长的需要，我有责任让下属享受公司给予的成长机会，而且长远来看这是利于公司发展的”（人物代码C）。

三、基层领导伦理精神的结构特征解码

基层领导作为一线管理人员，是组织伦理价值观的落实者，他们通过与员工建立良好关系，激励和引导下属做出符合组织规范的行为。

（一）德行修养维度

基层管理人员的德行修养至关重要，决定了员工对公司的直观感受

和评价。Z 公司非常注重基层管理人员的业务能力和管理能力，提供内容丰富的学习和培训机会。2014 年至今，Z 公司共举办了十一期“幸福人生学习营”，让基层管理人员接受内心的洗礼。得益于心性的不断提高，Z 公司基层管理者的综合素质变强，开始注重管理的艺术性。车间班长偏向采用柔性管理方式，注重与员工的沟通交流和教育引导。“以前看到员工偷懒，我就气急败坏。现在我会克制情绪，通过讲道理来说服员工”（人物代码 J）。“在业务上，班长都很耐心细致地给予指导”（人物代码 G）。此外，基层管理人员从不“拿着鸡毛当令箭”，相反他们还主动为下属过错担责，此等“共患难精神”让员工心怀感激，建立起深厚的职场友谊。“有一次我们做的产品出现了质量问题，班长被主管批评了，还受到了处罚。但是他没有发脾气，仍然耐心地给我们讲道理，我们感到挺抱歉的，觉得是自己连累了班长”（人物代码 H）。

（二）集体动机维度

在 Z 公司，基层管理者严格落实组织的行为规范要求，并建立了“沟通引导—责任确认—行为惩罚”的问责模式。首先，主管或班长会就公司规章制度通过早会、午餐交流、一对一恳谈等方式与员工进行分享和沟通，以此来指引员工做正确的事；其次，公司明文禁止的事件，在与员工沟通后，让员工签字确认，以确保每位员工的知情权；最后，员工一旦触犯，将根据条例接受处罚。例如，公司明确要求员工必须孝敬父母。因此，基层管理人员经常与员工分享孝道方面的体验，他们解释说“一个人连父母都不爱了，又怎么会热爱工作、享受工作？任何员工和父母有矛盾了，只要我知道了，都会找他谈话”（人物代码 G）、“孝道是最能打动人心的，只有做到爱父母，才会产生利他行为”（人物代码 I）。这一制度不仅让员工领会了公司统一的基本伦理准则，同时也懂得了如何去爱人、关心人，有利于组织内部和谐关系的打造。相似的伦理问责内容还有禁止公共领域抽烟、不能打架、绩效考核不得弄虚作假等。

（三）天下情怀维度

作为基层管理者，Z 公司行政主管和车间班长与下属亲如兄弟姐妹，不仅给予生活上的帮助，还在工作中积极扶持。一方面，基层管理者和员工相处密切，一旦得知员工遭遇难以克服的经济困境时，他们都会力所能及地给予帮助。“我丈夫查出胃癌，不得不辞去工作照顾他，还面临巨大的经济压力，我不好意思跟公司诉苦。主管一听到我的难处，立刻上报给公司，启动了公司为我们设立的‘家文化基金’，而且他还积极为我组织募捐，我们一家人非常感动”（人物代码 K）。另一方面，主管和班长也很乐意与下属沟通和分享工作上的问题，及时疏导员工的不满情绪。“班长看到我手套磨破了，立马给我换新的。还问我工作上有什么其他需求”（人物代码 J）、“有次因自身原因，我难以在截止日期完成车间分配的任务。班长带头，连同几个同事跟我一起加班。说实在话，我内心充满感动和内疚，以后再也不拖拉了，积极完成任务”（人物代码 H）。可见，当感受到来自直接领导的关怀和尊重时，有利于提高员工对组织或领导的情感性承诺。

第四节　各层级领导伦理精神的作用机制研究

一、伦理精神自上而下的渗透影响

Z 公司各层级管理者均强调自身德行、集体动机和天下情怀等内容，但侧重点有所不同。对表 8－3 进一步分析发现，各层级领导上下渗透、各司其职，协同打造了 Z 公司典型的组织伦理文化。具体看来，企业家及高层领导是伦理意志的设计者，中层领导承上启下，而基层领导是伦理意志的一线践行者。

（一）企业家及高层伦理型领导：伦理意志的设计者

企业家及高层领导是组织伦理的设计者，从德行修养、集体动机和天下情怀3个方面将伦理规范上升至企业制度层面，发挥了伦理的治理功能。从表8－3可以看出，企业家及高层领导者的伦理价值观直接影响着公司的治理结构、福利计划、员工行为规范等重要规章制度的构建与成型。同时，企业家和高层管理者通过自身的榜样效应和率先垂范，向组织成员传递了组织的核心价值观和经营哲学，让员工清晰认识到“加入Z公司，只要认可组织价值观、努力工作，便是公司大家庭的一员，将会赢得尊重，与公司共享收益”（人物代码B）。在权力距离高的中国情境下，公司高层管理者的榜样示范效应的效果卓著，会收获来自下属员工的心悦诚服，甚至是感激之情。

（二）中层伦理型领导：伦理意志的承上启下

中层管理者在组织中起承上启下的作用。一方面，他们直接接收来自企业家或高层管理者的价值观或管理决策，是组织意志成功落地的保障；另一方面，组织价值观和高管意志经过中层管理者的消化吸收后，更加具体化和可操作化，才能有效传达给组织其他成员。正如生产部经理说道，“张总为人和善，你从来没见他生气，处理事情客观冷静，我们也要学着点”（人物代码B）。可见，中层管理者会直接参照模仿来自高层领导的伦理行为和讯息。正是由于中层管理者对高层伦理意志的宣扬，越来越多的人响应号召，付诸行动。“部门经理和主管带头成立了爱心车队，为员工节假日和平日紧急用车提供无偿服务，现在越来越多的有车员工加入其中”（人物代码D）。“部门经理以前抽烟那么厉害，现在都响应公司的规范要求，开始戒烟了。更何况戒烟有利于身体健康，我们也应该遵守这一规定”（人物代码G）。值得一提的是，Z公司的伦理沟通机制（如微信平台、公司OA系统、幸福午餐沟通会等）使中层管理者能很好地领悟高层管理者的管理理念，并形成具体的规章条例或行动规范。

（三）基层伦理型领导：组织意志的一线践行者

Z公司的基层管理者更像是20世纪80年代中国大家庭的大哥大姐，自觉承担起照顾培养弟妹的责任。一方面Z公司基层管理人员（长兄长姐）必须以身作则、率先垂范，是一线员工（弟妹）的榜样，有时候甚至不得不牺牲自身利益。同时，他们更能与一线员工实现“共鸣”，知道一线员工的辛苦与无奈，所以尽其所能关怀、照顾员工。“看着刚入职的姑娘小伙们，感觉像自己的孩子，好事情都要考虑他们，出事了也会为他们分担”（人物代码H）。另一方面，处于公司结构顶端的高层领导难以有效洞察员工动态，基层管理人员往往是引导、监督一线员工的关键环节，他们更能及时发现和纠正员工的非伦理行为。Z公司一线员工队伍的稳定与高效，更得益于基层管理人员近距离的照顾与栽培，有员工表示“班长就像大哥大姐，我们工作上遇到难题了，他二话不说立马帮我们解决。有时候家庭出现一些问题，他也会通过聚会、聊天的方式开导我们”（人物代码L）。

从以上分析可以看出，Z公司不同层级领导的伦理精神呈现出显著的自上而下的涓滴影响效应。根据社会学习理论，企业家及高层伦理型领导为公司树立行为榜样，中层伦理型领导通过观察学习，获得了伦理榜样的行为表征，同样地，基层管理者也通过观察学习，塑造了他们自己的伦理行为。

二、伦理精神自下而上的反思改进

在组织中，员工态度或行为会对组织或领导的伦理价值观产生倒逼作用（薛会娟、杨静，2014）。虽然各层级领导强调对员工的伦理引领，但仍有少数员工表现出异常或反生产行为。在组织和谐氛围下，员工非伦理行为更能引起伦理型领导的重视，反思组织伦理系统可能存在的弊端。案例分析显示，Z公司非常重视员工的态度和看法，构建了一套完善的自下而上的伦理反思机制。

（一）基层伦理型领导：发现问题

员工一旦出现反生产行为，最早发现端倪的往往是基层管理者。Z公司建立了“全覆盖”式的沟通网络，如主管每月征询员工意见、新员工座谈会、每周午餐沟通会、OA 系统意见征集等，通过这些渠道基层管理者能够及时掌握员工思想和工作动态。一方面，通过以上沟通机制，基层管理者可以随时捕捉员工思想讯息，及时发现问题，预防事态的进一步恶化。例如，车间主管每月搜集员工的匿名意见，建立信息库，并根据事件的轻重缓急依次向上级汇报解决。另一方面，当公司决策落地时，出现的执行偏差会直接反馈至基层管理人员，迅速对其作出反应。冲压部一车间主管提到“我们公司非常注重员工的孝道教育，幸福人生培训让我们对父母产生浓烈的感激之情。培训后员工会立刻给父母打电话倾诉。有些员工呢，因为年轻比较叛逆，接受教育后内心对父母非常歉疚，甚至是负罪感，有个员工就直接辞职了，说要回家好好照顾父母。我觉得我们在这方面可能用力过猛了，需要反思和改进”（人物代码 D）。可见，在组织伦理实践过程中，基层管理者是伦理困境的发现者，他们使问题显性化，引起上一级领导的重视。

（二）中层伦理型领导：剖析原因

如前文所说，中层伦理型领导在组织中起着承上启下的重要作用，职级的特殊性让中层领导者更能在组织期望与员工需求之间寻找到平衡点。在定期的中高层座谈会上，中层管理者会对公司近期出现的问题进行原因剖析，基于员工诉求寻求组织层面可能的解决方案。后勤部经理说道，“基层管理者和员工们反映的问题，我们会进行归纳整理，能够解决的我们立刻解决。不能解决的，我们剖析原因，做出详细的方案，呈递给分管高管。最近，很多员工反映热水供应问题，建议整天供应，这个成本太大，我们做出成本核算方案，供领导决策。这样，公司在最大限度内满足员工需求的同时，也会用数据说话争取获得员工理解和支持”（人物代码L）。中层领导是组织发展的中坚力量，在他们身上，充分体现了伦理型领导“伦理的个体”和“伦理的管理者”两个属性（Treviño，2000）。

（三）企业家及高层伦理型领导：制度再设计

Z公司非常注重来自中、基层管理者和普通员工的建议，并将其体现为公司的制度规定，即主管必须每月征询员工意见，形成汇报文本提交公司。最为典型的事件是：在发生孙姓员工罢工事件以后，公司创始人张总深刻意识到公司在人文关怀上做得还不够，他深入思考“员工深陷困难时，如何能够获得有效帮扶，从而降低不良情绪给工作带来的风险”。结果，公司建立起了一系列员工支持计划，如“急难情况关怀项目”，因家庭经济条件十分困难而遇上极难问题的员工，可申请基金资助；再如“家庭子女上学资助项目”，员工子女因经济困难面临辍学时可申请助学金；同时，公司还根据实际情况组织爱心捐款活动，充分调动其他员工和社会的力量。可见，问题发生后，长久之计在于形成制度规范，从根源上杜绝问题所带来的一系列消极反应。

由上可知，员工行为特别是反生产行为，会引起不同层级领导者的伦理反思，通过基层领导发现问题、中层领导剖析原因形成解决方案、高管团队分析决策，最终体现为组织制度的再设计或改善。自下而上的伦理反思机制与伦理渗透机制相互补充、相互作用，构成了不断循环修复的组织伦理系统。

第五节　研究结论与讨论

一、研究结论

本书在文献回顾的基础上，结合传统伦理思想和复杂领导理论，构建了各层级领导伦理精神作用机制的理论模型，选择具有浓厚伦理文化的 Z 公司开展案例研究。通过对该案例的深入剖析，Z 公司各层级领导在总体上很好地契合了理论模型（见图 8－3），同时也呈现出很多令人欣喜的发现。

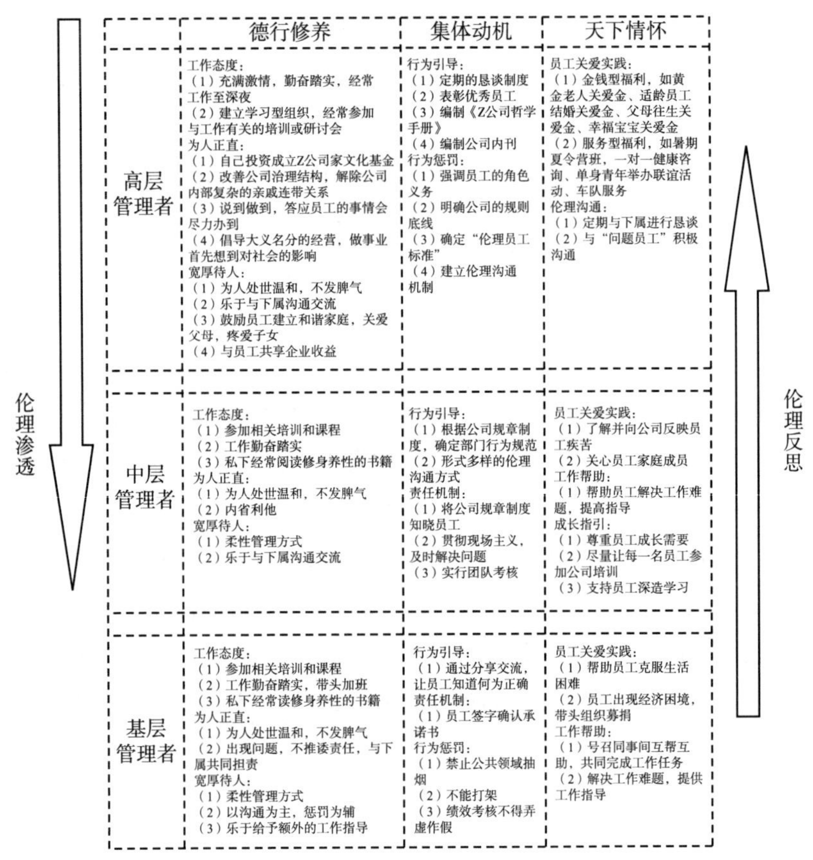

	德行修养	集体动机	天下情怀
高层管理者	工作态度： （1）充满激情，勤奋踏实，经常工作至深夜 （2）建立学习型组织，经常参加与工作有关的培训或研讨会 为人正直： （1）自己投资成立Z公司家文化基金 （2）改善公司治理结构，解除公司内部复杂的亲戚连带关系 （3）说到做到，答应员工的事情会尽力办到 （4）倡导大义名分的经营，做事业首先想到对社会的影响 宽厚待人： （1）为人处世温和，不发脾气 （2）乐于与下属沟通交流 （3）鼓励员工建立和谐家庭，关爱父母，疼爱子女 （4）与员工共享企业收益	行为引导： （1）定期的恳谈制度 （2）表彰优秀员工 （3）编制《Z公司哲学手册》 （4）编制公司内刊 行为惩罚： （1）强调员工的角色义务 （2）明确公司的规则底线 （3）确定“伦理员工标准” （4）建立伦理沟通机制	员工关爱实践： （1）金钱型福利，如黄金老人关爱金、适龄员工结婚关爱金、父母往生关爱金、幸福宝宝关爱金 （2）服务型福利，如暑期夏令营班，一对一健康咨询、单身青年举办联谊活动、车队服务 伦理沟通： （1）定期与下属进行恳谈 （2）与“问题员工”积极沟通
中层管理者	工作态度： （1）参加相关培训和课程 （2）工作勤奋踏实 （3）私下经常阅读修身养性的书籍 为人正直： （1）为人处世温和，不发脾气 （2）内省利他 宽厚待人： （1）柔性管理方式 （2）乐于与下属沟通交流	行为引导： （1）根据公司规章制度，确定部门行为规范 （2）形式多样的伦理沟通方式 责任机制： （1）将公司规章制度知晓员工 （2）贯彻现场主义，及时解决问题 （3）实行团队考核	员工关爱实践： （1）了解并向公司反映员工疾苦 （2）关心员工家庭成员 工作帮助： （1）帮助员工解决工作难题，提高指导 成长指引： （1）尊重员工成长需要 （2）尽量让每一名员工参加公司培训 （3）支持员工深造学习
基层管理者	工作态度： （1）参加相关培训和课程 （2）工作勤奋踏实，带头加班 （3）私下经常读修身养性的书籍 为人正直： （1）为人处世温和，不发脾气 （2）出现问题，不推诿责任，与下属共同担责 宽厚待人： （1）柔性管理方式 （2）以沟通为主，惩罚为辅 （3）乐于给予额外的工作指导	行为引导： （1）通过分享交流，让员工知道何为正确 责任机制： （1）员工签字确认承诺书 行为惩罚： （1）禁止公共领域抽烟 （2）不能打架 （3）绩效考核不得弄虚作假	员工关爱实践： （1）帮助员工克服生活困难 （2）员工出现经济困境，带头组织募捐 工作帮助： （1）号召同事间互帮互助，共同完成工作任务 （2）解决工作难题，提供工作指导

图 8－3　中国企业伦理型领导的结构内涵、伦理渗透与伦理反思

其一，伦理型领导包括德行修养、集体动机和天下情怀 3 个基本要素，且各层级伦理型领导在这 3 个方面有着不同的表现形式。具体编码分析显示，各层级伦理型领导通过工作态度、为人正直和宽厚待人 3 个方面来塑造自身德行；通过行为引导、责任机制和行为惩罚来建立集体动机驱动机制；通过关爱实践、伦理沟通、工作帮助和成长指引来表现公司的天下情怀。

其二，不同层级伦理型领导存在自上而下的联动机制，即伦理型领导的“涓滴效应”，企业家及高层伦理型领导的影响由高至低、层层涓滴，通过中间层次的直线伦理型领导对基层员工发挥作用，进而实现组织核心价值观从高层管理者传递至一线员工的目标。研究发现，这种自上而下的涓滴效应通过高层管理者设计组织意志、中层管理者传递组织意志、基层管理者践行组织意志的联动机制得以实现。不同层级管理者的角色定位存在明显差异，高层伦理型领导会将更多精力投入与组织整体发展关系更紧密的权力分配和管理制度等方面，体现为组织意志；中层管理者将组织意志进一步具体化和可操作化，体现为部门规章制度或管理条例，进而有效传达给下级人员。基层管理者践行组织意志，他们的伦理实践更加具体和细微，渗透入员工工作和生活的细微处。

其三，员工的反生产行为对伦理型领导产生自下而上的联动效应，即伦理型领导的倒逼机制，员工的言论、期望会提高领导的道德意识，从而推动不同层面伦理型领导的重塑。研究结果显示，不同层级管理者各司其职，在伦理反思中发挥着不同作用，基层领导发现问题、中层领导剖析原因和高层领导进行制度设计，最终形成一个循序渐进的伦理完善过程。

二、研究意义

本章基于单案例研究结果，主要有以下两方面的研究意义：

第一，本章进一步揭示了企业家及高层领导伦理精神的涓滴效应机理。以往研究已经证实伦理型领导的逐层传递效应，却大多停留在理论阐释阶段。本章采用质性研究手段，呈现了各层级管理者的伦理行为，发现各层次伦理型领导在德行修养、集体动机和天下情怀 3 个方面表现出差异性，高层伦理型领导主要强调与组织整体发展关系更紧密的权力分配、道德规范等相关要素，中层伦理型领导更注重激励、引导等对直接下属产生影响的管理要素，而基层伦理型领导则强调良好员工关系对发挥领导效力的关键作用。可见，伦理型领导涓滴效应并不是下级管理者对上级管理者简单的复制粘贴，而是有着各自的侧重点。

第二，本章突破以往伦理型领导自上而下单向影响研究的局限性，从伦理反思的角度构建了自下而上的伦理型领导倒逼机制，为相关研究开展提供了新的视角。组织环境日趋动荡和变革，复杂系统理论（complex adaptive systems）得到越来越多专家学者的认同，基于复杂情境来探讨领导力更具现实意义。CAS 视角下的领导研究强调员工要素在领导过程中的主动性作用，认为员工互动是组织提升适应能力的源泉，因此员工也可成为领导力的中心，发挥自下而上的积极影响作用。这一点正好得到本章的证实。

三、研究局限和未来展望

本章通过文献演绎和案例研究构建了“伦理型领导伦理渗透与反思机制模型”，揭示了本土组织伦理型领导的作用机制。但我们也意识到本章仍存在以下局限性：一是案例的单一性导致本研究所获得的研究结论无法有效推广到其他组织实践中，这有待未来研究继续收集丰富案例，根据逻辑复制原理提高本章结论的普适价值；二是缺乏实证研究的佐证，本章仅提供了伦理型领导及其作用机制的理论模型，有待未来采用量化方法对该模型进行验证；三是缺乏对中介、调节变量的讨论，伦理型领导对员工行为的影响会因组织情境、员工特征等因素的不同而发生变化，未来研究应进一步探讨伦理型领导影响效果的边界条件。

第九章

中国企业家伦理精神对员工合作行为的影响研究

在组织内营造和谐、友好的关系氛围是中国企业管理者的重要目标，即“齐家”追求，有学者将这一文化氛围概括为“家文化”或“类亲情关系”（朱苏丽等，2015），其典型特征是组织内成员间建立起似家人关系，遵循“需求法则”，不分彼此、休戚与共，按需长久照应，实现集体利益最大化。组织情境中的合作行为，正是对这一工作场所关系的准确反映和科学考量，成员间表现出相互支持、补台、配合甚至妥协、让步等牺牲行为（Rahim，1983），亦是追求组织利益最大化。本章以中国儒家“齐家”伦理观点为切入点，认为具有伦理精神的企业家倾向于在企业营造良好的家庭合作氛围，促使员工间互帮互助、通力合作。

第一节　理论基础和研究假设

员工合作行为是一种社会情境行为，除了组织制度因素的影响，人际互动也是激发合作的关键要素，其中领导—成员关系最为重要（Zhang et al.，2015）。那企业家是否能够激发员工合作行为？其发生机制是什么？目前还未有相关研究予以验证。正如前文提及，组织扁平化发展和新媒体传播的推动下，企业家对于员工而言，不再是遥不可及的象征性存在，企业家行为表现会向员工释放企业文化和价值观的信号，对员工态度和行为产生重要影响。因此有必要开展实证研究对企业家—员工间关系互动的内在机制进行揭示。

基于“理性经济人”假设的研究范式探讨了奖惩机制、决策权力、社会距离等对合作行为的影响机制（Balliet et al.，2011；Wu et al.，2006）。现实生活中，个体是否做出合作决策，在于他对特定情境的线索分析和对他人人格、情绪、动机等方面做出的综合评判，除了追求成功、避免惩罚等经济理性因素的驱动，也有互惠、信任、直觉、快乐等社会理性或情感因素的影响（Haselhuhn and Mellers，2005），而当前相关研究对社会理性或情感因素的挖掘还有待深入。

综合以上因素，本章具体以伦理决策神经认知模型为理论基础，探讨了企业家伦理精神对员工合作行为的影响机理。

一、伦理决策神经认知框架和本研究模型

根据利伯曼等（Lieberman et al.，2022），伦理决策机制存在两个独立的过程系统：自动匹配系统（reflexive pattern matching system）和合理分析系统（conscious reasoning system），分别简称为 X 系统和 C 系统。伦理决策神经认知框架有两个非常重要的关键要素，即个体伦理原型（moral prototypes）和社会道德规则（moral rules），个体伦理决策是基于个体因素与社会环境因素相互作用的结果。在伦理决策过程中，受决策者的身份、情境认知以及道德规则的影响，个体在伦理决策过程中是有限理性的（Weber et al.，2004）。在本研究中，决策者的有限理性主要体现在两个方面：一是原型在数量上不可能穷尽，伦理刺激有可能找不到匹配的原型，导致匹配失败；二是原型在内涵外延上可能存在缺陷，只能实现部分匹配。解决这些局限性的关键在于决策者启动神经认

知的合理分析系统（C 系统）对社会道德规则的分析和运用，个体在情境分析的基础上确定该情境的伦理规范性，应用各种规则减少选项，最后做出行为决策，即对“像我这样的人在这种情境下会如何做”的问题做出反应（Weber et al.，2004）。伦理决策神经认知模型的合理分析系统对有限理性情况下决策主体对社会道德准则的运用进行了充分阐释：

其一，当个体的伦理原型“模糊”，只能实现部分匹配时，其伦理决策很容易受到外部因素的干扰和挑战。例如“和同事共同完成某一项目，自己已完成既定任务，同事却仍在加班，是否给予额外帮助”这个伦理困境，个体做出“帮”的决策后，由于原型不牢固，当家里人催促回家时，个体内心会产生挣扎。这时，C 系统就会“登场”，运用道德规范（moral rules）对情境本身进行再分析，对此决策寻求合理性解释（Garfinkel，1967）。由于 X 系统在之前已自动形成伦理决策（这个案例中体现为“帮同事”），所以 C 系统进行的是追溯性分析（retrospective exercise），是个体进行的自我认同强化，“追加”对之前所做伦理决策的认同程度（坚信“帮助同事”这一决策的合理性和正当性）。这一过程主要是道德情感上的提升，其中道德认同是重要的情感心理机制。

其二，当 X 系统对某一伦理情境未匹配到合适原型时，C 系统将针对这一新情况，主动运用道德规范（比如互惠规则）对其进行分析判断，作出伦理决策。这一机制比合理化机制更具“理性”，它与 X 系统的输出模式或原型毫无关联，是 C 系统主动参与、积极分析的结果。在组织情境中互惠是非常重要的一种伦理规范，是建立在对对方可信赖程度的基础上做出的社会理性行为，本章认为伦理互惠是员工合作行为的重要心理发生机制。

据此，本章以伦理决策神经认知模型的合理分析系统为基础，试图探讨企业家伦理精神对员工合作行为的作用机理。一方面，具有伦理精神的企业家创设了组织的伦理情境，对员工起着榜样示范作用，为员工提供了可供合理化解释的“道德模范”（亲身示范道德规则），员工受感化愿意成为同样的人（道德认同感增加），进而强化其合作行为（Giessner et al.，2015）。另一方面，即使员工没有成为高道德标准的人的内在动机，在与高层伦理型领导互动的过程中，经过对互惠规则的社会理性计算，对高层领导充满信任和期待，认为自身的付出将得到高层及其所代表组织的回报，据此员工倾向于做出合作行为。所以，本章将探究企业家伦理精神通过道德认同和伦理互惠的并列中介作用对员工合作行为产生的影响。同时，本章将组织声誉作为组织情境变量考查其调节作用。理论研究模型详见图 9－1。

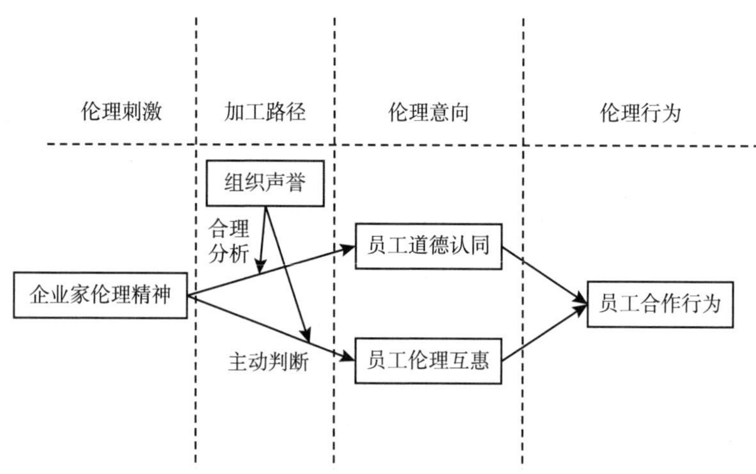

图 9－1　企业家伦理精神对员工合作行为的作用机制模型

二、企业家伦理精神与员工合作行为

根据伦理决策神经认知理论的合理分析机制，个体伦理决策受伦理刺激与伦理原型匹配程度的影响。对于个体而言，头脑中的伦理原型已经相对稳定，所面临的伦理环境或伦理刺激却是可变的，则显得尤为重要。企业家伦理精神不仅为员工提供了可感知、可学习的榜样示范，还构成了影响员工态度行为的组织环境因素。在企业家伦理精神这一情境线索下，员工是否作出合作行为，取决于企业家伦理精神对员工伦理认知或意向的影响或重塑。有研究表明，个体对他人的认知会受到对方地位和等级的影响，下属会因为领导者的地位高而对他们做出更高的估计（Levine and Butler，1952），在权力距离文化较大的中国，这种效应可能会被放大。所以，相较于直线型领导，当企业家表现出较高的伦理道德准则时，他们会对员工态度行为产生更为深刻的影响。有学者已经证实领导的真诚、公平公正、自我牺牲等特质会对员工合作行为产生促进作用，而这些品质都是企业家伦理精神的典型要素。可以初步推断，企业家伦理精神可显著促进员工的合作行为。

具体来看，“集体动机”是企业家伦理精神的重要准则之一，只有行为决策满足绝大多数人利益时，才是符合道德标准的。对于具有伦理精神的企业家而言，他本人遵循集体利益为行为准则，并以之规范员工行为，在组织上下营造了为共同目标而努力的合作氛围。在中国，集体主义有两个显著特点：一是强调自我牺牲，体现为顾全大局而牺牲小我或忍辱负重，正所谓“文死谏，武死战”。这一文化影响下，个人会放弃自己的想法和利益，去尊重、迎合或满足他人愿望和利益（Rahim，1983）。二是强调类亲情关系，同属于一个集体的成员间像家人一样相互关心、扶持，情感上表现为相互依赖、不分彼此的交融感，会根据对方的需求，不求回报、不计得失的付出。合作行为是一种高风险性行为，高度符合中国集体主义文化下个体不计得失、甘愿冒险的行为逻辑。因此，在企业家伦理精神“集体动机”的影响下，员工以集体利益为行为准则，倾向于将同事看作是家人，即使是个人面临损失，也表现出合作倾向和行为。同样地，就“德行修养”和“天下情怀”维度而言，体现了企业家伦理精神的“利他心”，引导员工行为要正直、善良，为人类和社会作出贡献，利他倾向是个体做出合作行为的重要前提（Jean－François et al.，2009；陈晓萍，2013），这无疑会促进员工间的沟通与合作。综上所述，本章提出以下研究假设：

H1：企业家伦理精神对员工合作行为有显著正向影响。

H1a：企业家伦理精神的德行修养对员工合作行为有显著正向影响。

H1b：企业家伦理精神的集体动机对员工合作行为有显著正向影响。

H1c：企业家伦理精神的天下情怀对员工合作行为有显著正向影响。

三、道德认同的中介作用

由于企业家和员工是不同认知主体，他们的伦理原型不可能实现完全匹配，员工需要不断运用道德规范对伦理原型进行修正和完善，强化内心认同感，如此才能保持认知心理平衡。伦理决策过程的神经认知模型将这一机制称为“合理分析路径”。由于对权力距离高度敏感，中国员工更容易受到企业家所释放的伦理信号的影响，将这些信号视为企业组织所倡导和支持的行为判断标准，进而坚定他们所做出的积极行为，即使个人利益会受到一定程度损害，他们也会运用诸如“大局意识”“集体精神”等道德规范打消心理顾虑，强化自己的道德认同。道德认同是指个体围绕一套道德特质而组织起来的那部分自我概念（Aquino and Reed，2002）。自我概念是一个渗透性架构，在个体与环境相互作用过程中，因不同身份角色的需要而进行扩展延伸。在领导—成员关系互动中，具有伦理精神的企业家通过伦理示范向员工塑造了可供遵照执行的行为规范和要求。通过观察和追随，员工从组织情境中习得了大量的行为模式，知道什么是符合规范的、与情境相适宜的行为，强化对道德规范的认同，内化为自我概念的一部分（Milton and Westphal，2005）。在中国情境下，具有伦理精神的企业家不仅注重自身的修养，还强调对他人认知、行为的规范与影响（即己立立人），会将其个人的伦理价值观转化为可感知的伦理环境或刺激，形成特定的组织伦理文化，促使员工与之保持一致，实现对组织伦理规范的高度承诺和自觉践行（Brickson，2007）。所以，企业家伦理精神有利于提高员工对所处环境伦理规范的道德认同。

根据自我概念理论，组织中的情境线索会激活员工特定的身份认同，道德认同感越高的员工恪守道德规范和要求，对伦理情境更为敏感，他们对道德信息的加工处理能力也越强；而道德认同感低的员工，他们面临特定的伦理情境时较为迟钝，由于缺乏道德身份的建构，他们对道德信息的处理能力也较弱（Aquino and Reed，2002）。因此可以推论，当一个情境要求员工做出合作行为时，道德认同度高的员工越容易做出该行为。综上所述，本章认为：

H2：在企业家伦理精神与员工合作行为的关系中，道德认同起到中介作用；

由于企业家伦理精神包含德行修养、集体动机和天下情怀三个维度，本章进一步提出以下 3 个假设：

H2a：在企业家德行修养与员工合作行为的关系中，道德认同起到中介作用。

H2b：在企业家集体动机与员工合作行为的关系中，道德认同起到中介作用。

H2c：在企业家天下情怀与员工合作行为的关系中，道德认同起到中介作用。

四、伦理互惠的中介作用

有研究指出伦理型领导不可能赢得所有员工发自内心的道德认同（Stouten，2013），从而“真心”做出积极行为，但存在另一个心理机制可以诱发此类行为，伦理决策过程神经认知模型将这一机制称为“主动判断路径”，是员工主动运用道德规范对新的伦理情境进行分析判断，并作出理性伦理决策的过程。这一视角下，本章认为不应该排除员工做出积极行为是基于社会理性计算的结果。员工出于对企业家伦理精神的信任，认为自己的积极行为能换来领导及组织的物质或非物质回馈，形成伦理互惠的态度认知，进而表现出企业家和组织所期待的合作行为。伦理互惠是人们在平衡自身需要和伦理道德线索的关系后，自身多大程度上愿意基于对方的行为表现相应给予积极反馈的认知判断，本质上属于伦理意向（Jones，1991），是决策主体经过理性分析形成的行动前心理倾向。因此，伦理互惠可作为揭示“刺激—反应”这一因果关系的重要中介变量。根据社会交换理论，互惠是各种社会文化中最为稳固坚实的心理契约，它不强调个人无私付出、不求回报的情绪损耗，所以极具可持续性（Dabos and Rousseau，2004）。领导—成员关系实质上是一种交换关系，在互动过程中形成了理性认知层面的互惠交换。在本章中，企业家的道德行为和其塑造的组织文化会向成员传递强烈的伦理信号，直接影响了员工对于领导—成员关系和组织—成员关系质量的感知和信任，进而促使他们产生互惠动机，认为自己的工作付出必将得到组织回馈。同时有研究指出，积极互惠是根植于人类内心的善意，人们愿意且乐于付出，而这一善意的发生则需要环境刺激的激发（Gintis et al.，2008）。在本章中，企业家伦理精神可能会激发员工伦理互惠意识的产生。

有学者认为伦理互惠意识是人们根据伦理线索开展伦理行为的重要前因（Deckop et al.，2003）。在中国“和合”文化的浸润下，追求和谐是人们普遍接受的道德准则，即使是在冲突情境下，人们也表现出高度的伦理互惠倾向，不愿意表现出抗争姿态。德克普等（Deckop et al.，2003）基于157组领导—成员配对数据的分析，发现员工高水平伦理互惠意愿是他们做出主动帮助行为的重要前提。同时，罗曼诺和巴兰特（Romano and Balliet，2017）通过3个子研究发现，服从性和互惠性是影响员工合作行为的重要因素，但相较于服从性而言，互惠性更能影响员工合作行为。所以，伦理互惠能够促进员工合作行为。

综上所述，本章认为：

H3：在企业家伦理精神与员工合作行为的关系中，伦理互惠起到中介作用。

由于企业家伦理精神包含德行修养、集体动机和天下情怀 3 个维度，本研究进一步提出以下 3 个假设：

H3a：在企业家德行修养与员工合作行为的关系中，伦理互惠起到中介作用。

H3b：在企业家集体动机与员工合作行为的关系中，伦理互惠起到中介作用。

H3c：在企业家天下情怀与员工合作行为的关系中，伦理互惠起到中介作用。

五、组织声誉的调节作用

外部环境或实体会向个体提供关于特定行为适宜性的情境提示，这些提示会促进或阻碍个体将自己的认知、情感、特质、兴趣、价值观等心理变量向特定行为转化的过程（Oldham and Cummings，1996）。换言之，个人与环境的匹配程度会影响个体行为。本章的主题是企业家—成员互动关系，对员工合作行为的影响主要涉及两个重要的环境变量：组织环境和企业家。所以，除了考虑企业家伦理精神对员工态度行为的影响，组织情境因素也应纳入考量。根据员工—组织匹配理论，员工基于与组织情境的互动质量产生匹配感受，进而影响他们的工作态度和行为。莫申江（2012）也指出伦理型领导和组织声誉共同构成了组织伦理情境，两者具有交互效应，因此本章选择组织声誉作为调节变量。组织声誉是利益相关者根据自身直接经验（企业满足其需求和期望程度的感知）、口碑、媒体报道等方面对企业做出的全面评价（Gotsi and Wilson，2001），象征着组织的整体道德水平，决定了企业品牌和形象的塑造。当组织声誉越高，员工感受到来自组织伦理的情境力量也就越大，他们倾向于相信这一组织情境下企业家德行修养的“真实性”，更容易对企业家的伦理行为做出积极正面的评价。相反，当组织声誉低的时候，员工会质疑企业家伦理行为的真实性，有可能将其解读为领导“收买人心”的虚伪作态。因此本章认为组织声誉的高低影响着员工对企业家伦理精神的评价和态度，即影响了员工道德认同和伦理互惠的程度。据此，本章认为：

H4：组织声誉在企业家伦理精神与员工道德认同的关系中起调节作用，即企业家伦理精神对道德认同的正向影响在高组织声誉的情况下要比低组织声誉的情况下更强烈。

H5：组织声誉在企业家伦理精神与员工伦理互惠的关系中起调节作用，即企业家伦理精神对伦理互惠的正向影响在高组织声誉的情况下要比低组织声誉的情况下更强烈。

基于上述分析，根据爱德华和兰伯特（Edwards and Lambert, 2007）提出的被调节的中介效应模型，本章认为组织声誉调节了道德认同在企业家伦理精神—员工合作行为关系的中介作用。基于情境力量理论，外部环境会向个体提供关于特定行为适宜性的情境提示，成为认知、情感等心理变量向特定行为的促进或阻碍因素。从这一角度来看，企业家所具备的个人声誉与组织声誉相一致，会渗透内化为组织成员的价值观，强化员工的道德认同，进而表现出符合组织期待的行为规范，如合作行为。具体来说，对于一个具有较高组织声誉的企业而言，企业家伦理精神对员工道德认同的积极影响越大，企业家伦理精神对员工合作行为的间接影响就越大；相反，对于组织声誉低的企业而言，企业家伦理精神对员工道德认同的积极影响降低，企业家伦理精神对员工合作行为的间接影响就越小。

同样地，本章认为组织声誉也调节了伦理互惠在企业家伦理精神—员工合作行为关系的中介作用。伦理互惠是个体经过理性思考后愿意承担一定风险的心理倾向，组织声誉所传递的印象、名声或标签将对企业家施加一定压力（刘国芳、辛自强，2011），进一步促使其做出有利于员工的行为。基于这一逻辑，组织声誉犹如给员工伦理互惠上了一道“双保险”，更加认为自己的合作行为能换来企业家的积极回馈。具体来说，对于一个具有较高组织声誉的企业而言，企业家伦理精神对员工伦理互惠的积极影响越大，企业家伦理精神对员工合作行为的间接影响就越大；相反，对于组织声誉低的企业而言，企业家伦理精神对员工伦理互惠的积极影响越小，企业家伦理精神对员工合作行为的间接影响就越小。具体提出以下研究假设：

H6：组织声誉调节了企业家伦理精神通过道德认同对员工合作行为产生的间接影响。

H7：组织声誉调节了企业家伦理精神通过伦理互惠对员工合作行为产生的间接影响。

第二节　研究方法与设计

一、样本选择

本章探究的是企业家伦理精神对员工合作行为的影响机理，采用的是纵向两阶段配对数据样本。为保证研究的可持续性，本章通过政府机构（省工商界联合会和团省委青年发展部）和校友企业联盟联系企业，在说明调研要求后赢得企业高度配合的情况下开展研究。本章共计 247 家企业，行业涉及汽车零配件制造、健康医疗、建筑、餐饮、物流等领域。

本章确定的调研对象是人力资源部门负责人、一般员工及其直接主管。共发放 498 套问卷，最终回收有效问卷 352 套，有效回收率为 71. 89%。在本次调研的员工样本中，男性占比为 62. 57%，女性占比为 37. 43%；平均年龄为 33. 93；大专及以下学历的占比为 42. 58%，本科占比为 47. 90%，研究生占比为 9. 52%；在本次调研的领导样本（含 HR 负责人和直接主管）中，男性占比为 63. 44%，女性占比为 36. 56%；平均年龄为 38. 74；大专及以下学历的占比为 39. 05%，本科占比为52.43%，研究生占比为8.52%。

二、研究程序

本章采用线上和线下问卷调查的方式进行。在发放调查问卷之前，让公司人力资源部门负责人提供员工花名册，并对员工—直接主管进行匹配。为保证问卷填答的质量，降低被访者的社会赞许倾向和印象粉饰，在指导语上明确提示“个人信息仅用作后续问卷配对使用，且调查结果将直接进入调研组后台数据库，不对任何人公开，请放心填写。若您填答真实有效，课题组将通过微信随机分配2~20元红包以示谢意，请自愿留下您的微信号__________”等内容。

数据收集工作历时两个月完成（2019年3月初至2019年4月底），分为两个时间点收集数据。（1）2019年3月2日至10日：对一般员工进行调研，填答个人基本信息和企业家伦理精神等条目。为保证数据有效性，要求员工对他所熟悉的董事长或总经理进行评价，若不熟悉则不用填答。同时让HR负责人填答组织声誉的条目。（2）2019年4月10日至20日：对上一时间点作答的一般员工进行调研，填答道德认同和伦理互惠等相关问题。同时，让其直接主管对员工合作行为进行评价。

三、研究变量及其测量

本章涉及六类变量：企业家伦理精神、组织声誉、道德认同、伦理互惠、员工合作行为以及控制变量。除了控制变量外，其余变量均采用五点评分量表（1~5分别代表“非常不符合”至“非常符合”）。企业家伦理精神量表由本章开发，其余量表采用西方成熟量表，通过3人英汉互译，相互对比，择优选择。

（一）企业家伦理精神

使用本章开发的本土量表，包括德行修养（4个条目）、集体动机

（6个条目）和天下情怀（5个条目）三个维度，共有15个题项。具体条目如“他/她为人正直，并引导员工也要正直做事”“他/她强调集体利益，并要求员工要‘小我服从大我’”和“他/她关心社会疾苦，并动员公司和员工参与帮扶”，由员工进行填答，对所熟悉的公司负责人（董事长或总经理）进行评价，若不熟悉则不用填答。该量表的Cronbach's α为0.965。

（二）道德认同

使用阿奎诺和里德（Aquino and Reed）开发的道德认同量表（Aquino and Reed，2002），共10个条目，其中两个条目是反向测试。在回答之前，请被试想想具备以下特征的人：关心人的、富有同情心的、公平的、友好的、慷慨的、助人的、勤奋的、诚实的，然后根据自己实际感受进行作答。具体条目如“成为一个拥有这些特征的人对我而言很重要”“跟我打交道的人也知道我具备这些品质”等，由员工进行填答。该量表的Cronbach's α为0.904。

（三）伦理互惠

本章聚焦的是那些对组织发展起决定作用的企业家（董事长或总经理），他们可以代表组织，因此本章的互惠关系倾向于理解为员工与组织的互动。故采用约书亚等（Joshua et al.）开发的伦理互惠量表（Wu et al.，2006），共4个条目。具体条目如“即使对我当前工作帮助不大，单位也愿意投资我的职业发展”“单位对我的关心程度超过了我对单位的贡献”，由员工进行填答。该量表的Cronbach's α为0.896。

（四）合作行为

采用乔斯佛德（Tjosvold）开发的合作行为量表（Tjosvold，1988），共5个条目。具体条目如“他愿意与同事分享信息、观点和其他资源”

“当面对一个问题时，他愿意与同事共同探讨和解决”等，由直接主管根据员工表现进行填答。该量表的 Cronbach's α 为 0.934。

（五）组织声誉

使用梅尔和阿什福思（Mael and Ashforth）开发的组织声誉量表（Mael & Ashforth，1992），共 8 个条目，其中两个条目为反向测试。具体条目如“人们都高度评价这家公司”“这家公司在当地享有盛誉”“其他公司的人也很尊重这家公司”，由 HR 负责人填答。该量表的 Cronbach's α 为 0.958。

（六）控制变量

为了控制其他变量对员工合作行为的影响，我们选取员工的个人特征作为控制变量，包括年龄、性别、教育程度和职务级别等。

四、分析方法

本章采用 SPSS 18.0 和 Mplus 7.0 对结构方程模型进行检验。

第三节　中国企业家伦理精神影响员工合作行为的实证检验

一、模型的拟合度检验

根据研究模型（见图 9－1），本章涉及 5 个关键变量：企业家伦理精神、道德认同、伦理互惠、员工合作行为和组织声誉。为了验证此模型的拟合效果，本研究对这 5 个变量可能组成的主要因子模型（五因子模型、四因子模型、三因子模型、二因子模型、单因子模型）进行竞争性比较。如表 9－1 所示，五因子模型的拟合效果最优（$X^2/df = 2.276$，RMSEA = 0.060，CFI = 0.936，TLI = 0.923，SRMR = 0.064）。这说明本章的 5 个变量代表 5 个不同的构念。

表 9－1　竞争模型拟合效果比较

模型	X^2	df	X^2/df	RMSEA	CFI	TLI	SRMR
五因子模型（EL，OR，MI，ER，CB）	1 485.974	653	2.276	0.060	0.936	0.923	0.064
四因子模型 a（EL + OR，MI，ER，CB）	2 102.920	657	3.201	0.079	0.888	0.868	0.078
四因子模型 b（EL，OR，MI + ER，CB）	2 011.812	657	3.062	0.077	0.895	0.876	0.117
三因子模型（EL + OR，MI + ER，CB）	2 647.056	660	4.011	0.092	0.847	0.819	0.127
二因子模型（EL + OR，MI + ER + CB）	2 703.267	662	4.083	0.094	0.842	0.814	0.137
单因子模型（EL + OR + MI + ER + CB）	3 444.387	663	5.195	0.109	0.785	0.747	0.144

注：N = 352，EL = 企业家伦理精神，OR = 组织声誉，MI = 道德认同，ER = 伦理互惠，CB = 合作行为。

二、描述性统计、相关性和信度分析

本章将性别、年龄、教育程度、职务级别设为控制变量。如表 9－2 所示，本章首先对各个变量进行了描述性统计分析，呈现了均值和标准差，然后对变量间进行相关分析。结果显示，中国企业家伦理精神与假设所预测的结果变量（员工合作行为）存在显著相关关系（$r = 0.532$，$p < 0.01$），与假设所预测的两个中介变量（道德认同、伦理互惠）也

表 9-2　描述性统计、相关性和信度分析

项目	均值	标准差	1	2	3	4	5	6	7	8	9
1. 性别	1.38	0.485	—								
2. 年龄	3.43	1.625	-0.153**	—							
3. 教育程度	2.57	0.824	0.111*	-0.301**	—						
4. 职务级别	1.67	0.846	-0.180**	0.273**	0.191**	—					
5. 企业家伦理精神	4.318	0.738	0.048	0.013	-0.090	-0.034	**0.965**				
6. 组织声誉	3.822	0.800	0.003	-0.048	-0.019	0.073	0.549*	**0.958**			
7. 道德认同	4.015	0.599	0.095	0.066	0.020	0.049	0.562**	0.510**	**0.904**		
8. 伦理互惠	3.604	0.854	-0.059	-0.125*	-0.090	0.066	0.473**	0.701**	0.417**	**0.896**	
9. 员工合作行为	4.363	0.611	0.058	0.063	0.330	0.023	0.532**	0.455**	0.707**	0.374**	**0.934**

注：N = 352，* 表示 $p<0.05$，** 表示 $p<0.01$，*** 表示 $p<0.001$，双尾检验，对角线粗体字是 Cronbach's Alpha 系数。

存在显著相关（$r = 0.562$，$p < 0.01$；$r = 0.473$，$p < 0.01$）。中介变量道德认同和伦理互惠与结果变量员工合作行为也存在显著相关（$r = 0.707$，$p < 0.01$；$r = 0.374$，$p < 0.01$）。同时组织声誉也与其他几个变量呈积极相关。变量间的关系得到了初步证实，为本章进一步论证假设提供了一定基础。

本章也对各个关键变量进行信度分析，采用内部一致性系数 Cronbach's Alpha。结果显示企业家伦理精神的内部一致性系数为 0.965，组织声誉为 0.958，道德认同为 0.904，伦理互惠为 0.896，员工合作行为为 0.934。各变量的 Cronbach's a 系数都在 0.85 以上（见表 9－2 粗体数据），说明各量表具有良好的可靠性。

三、共同方法偏差检验

本章采用 Harman 单因素法对可能存在的共同方法偏差进行检验。把中国企业家伦理精神（15 题）、组织声誉（8 题）、道德认同（8 题）、伦理互惠（4 题）和合作行为（5 题）的所有题项进行探索性因子分析，未旋转的分析结果显示：共析出 9 个因子，其中第一个因子解释的总变异为 39.957%，未占绝大多数。因此，本章数据不存在严重的共同方法偏差问题。

四、假设检验

（一）主效应检验

本章在对调查样本的性别、年龄、教育程度和职务级别进行控制的基础上，对本章的主要变量间的关系进行多元回归，结果如表 9－3 所示。

表 9－3　　主效应检验结果

项目	员工合作行为				
	M0	M1	M2	M3	M4
控制变量					
性别	0.071	0.041	0.053	0.024	0.061
年龄	0.092	0.112*	0.134*	0.100+	0.098+
教育程度	0.051	0.110*	0.089	0.064	0.138**
职务级别	0.003	0.000	－0.007	0.002	0.006
自变量					
企业家伦理精神		0.543***			
德行修养			0.481***		
集体动机				0.534***	
天下情怀					0.474***
R^2	0.012	0.304	0.241	0.295	0.230
ΔR^2	0.012	0.291***	0.229***	0.283***	0.218***

注：$N=352$，＋表示 $p<0.1$，＊表示 $p<0.05$，＊＊表示 $p<0.01$，＊＊＊表示 $p<0.001$，双尾检验。

在模型 M0 的基础上加入自变量企业家伦理精神（模型 M1）、德行修养（模型 M2）、集体动机（模型 M3）和天下情怀（模型 M4），以验证本章的主效应。模型 M1 显示企业家伦理精神对员工合作行为具有显著影响（$\beta=0.543$，$p<0.001$），可以解释员工合作行为总变异量的 30.4%，假设 H1 成立；模型 M2 显示企业家德行修养对员工合作行为具有显著影响（$\beta=0.481$，$p<0.001$），可以解释员工合作行为总变异量的 24.1%，假设 H1a 成立；模型 M3 显示企业家集体动机对员工合作行为具有显著影响（$\beta=0.534$，$p<0.001$），可以解释员工合作行为总变异量的 29.5%，假设 H1b 成立；模型 M4 显示企业家天下情怀对员工合作行为具有显著影响（$\beta=0.474$，$p<0.001$），可以解释员工合作行为总变异量的 23.0%，假设 H1c 成立。

（二）中介效应检验

本章采用多层线性回归方法验证道德认同和伦理互惠的中介作用。同样，本章也采用巴伦和肯尼（1986）的中介效应分析方法。表 9 – 3 主效应显示，企业家伦理精神及其 3 个维度显著正向影响员工合作行为，条件①得到满足。表 9 – 4 显示企业家伦理精神及其 3 个维度对道德认同和伦理互惠均存在非常显著的影响（模型 M6 ~ 模型 M14），道德认同和伦理互惠均对员工合作行为具有显著正向影响（模型 M15 ~ 模型 M16），条件②③得到满足。下面分别检验道德认同和伦理互惠的中介效应。

在企业家伦理精神对员工合作行为的影响过程中，加入道德认同后，企业家伦理精神的影响效应从 0.543（$p < 0.001$，模型 M1）下降为 0.209（$p < 0.001$，模型 M17），说明道德认同起到了部分中介作用，假设 H2 得到了支持。同理，在企业家的德行修养、集体动机、天下情怀对员工合作行为的影响过程中，加入道德认同后，企业家德行修养的影响效应从 0.481（$p < 0.001$，模型 M2）下降为 0.184（$p < 0.001$，模型 M18），集体动机从 0.534（$p < 0.001$，模型 M3）下降为 0.208（$p < 0.001$，模型 M19），天下情怀从 0.474（$p < 0.001$，模型 M4）下降为 0.143（$p < 0.01$，模型 M20），且下降幅度较大，说明道德认同在以上关系中均起到部分中介作用，假设 H2a、H2b 和 H2c 得到了数据支持。为进一步检验中介效应的稳健性，本章还采用了 Bootstrapping 分析检验中介作用的显著性。基于 1 000 次重复抽样后的 Bootstrapping 分析结果显示，在企业家伦理精神对员工合作行为的影响过程中，道德认同的间接效应达到显著水平，95% 的偏差校正的置信区间为 [0.203，0.543]，该置信区间不包括 0。具体而言，企业家的德行修养、集体动机、天下情怀对员工合作行为的影响过程中，道德认同的间接效应均显著，95% 的偏差校正的置信区间分别为 [0.021，0.246]、[0.021，0.256]、[0.023，0.269]，置信区间均不含 0。

表 9-4　　多层线性回归（道德认同和伦理互惠的中介效应）

项目	道德认同						伦理互惠							合作行为						
	M5	M6	M7	M8	M9	M10	M11	M12	M13	M14	M15	M16	M17	M18	M19	M20	M21	M22	M23	M24
控制变量																				
GEN	0.118*	0.087	0.100*	0.069	0.107*	-0.045	-0.071	-0.059	-0.079	-0.056	-0.012	0.090	-0.010	-0.009	-0.017	-0.007	0.55	0.069	0.042	0.073
AGE	0.081	0.102*	0.123*	0.088	0.088	-0.205**	-0.187***	-0.171**	-0.199***	-0.198***	0.035	0.176**	0.053	0.059	0.047	0.043	0.148**	0.179**	0.146**	0.143**
EDU	0.020	0.082	0.059	0.034	0.117*	-0.177**	-0.126*	-0.146**	-0.167**	-0.083	0.037	0.124*	0.062*	0.053	0.044	0.065	0.134**	0.127*	0.104*	0.157**
LEV	0.048	0.045	0.037	0.046	0.050	0.148*	0.146**	0.140**	0.147**	0.151**	-0.030	-0.058	-0.026*	-0.030	-0.025	-0.026	-0.028	-0.043	-0.033	-0.028
自变量																				
EL		0.571***					0.468***						0.209***				0.454***			
ELA			0.482***					0.383***						0.184***				0.382***		
ELB				0.552***					0.382***						0.208***				0.444***	
ELC					0.524***					0.511***						0.143**				0.359***
中介变量																				
MI											0.706***		0.586***	0.616***	0.590***	0.632***				
ER												0.412***					0.191***	0.260***	0.235***	0.225***
R^2	0.020	0.342	0.250	0.322	0.285	0.049	0.266	0.195	0.194	0.302	0.500	0.173	0.529	0.526	0.530	0.515	0.330	0.295	0.339	0.265
ΔR^2	0.020	0.322***	0.230***	0.302***	0.265***	0.049**	0.217***	0.145***	0.144***	0.253***	0.488***	0.161***	0.226***	0.514***	0.518***	0.503***	0.318***	0.283***	0.327***	0.253***

注：GEN = 性别，AGE = 年龄，EDU = 受教育程度，LEV = 职务层级，EL = 企业家伦理精神，ELA = 德行修养，ELB = 集体动机，ELC = 天下情怀，MI = 道德认同，ER = 伦理互惠。N = 352，+表示 $p < 0.1$，*表示 $p < 0.05$，**表示 $p < 0.01$，***表示 $p < 0.001$，双尾检验。

在企业家伦理精神对员工合作行为的影响过程中，加入伦理互惠后，企业家伦理精神的影响效应从 0.543（$p<0.001$，模型 M1）小幅下降为 0.454（$p<0.001$，模型 M21），说明存在部分中介作用。在企业家的德行修养、集体动机、天下情怀对员工合作行为的影响过程中，加入伦理互惠后，企业家德行修养的影响效应从 0.481（$p<0.001$，模型 M2）下降为 0.382（$p<0.001$，模型 M22），集体动机从 0.534（$p<0.001$，模型 M3）下降为 0.444（$p<0.001$，模型 M23），天下情怀从 0.474（$p<0.001$，模型 M4）下降为 0.359（$p<0.001$，模型 M24）。从以上数据可以看出，加入伦理互惠这一中介变量后，中介作用达到非常显著水平，假设 H3、H3a、H3b 和 H3c 得到一定支持。为进一步检验中介效应的稳健性，本章还采用了 Bootstrapping 分析检验中介作用的显著性。基于 1 000 次重复抽样后的 Bootstrapping 分析结果显示，企业家伦理精神对员工合作行为的影响过程中，伦理互惠的间接效应显著，95% 的偏差校正的置信区间为［0.127，0.380］，该置信区间不包括 0。具体而言，企业家的德行修养、集体动机、天下情怀对员工合作行为的影响过程中，伦理互惠的间接效应均显著，95% 的偏差校正的置信区间分别为［0.165，0.318］、［0.168，0.321］、［0.184，0.351］，置信区间均不含 0。

（三）调节效应检验

本章采用多层线性回归方法检验组织声誉的调节作用。假设 H4 认为，组织声誉在企业家伦理精神与员工道德认同的关系中起正向调节作用。由表 9－5 可以看出，交互项“企业家伦理精神 × 组织声誉”对道德认同显著正相关（$\beta=0.129$，$p<0.01$），即企业家伦理精神对道德认同的正向影响在高组织声誉的情况下要比低组织声誉的情况下更强烈，假设 H4 得到支持。数据分析显示，交互项“企业家伦理精神 × 组织声誉”对伦理互惠不存在显著相关（$\beta=0.001$，ns），假设 H5 未得到数据支持。

表 9 - 5　　多层线性回归（组织声誉的调节效应）

项目	道德认同		伦理互惠	
	M1	M2	M3	M4
截距项	3.523	3.298	4.642	4.423
控制变量				
性别	0.118 *	0.100 *	-0.045	-0.060
年龄	0.081	0.139 **	-0.205 **	-0.140 **
教育程度	0.020	0.088 +	-0.177 **	-0.120 **
职务级别	0.048	0.009	0.148 *	0.077 +
自变量				
企业家伦理精神		0.461 ***		0.126 **
组织声誉		0.304 ***		0.619 ***
交互项				
企业家伦理精神 × 组织声誉		0.129 **		0.001
R^2	0.20	0.416	0.49	0.529
ΔR^2	0.20	0.396 ***	0.49 **	0.479 ***

注：N = 352，* 表示 $p < 0.05$，** 表示 $p < 0.01$，*** 表示 $p < 0.001$，双尾检验。

根据爱德华和兰伯特提出的被调节的中介效应模型（Edwards and Lambert，2007），本章认为组织声誉也调节了道德认同在企业家伦理精神与员工合作行为关系的中介作用，在假设 H4 的基础上，进一步提出了假设 H6。本章运用 Bootstrapping 技术从整体上验证被调节的中介效应模型。其中，阶段一是指从企业家伦理精神到道德认同，阶段二是指道德认同到员工合作行为，直接效应是指从企业家伦理精神到员工合作行为，间接效应是指阶段一与阶段二的乘积。

由表 9 - 5 可以看出，组织声誉低时第二阶段的正向影响不显著（$\beta = 0.178$，$p > 0.05$），组织声誉高时第二阶段的正向影响也不显著（$\beta = 0.230$，$p > 0.05$），同时两者不具有显著差异（$\beta = 0.052$，$p > 0.05$）。而组织声誉低时第一阶段的正向影响显著（$\beta = 0.047$，$p <$

0.05)，组织声誉高时第一阶段的正向影响也显著（β=0.260，p<0.01），同时第一阶段在组织声誉高和低时的差异也显著（β=0.213，p<0.05）。据此，组织声誉的调节作用主要体现在从企业家伦理精神到道德认同的路径中，是第一阶段的被调节中介效应模型。

从表9-6的直接与间接效应检验结果可以看出，低水平组织声誉和高水平组织声誉在直接效应上不具有显著差异（β=0.195，p>0.05），而在间接效应上则具有显著差异（β=0.098，p<0.01）。由此可见，组织声誉对道德认同在企业家伦理精神与员工合作行为关系中的中介效应具有显著的调节作用，即组织声誉调节了企业家伦理精神通过道德认同对员工合作行为产生的间接影响，假设H6得到支持。

表9-6　被调节的中介效应检验

调节变量	阶段		效应	
	第一阶段	第二阶段	直接效应	间接效应
组织声誉低	0.047*	0.178	0.375	0.021
组织声誉高	0.260**	0.230	0.570	0.119*
差异	0.213*	0.052	0.195	0.098**

注：N=352，*表示p<0.05，**表示p<0.01，***表示p<0.001，双尾检验；自变量为企业家伦理精神；中介变量为道德认同；因变量为员工合作行为；Bootstrapping=1 000。

同样地，本章在假设H5的基础上，进一步提出了假设H7，认为组织声誉也调节了伦理互惠在企业家伦理精神与员工合作行为关系的中介作用。在前面的调节效应检验中，假设H5并未得到数据支持。为进一步保证检验结果的稳健性，本章运用Bootstrapping技术从整体上验证被调节的中介效应模型。阶段一是指从企业家伦理精神到伦理互惠，阶段二是指伦理互惠到员工合作行为，直接效应是指从企业家伦理精神到员工合作行为，间接效应是指阶段一与阶段二的乘积。

表9-7显示，第一阶段时组织声誉高和低的差异未达到显著水平

（β =0.151，p >0.05），第二阶段时组织声誉高和低的差异也并不显著（β = −0.059，p >0.05）。由此可见，组织声誉没有调节第一阶段和第二阶段的关系，假设 H5 再一次未被支持。进一步分析发现，低水平组织声誉和高水平组织声誉在直接效应上不具有显著差异（β =0.195，p >0.05），在间接效应上也不具有显著差异（β =0.004，ns）。可见，组织声誉对伦理互惠在企业家伦理精神与员工合作行为关系中的中介效应不具有显著的调节作用，假设 H7 未得到数据支持。

表 9 −7　　被调节的中介效应检验

调节变量	阶段		效应	
	第一阶段	第二阶段	直接效应	间接效应
组织声誉低	0.317	0.164	0.375	0.008
组织声誉高	0.468	0.105	0.570	0.012
差异	0.151	−0.059	0.195	0.004

注：N =352，双尾检验；自变量为企业家伦理精神，中介变量为伦理互惠，因变量为员工合作行为；Bootstrapping =1 000。

本章进一步采用艾肯和韦斯特等（Aiken and West et al.）建议的方法（Aiken and West，1991），以组织声誉加减一个标准差，进行曲线斜率的简单估计，绘制了中心化后的交互效应图，结果见图 9 −2 和图 9 −3。图 9 −2 显示，当组织声誉减去一个标准差的情况下，斜率为 0.299（p <0.001），在组织声誉加上一个标准差的情况下，斜率为 0.432（p <0.001），表明组织声誉在企业家伦理精神与道德认同关系中的发挥调节作用，即组织声誉越高，企业家伦理精神对道德认同的正向影响越强烈；图 9 −3 显示了在企业家伦理精神通过道德认同对员工合作行为产生积极影响的间接关系中，组织声誉越高，该间接效应更强。假设 H4 和假设 H6 再次得到了支持。

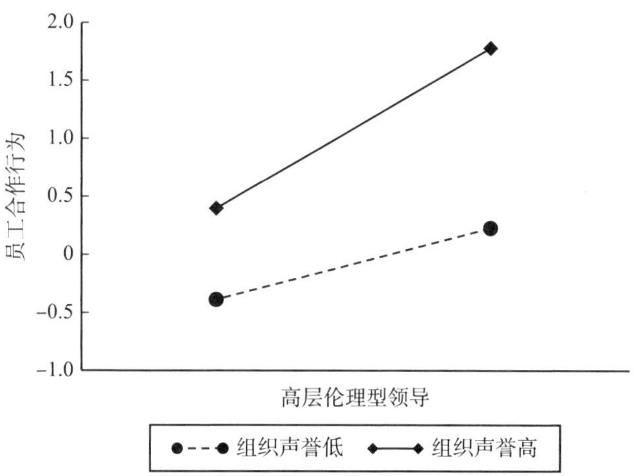

图9－2　组织声誉对“企业家伦理精神→道德认同”直接关系的调节效应

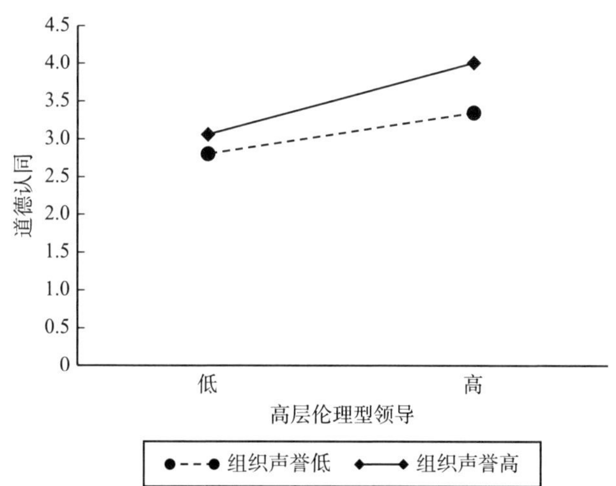

图9－3　组织声誉对“企业家伦理精神→道德认同→员工合作行为”间接关系的调节效应

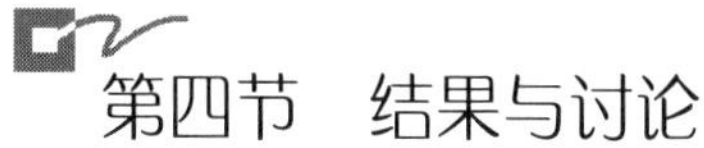

第四节　结果与讨论

本章分析了企业家伦理精神如何通过道德认同和伦理互惠的双重中

介作用对员工合作行为产生影响，并探讨了组织声誉的调节效应。实证分析发现，除了假设 H5 和假设 H7 外，其他研究假设均得到了支持，具体验证结果如表 9 - 8 所示。

表 9 - 8　　假设验证结果总结

假设内容	验证结果
H1：企业家伦理精神对员工合作行为有显著正向影响。	√
H1a：企业家伦理精神的德行修养对员工合作行为有显著正向影响。	√
H1b：企业家伦理精神的集体动机对员工合作行为有显著正向影响。	√
H1c：企业家伦理精神的天下情怀对员工合作行为有显著正向影响。	√
H2：在企业家伦理精神与员工合作行为的关系中，道德认同起到中介作用；	√
H2a：在企业家德行修养与员工合作行为的关系中，道德认同起到中介作用。	√
H2b：在企业家集体动机与员工合作行为的关系中，道德认同起到中介作用。	√
H2c：在企业家天下情怀与员工合作行为的关系中，道德认同起到中介作用。	√
H3：在企业家伦理精神与员工合作行为的关系中，伦理互惠起到中介作用。	√
H3a：在企业家德行修养与员工合作行为的关系中，伦理互惠起到中介作用。	√
H3b：在企业家集体动机与员工合作行为的关系中，伦理互惠起到中介作用。	√
H3c：在企业家天下情怀与员工合作行为的关系中，伦理互惠起到中介作用。	√
H4：组织声誉在企业家伦理精神与员工道德认同的关系中起调节作用，即企业家伦理精神对道德认同的正向影响在高组织声誉的情况下要比低组织声誉的情况下更强烈。	√
H5：组织声誉在企业家伦理精神与员工伦理互惠的关系中起调节作用，即企业家伦理精神对伦理互惠的正向影响在高组织声誉的情况下要比低组织声誉的情况下更强烈。	×
H6：组织声誉调节了企业家伦理精神通过道德认同对员工合作行为产生的间接正向影响。	√
H7：组织声誉调节了企业家伦理精神通过伦理互惠对员工合作行为产生的间接正向影响。	×

研究结果表明，中国企业家伦理精神对员工合作行为有显著正向影

响，其中道德认同和伦理互惠起到并列中介作用，且组织声誉发挥了一定的调节作用。具体可归结为以下 3 条重要结论：

（1）中国企业家伦理精神能显著提高员工的道德认同感，进而激发他们的合作行为。员工道德认同是企业家伦理精神作用于员工合作行为的重要中介。道德认同是个体对某种道德体系所形成的认知、情感和态度的高度一致性，在这一过程中个人将产生认可、亲切等积极情绪，并将自身所欣赏的对象作为行为典范来要求自身。企业家的伦理态度和行为容易激发员工积极的认同情感，促使他们自觉遵循企业家的期待来规范自身行为，所以不难看到即使是在自身利益受到威胁的情况下员工也会表现出利他的合作行为。简言之，企业家伦理精神实现了"以德化人"。

（2）中国企业家伦理精神会提高员工的伦理互惠意愿，进而促使他们做出合作行为。员工伦理互惠是企业家伦理精神作用于员工合作行为的另一个重要中介。近年来管理学者逐渐摒弃了性善或性恶的绝对人性观点，人性复杂论成为管理人性观的前提。所以在管理实践中，要充分考虑和满足员工自身发展、追求美好生活的合理诉求，不能一味妄求通过激发员工内心的"善意"来实现管理目的。根据社会交换理论，互惠是各种社会文化中最为稳固坚实的心理契约（Dabos and Rousseau，2004），它不强调个人无私付出、不求回报的情绪损耗，所以极具可持续性。企业家伦理精神以实际行动关怀、爱护员工，会向组织成员传递积极的伦理讯号，即公司不会辜负为组织发展做出贡献的员工。在这种情况下，组织—成员互惠/领导—成员互惠形成良性循环，员工自然乐意表现出合作行为。

（3）企业家伦理精神引起员工道德认同的路径中，组织声誉是促使员工产生这一积极社会情感的关键促成要素。本章的研究结果显示，组织声誉正向调节了企业家伦理精神与员工道德认同的关系，说明了组织声誉越高，越强化了企业家伦理精神对员工道德认同感的积极影响。企业家一定程度上已成为组织的象征，组织声誉越高的企业组织"光环”愈加明显，员工更加倾向于将其归结于企业家的领导有方。所以，组织声誉越高的企业，企业家伦理精神越容易得到组织成员的追随，这种追随可能夹杂着员工对领导魅力的认可和对公司向好发展带来的荣誉感和自豪感。此外，本章本来预期企业家伦理精神与员工伦理互惠的关系会受到组织声誉的调节，然而数据结果并不支持，说明组织声誉的高低并不影响企业家伦理精神对员工伦理互惠的积极影响。对这一结果，可能的解释是，伦理互惠是自身多大程度上愿意基于对方的行为表现给予积极反馈的认知判断，与对方有直接接触可提高个体对对方行为倾向预测的心理安全感和结果准确性。组织声誉更多的是一种抽象性存在，更多的是外部利益相关者眼中的组织形象，员工难以据此搜集组织是否做出互惠行为的具体线索。因此，无论组织声誉如何，员工伦理互惠的意向更多的是来自对企业家行为表现的判断。

第十章

中国企业家伦理精神对组织社会治理的影响研究

企业经营的本质是盈利，追求利润最大化是企业发展的根本动力，所以一直以来组织绩效是学者们的研究重点，很少关注组织的社会功能及其影响。近年来随着组织公民建设的推进，公众对组织的社会价值和功能提出了更高要求（Chen et al.，2008），关于企业本质的讨论也发生了质的变化，人们逐渐发现企业嵌入特定的社会结构，是具有整合经济与社会功能的社会单元（李伟阳，2010）。尤其是党的十八大以来，打造共建共治共享的新型社会治理格局已是中国经济社会发展趋势，中国民营企业由之前的社会治理对象转变为社会治理主体，成为中国多元治理结构中不容忽视的力量。随着民营经济的发展，民营企业在经济社会中的作用逐渐凸显，直接表现为参与到政策制定和社会治理过程中来（何轩、马骏，2018）。企业这些社会治理行为背后有着复杂的经济、政治及社会心理原因，揭示这一“黑箱”，引导规范企业有序有效地参与到社会治理中来，对于企业自身可持续发展，为建设新时代中国美好生活有着重要的助推作用。

企业家位于组织层级顶端，兼顾内部和外部利益相关者，对组织伦理战略的制定有着至关重要的作用，势必会影响组织在社会中的功能发挥（Resick et al.，2009）。但遗憾的是，当前学术界较少关注企业家特征对组织社会治理行为的影响，尤其是企业家伦理价值观的作用（Rosnan et al.，2013）。即使是少量的相关研究，也是从西方经济人假设的基础上展开，认为组织参政议政或从事慈善公益，最终目的是实现企业利益最大化（Wang and Qian，2011；Maas and Liket，2011），如王和科菲（Wang and Coffey）研究发现董事会构成（股权结构、性别比或少数民族占比）对组织慈善行为产生影响（Wang and Coffey，1992）；戈弗雪（Godfrey）认为组织慈善行为背后是因为它将为股东财富积累带来积极影响（Godfrey，2005），戈德贝和福布伦（Gardberg and Fambrun）也指出企业的社会公民行为是为了获得无形资产，有利于增加竞争砝码、克服贸易壁垒、促进全球化（Gardberg and Fombrun，2006）。这一系列研究距离完全揭开企业社会治理行为的“黑箱”尚有很大余地，除了政治经济因素外，企业家伦理道德要素的影响机理还未被充分挖掘。

第一节 理论基础和研究假设

本书从组织层面出发，试图探讨企业家伦理精神对组织社会治理行为的影响机制。本书认为在这一影响机制中，除了利益计算外，企业家的道德情感和道德自觉也发挥着重要作用。本书对企业家伦理精神与组织社会治理行为的关系研究进行了深化和拓展，主要表现在：第一，聚焦探讨企业家伦理精神对组织政治参与和组织慈善行为的影响，不再局限于组织内部伦理及其对组织绩效结果的关系探讨。之所以选择组织政治参与和组织慈善行为来衡量企业的社会治理行为，主要基于以下两方面原因：一是中国企业家的本土领导效应在于“治国、平天下”，要实现这一“士大夫情结”，儒商往往会采用政治参与和慈善捐赠等方式（Li and Liang，2015）。二是企业参与社会治理过程中政治参与和慈善行为表现最受关注（Li and Liang，2015；左正三，2017），其中组织慈善行为作为企业履行社会责任的最高表现形式，是探讨企业家伦理精神发挥作用的重要效标。第二，本书引入伦理决策神经认知模型解释企业家伦理精神对组织政治参与和组织慈善行为的作用机制。以往研究认为企业或高管之所以采取社会治理行为是为了企业发展壮大和效用最大化而采取的积累社会资本的伦理策略行为（Godfrey，2005；Gardberg and Fombrun，2006）。但现实中却有高管反映他们并不总是如此“精打细算”，有时候是出于“直觉”或“第六感”，认为“应当如此”。因此，本书认为伦理决策神经认知模型的“原型匹配路径”很好地揭示了这一机制，强调企业家道德自觉和内心体验的重要性，而不是以收益计算作为行为决策的唯一依据。

一、伦理决策神经认知框架和本研究模型

大多数伦理情境是模糊的，充满了不确定性和可能性，人们无法总是做出理性计算，所以将道德理性作为伦理决策的唯一或主要方式的观点近年来受到学者们的质疑（Sonenshein，2007；Hartmann et al.，2017）。最早对理性伦理决策观点进行挑战的是利伯曼等（Lieberman et al.，2002），他们认为组织情境中的伦理决策机制存在着两个独立的过程系统，这两个系统相互独立却又高度相关，其中自动匹配系统（reflexive pattern matching system），即 X 系统，存储了大量伦理原型，若刺激与之匹配，个体将自觉形成伦理态度或意向，索恩谢因（Sonenshein，2007）称之为自动情感反应（Sonenshein，2007）；合理分析系统（conscious reasoning system），即 C 系统，个体不会立刻做出决策和采取行动，而是对伦理原型进行修正或分析判断。雷诺（Reynolds）对这两个伦理决策机制中的关键因素进行了厘清，更加清晰地描述了伦理决策的 3 条作用路径，即原型匹配路径、合理分析路径和主动判断路径，形成了伦理决策过程的神经认知模型（Reynolds，2006）。

基于此，本章以伦理决策神经认知模型的原型匹配路径为基础，尝试揭示不同于西方经济人假设的企业家伦理精神对组织政治参与和组织

慈善行为的作用机理。当具有伦理精神的企业家面临是否需要引导组织做出特定伦理决策和行为的情境时，这一情境线索会激活存储于企业家头脑中的伦理原型，即：我是一个有道德的人，我“应该如何做”才符合伦理规范。由于他们头脑中储存有大量相似的伦理原型且被无数次实践证明是正确合理的，促使他们更有信心和底气快速做出决策，本章采用道德效能感对这一心理状态进行衡量，将之视作具有伦理精神的企业家的自动情感反应，体现为企业家自觉调用一切资源实现道德目标的信念和信心。企业组织是否积极参与政治和慈善捐赠等社会治理行为将取决于企业家将其伦理价值观转化为组织意志的信念和能力，道德效能感是衡量企业家这一转化能力的有效指标。此外，哈特曼（Hartmann et al.）对这一原型匹配路径进行了修正，强调了情境反馈和环境启发的重要性，认为伦理决策主体除了在大脑里搜寻原型外，外部环境也会占用一定的情绪资源和认知努力（Hartmann et al.，2017）。莫申江研究发现，伦理型领导和组织声誉共同构成了组织伦理情境，两者存在明显的交互效应，对伦理决策主体的心理状态产生影响（莫申江，2012）。因此，本章选择组织声誉这一环境因素作为调节变量。本章的理论模型详见图 10－1 所示。

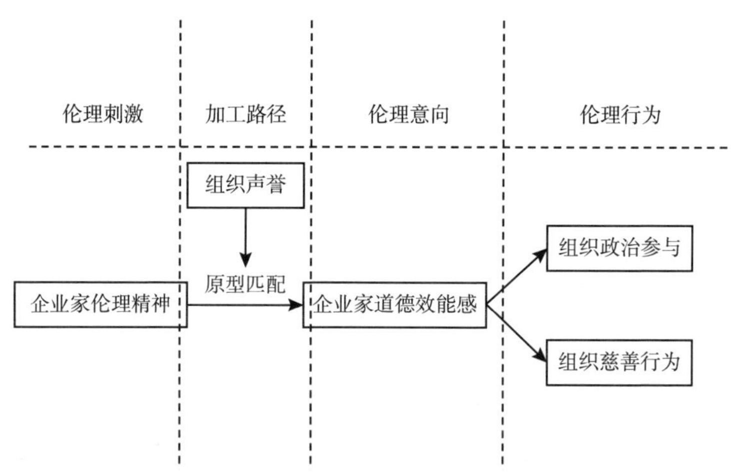

图 10－1　企业家伦理精神对组织社会治理行为的影响机制模型

二、企业家伦理精神与组织政治参与

根据儒家“修—齐—治—平”思想，领导取得一定成功后会积极参与政治，这是伦理领导力发展的体现。正所谓“学优登仕，摄职从政”，要把所学的、所修的东西应用到从政的实践中，从而更好地推行仁义。古时这样，当代亦如此，中国的成功人士很乐意参与政治，企业家当选人大代表或政协委员在当今社会并不鲜见。按照伦理决策神经认知模型的原型匹配路径，受儒家伦理思想影响，“士大夫”形象可能是具有伦理精神的企业家头脑中的原型，一旦情境需要便被激活，所以他们在引导组织政治参与方面可以发挥重要作用。根据高阶理论，作为企业战略决策的主体，企业家背景特征、认知、价值观、经验等会影响企业的政治战略和政治行为（Hambrick and Mason，1984；Blumentritt，2003）。具有伦理精神的企业家至少可通过 3 个途径对组织政治参与产生促进作用：一是提供经济支撑。作为最先富裕起来的社会阶层，高管（尤其是企业家）具有普通人所不具有的经济资本，进而保障了由政治参与所带来的人、财、物投入（罗党论、刘璐，2010；薛有志，2010）。所以企业家更有信心和实力带动组织进行参政议政。二是具有名誉优势。在中国要实现政治参与的合法性和有效性，必须具备一定的群众基础和舆论支持。企业家自身具有良好的德行修养，他们大多是具有一定影响力和话语权的精英人物或意见领袖，因此更有可能当选人大代表或政协委员，进而代表所在企业参政议政。三是政治视野更加开阔。由于组织层级地位较高，企业家具有对所处政治环境更加深刻与透彻的认识，具备一定的政治经验，他们在推动企业参政议政的过程中更易获得成功（Yasuda and Mitsuhashi，2017；Li and Zhang，2007），这也得到国内学者梁燕等人的论证（梁燕、李燕萍，2019）。据此，本章认为：

H8：企业家伦理精神对组织政治参与有显著正向影响。

从企业家伦理精神的具体维度来看，“德行修养”是中国企业家伦理精神的首要内容，回答的是“做什么样的人”的问题。受儒家伦理文化影响，企业家对外界的管理和领导应是以个人的德行修养由内向外推出去的结果，修身的终极目标则是“内圣外王”，而组织政治参与则是企业家实现这一终极目标的重要途径；中国企业家伦理精神也强调“集体动机”，具体表现为以组织集体利益为管理原则。企业家肩负着促进组织发展、提高组织持续盈利能力的重要责任。有研究表明，企业保持适当的政治联结会获得更多的隐性信息和资源，有助于提高组织绩效（张勤，2016；万寿义、刘正阳，2013）。因此，基于组织集体利益最大化原则，企业家会表现出明显的参政意愿或行为，所以我们不乏看到诸多企业高管通过进入各级政协或各级人大，或在公司成立党团组织等方式实现政治参与；“天下情怀”是中国企业家伦理精神最具本土特色的伦理维度，诠释出一种超越世俗功利、钟爱万物的人性本质和泛爱主义。具有伦理精神的企业家渴望将个人财富和成功经验分享给他人、社会和国家（邬爱其、金宝敏，2008），而政治仕途或政治关联是实现这一目标最为合适和高效的方式。在中国政治环境下，那些“乐善好施”“为富而仁”的企业家或高管受到社会赞誉，被选为人大代表或政协委员。综上所述，本章在假设 H8 的基础上提出以下 3 个假设：

H8a：企业家的德行修养对组织政治参与有显著正向影响。

H8b：企业家的集体动机对组织政治参与有显著正向影响。

H8c：企业家的天下情怀对组织政治参与有显著正向影响。

三、企业家伦理精神与组织慈善行为

企业家决定着组织战略的制定和实施，而企业家行为受其认知、价值观、经验等个性特征的影响（Rosnan et al.，2013）。因此，具备高度“伦理精神”的企业家势必会将自身的道德要求与期望纳入组织战略布局中，形成独特的组织伦理系统和伦理文化氛围。笔者在前期的一项研究中也发现，中国本土企业的组织伦理系统是一个兼顾内、外部利益相关者，包括情感导向和工具导向的四维整合概念，即注重员工关怀、强调伦理问责、鼓励价值创造和承担社会责任4个方面（李建玲、刘善仕，2017）。组织慈善行为是企业在履行其社会责任的过程中将一定资金、实物或服务捐赠给需要帮助的对象，是社会责任的最高履行形式（Bruch and Walter，2005），受到高层领导战略决策的直接影响。坎贝尔等（Campbell et al.）认为决策者的社会良知及利他动机是影响企业慈善行为的重要因素，而不做慈善的公司则将其归因于财务因素（Campbell et al.，2005）。韦伯尔和卡特（Werbel and Carter）研究发现企业CEO的个人兴趣对企业的慈善捐赠产生影响（Werbel and Carter，2002）。据此，可以初步推断，企业家伦理精神对组织慈善行为存在着积极的促进作用。

另外，根据伦理决策神经认知模型的原型匹配路径，具有伦理精神的企业家头脑中已储存了一定数量的伦理原型。无论是西方基督教“博爱”精神，还是中国儒家的“仁爱”思想，慈善行为是一种普适性的伦理美德，与企业家已有的伦理原型相吻合。加之，企业家处于组织的最高层级，拥有将个人慈善意志转化为组织慈善行为的可能性，从这一角度来看，组织慈善行为是企业家个体影响力（personal power）泛化的结果，他们期望通过自身行为为他人树立榜样，引导他们做出符合社会伦理规范的亲社会行为，如慈善捐赠。同时，具有伦理精神的企业家将慈善行为视作个人价值实现的途径，对慈善有着强烈的内在动机和价值认同，故而倾向于引导组织和员工从事慈善行为（Gardberg and Fombrun，2006；Mathias et al.，2017）。因此，本章提出以下假设：

H9：企业家伦理精神对组织慈善行为有显著正向影响。

在前文开发的中国企业家伦理精神量表中，“天下情怀”是企业家伦理精神的重要维度，表现为企业家心怀天下、关注社会，并将之渗透于企业运营和员工行为中。慈善行为是企业家伦理精神关怀天下的重要输出结果，会因为企业家的个人意志而转化为组织行为；“德行修养”维度体现了企业家伦理精神对自身较高的道德要求，他们诚实、正直，充满善意，更容易对需要帮助的对象产生同理心（Voegtlin et al.，

2010），他们所领导的企业组织更倾向于发生亲社会行为；就“集体动机”维度而言，企业家伦理精神倡导合作和集体利益，更具大局意识。已有研究表明慈善行为有助于提高组织影响力（Fioravante，2011；Bereczkei et al.，2007），故而看重组织利益的企业家也倾向于引导组织作出慈善行为。综上所述，本章在 H9 基础上提出以下 3 个假设：

H9a：企业家的德行修养对组织慈善行为有显著正向影响。

H9b：企业家的集体动机对组织慈善行为有显著正向影响。

H9c：企业家的天下情怀对组织慈善行为有显著正向影响。

四、道德效能感的中介作用

伦理决策过程的神经认知模型探究伦理主体是“如何”思考的，而不是关注伦理个体在思考“什么”，非常适合探讨企业家伦理精神的具体作用机理。根据该模型，当伦理情境与个体所储备的原型信息相匹配时，将促使其产生符合原型特征的伦理意向或行为。原型的信息附带量很丰富，它会针对具体情境进行信息搜索和组合，实现精准匹配（Reynolds，2006）。具有伦理精神的企业家头脑中存储了大量的伦理原型（如“士大夫”情结），对当时的伦理刺激或情境进行精确描述和评估，指导如何做才符合社会伦理规范，这个过程不仅快速而且精确，企业家将其视为一个“自然而然”的过程和结果，索恩谢因（Sonenschein，2007）将这一过程称为自动情感反应。道德效能感是指个体能够组织和调动内在动机、认知资源、行为方式和行动方案从而达到道德目标的信念和信心（Hannah and Bruce，2010），道德效能感越高，个体越容易做出相应的伦理决策和行为。本章将道德效能感作为具有伦理精神的企业家面临特定伦理情境时所做出的自动情感反应。对于具有伦理精神的企业家而言，政治参与有助于推动政策制定、慈善行为能够帮助他人，皆是利国利民的“善举”，与头脑中的伦理原型高度吻合。因此，当面临是否参政议政或从事慈善公益行为的情境时，他们的道德效能感将被激发，并会调动各种资源实现这一目标。加之，企业家身居组织金字塔顶端，被赋予了充分的职权优势，内在道德信仰与外在职位权力的双重加持共同增加了他们的道德效能感，进而鼓励或引导组织及其成员参政议政或作出慈善行为。据此，本章认为：

H10：在企业家伦理精神与组织政治参与的关系中，道德效能感起到中介作用。

H11：在企业家伦理精神与组织慈善行为的关系中，道德效能感起到中介作用。

由于企业家伦理精神包含德行修养、集体动机和天下情怀 3 个维度，本章进一步提出以下 6 个假设：

H10a：在企业家德行修养与组织政治参与的关系中，道德效能感起到中介作用。

H10b：在企业家集体动机与组织政治参与的关系中，道德效能感起到中介作用。

H10c：在企业家天下情怀与组织政治参与的关系中，道德效能感起到中介作用。

H11a：在企业家德行修养与组织慈善行为的关系中，道德效能感起到中介作用。

H11b：在企业家集体动机与组织慈善行为的关系中，道德效能感起到中介作用。

H11c：在企业家天下情怀与组织慈善行为的关系中，道德效能感起到中介作用。

五、组织声誉的调节作用

根据哈特曼等（Hartmann et al.，2017）的观点，具有伦理精神的企业家之所以对伦理刺激做出快速、自动的情感反应，与其所处环境的启发性也有很重要的关系。当外部环境与企业家头脑中的原型相匹配时，这种情感反应更加自动和顺畅；当外部环境与他们脑中的伦理原型不匹配时，则会消耗一定的情绪资源和认知努力。因此，就企业家伦理精神的效能实现而言，其所处环境的影响效应同样值得重视。基于人—情境匹配视角，越来越多的学者发现，领导决策的影响效果因决策情境的不同呈现出显著差异（Bowen and Ostroff，2004）。相较于西方而言，这种情境影响的效力在中国更为明显，东方集体主义文化注重其所在组织或社区主张的行为价值导向，当社会舆论和价值导向与企业家价值观相匹配时，更加坚定其伦理决策的信心。组织声誉作为表征组织整体道德水平的重要指标，是利益相关者根据自身直接经验（企业满足其需求和期望程度的感知）、口碑、媒体报道等方面对企业做出的全面评价（Gotsi and Wilson，2001）。组织声誉为企业发展创设了一定的外部舆论环境，这一情境线索被企业家及其成员所感知，构成了企业家决策的心理环境。当组织声誉高时，利益相关者对企业的整体道德水平做出积极评价，这种社会赞许性进一步强化了企业家维护企业形象和品牌的信心；当组织声誉低时，外界对企业的负面评价可能会消耗企业家的情绪资源和认知努力，进而对道德效能感产生影响。据此，本章提出以下假设：

H12：组织声誉在企业家伦理精神与道德效能感的关系中起调节作用，即企业家伦理精神对道德效能感的正向影响在高组织声誉的情况下要比低组织声誉的情况下更强烈。

六、被调节的中介效应

将调节作用和中介作用的整体效应纳入同一模型对于理解变量间的具体作用机理更为全面和科学。前面已经提出了道德效能感在企业家伦理精神—组织政治参与关系和企业家伦理精神—组织慈善行为关系里发挥中介作用，组织声誉对企业家伦理精神与道德效能感的关系起调节作用。根据专家们提出的被调节的中介效应模型（Edwards and Lambert，2007），本章认为组织声誉也调节了道德效能感在企业家伦理精神—组织政治参与、企业家伦理精神—组织慈善行为两个关系的中介作用。

社会治理现代化视域下，企业的社会治理行为不仅被视为国家权利的让渡，也是企业主体性地位的觉醒，主动承担社会责任（Stenmark and Mumford，2011）。这样看来，作为非法律强制性行为，政治参与和慈善捐赠是企业为了成为良好社会公民而自愿承担的一种自由裁量责任，企业家的主体性意识至关重要。有研究发现，组织声誉和个人声誉的互动是维系社会经济组织运行的关键因素，组织声誉对组织高管具有激励效应，一个组织的声誉租金越高，这个组织的高管就会越诚实可靠。因此，组织声誉的高低，会直接影响企业家的道德效能感，进而影响其所在组织的政治参与和慈善行为。具体来说，对于一个具有较高组织声誉的企业而言，企业家伦理精神对道德效能感的积极影响越大，企业家伦理精神对组织政治参与/组织慈善行为的间接影响就越大；相反，对于组织声誉低的企业而言，企业家伦理精神对道德效能感的积极影响越小，企业家伦理精神对组织政治参与/组织慈善行为的间接影响就越小。基于上述分析，本章提出以下假设：

H13：组织声誉调节了企业家伦理精神通过道德效能感对组织政治参与产生的间接影响。

H14：组织声誉调节了企业家伦理精神通过道德效能感对组织慈善行为产生的间接影响。

第二节　研究方法与设计

一、样本选择

本章研究样本的选择需重点考虑两个方面的问题：一是选择哪些企业？二是由谁来填答调查问卷？本章采用纵向数据样本，且研究主体是企业家，依靠个人力量难以实现样本的规模化和调研的持续性。因此，为保证调研效果，本章通过政府机构（省工商界联合会和团省委青年发展部）和校友企业联盟联系企业，在详细介绍调研要求后企业表达出较高的配合意愿，才纳入调研样本，最终选择了 112 家企业，行业涉及建筑、餐饮、环保、医药、酒店等领域。

本章探讨的是企业家伦理精神对组织政治参与和组织慈善行为的影响，该命题与企业战略相关且属于企业运营行为。因此，为了保证对相关概念的准确理解，调查对象必须是对企业有全局性了解的企业高层领导和与之有紧密联系的，且受教育程度较高的相关人员。为避免共同方法偏差，本章采用高管—直接下级配对样本。据此，本章确定的第一类调研对象为企业家，具体包括企业实际控制人、董事长或总经理。第二类调研对象是与企业家有紧密联系的直接下级，他们对公司整体情况也比较熟悉，如秘书或助理。在本次调研的 189 个秘书或助理样本中，平均年龄为 33.03 岁；男性占比为 55.42%，女性占比为 44.58%；大专及以下学历的占比 46.99%，本科占比 48.80%，研究生占比 4.22%；在本次调研的 189 个高管样本中，平均年龄为 46.67 岁；男性占比为 76.50%，女性占比为 23.50%；大专及以下学历的占比 31.93%，本科占比 42.17%，研究生占比 25.90%。

二、研究程序

本章严格设计数据收集程序，在数据收集之前，让公司人力资源部门负责人提供企业家及其助理或秘书的姓名，让企业家及其助理或秘书通过线上问卷分别进行填答，最后进行匹配。为保证问卷填答的质量，降低被访者的社会赞许倾向和印象粉饰，在指导语上明确提示“个人信息仅用作后续问卷配对使用，且调查结果将直接进入调研组后台数据库，不对任何人公开，请放心填写。若您填答真实有效，课题组将通过微信随机分配 2～20 元红包以示谢意，请自愿留下您的微信号__________”等内容。问卷数据发现，绝大多数员工留下了自己的姓名和微信号，一定程度上说明了他们对调研结果的保密性持有信心，进一步确保了问卷填答的真实性。

数据收集工作历时两个多月完成（2019 年 2 月初至 2019 年 4 月中旬），分为三个时间段进行数据搜集。（1）2019 年 2 月 4 日至 9 日：对企业家秘书或助理进行调研，填答公司基本信息（公司成立时间、员工规模等）、个人基本信息、企业家伦理精神量表和组织声誉等相关问题；（2）2019 年 3 月 5 日至 10 日：对上一阶段接受调研的秘书或助理的企业家进行调研，填答企业家基本信息、道德效能感等相关问题；（3）2019 年 4 月 8 日至 12 日：对企业家进行调研，填答组织慈善行为和组织政治参与等相关问题。

三、研究变量及其测量

本章涉及 6 类变量：企业家伦理精神、组织声誉、道德效能感、组织慈善行为、组织政治参与以及控制变量。除了控制变量外，其余变量均采用五点评分量表（1 ~ 5 分别代表“非常不符合”至“非常符合”）。企业家伦理精神量表由本章开发，其余量表采用西方成熟量表，通过 3 人英汉互译，相互对比，择优选择。

（一）企业家伦理精神

使用本研究开发的本土量表，包括德行修养（4 个条目）、集体动机（6 个条目）和天下情怀（5 个条目）三个维度，共有 15 个题项。具体条目如“他/她为人正直，并引导员工也要正直做事”“他/她强调集体利益，并要求员工要小我服从大我”和“他/她关心社会疾苦，并动员公司和员工参与帮扶”。当前学者们经常让直接下级对伦理型领导进行评价，所以本研究的企业家伦理精神量表由其直接下级，如企业家助理或秘书进行填答。该量表的 Cronbach's α 为 0.938。

（二）道德效能感

使用汉姆和布鲁斯（Hannah and Bruce，2010）开发的道德效能感量表，共5个条目。具体条目如“面对他人有不道德行为时，我会想办法解决问题”“我相信我会与他人一起解决道德争议”，由企业家填答。该量表的Cronbach's α为0.805。

（三）组织慈善行为

使用布拉姆和明林顿（Brammer and Millington，2005）开发的组织慈善行为量表，共2个条目。具体条目如“公司积极进行社会爱心捐助”和“公司经常组织大家从事社会公益活动”，由企业家填答。该量表的Cronbach's α为0.769。

（四）组织政治参与

企业政治关联往往依托于企业高管的政治背景及其身份级别，当前大多数研究采用高管政治参与性来表征组织的政治参与水平。目前对于组织政治参与的测量主要有两种方式：一是以企业家是否具有政治背景作为组织政治参与的衡量标准，具体表现为企业家的政治身份，是否党员？是否是人大代表？是否是政协委员？这些政治身份都是实际发生的，且有迹可循。二是就企业家政治参与动机、意愿或行为倾向进行调查，这种情况下企业家可能还未获得实际政治身份，但他们表现出强烈的参政意愿。现实情境中，即使企业家对政治参与表现出极大兴趣，能获得实际政治身份的毕竟是少数。同政府组织、国有企事业单位相比，民营企业更不具备天然的政治关联，他们获得政治身份的渠道更加有限。2015年全国工商联民营企业家政治参与及社会责任调查显示，民营企业主政治身份情况与企业发展程度高度相关，注册资本在1 000万元以下的民营企业中，企业主在各级人大和政协的占比基本为零；注册资本在500万元以下的民营企业中，企业主党员身份比例仅为1.8%，但研究进一步发现他们都表现出强烈的参政意愿和行为（李岚，2016）。因此，本研究使用李和梁（2015）开发的高管政治参与量表，用意愿性政治参与条目进行测量。该量表共2个条目，具体条目如“我希望成为人大代表”和“我希望成为政协委员”，由高管填答。该量表的Cronbach's α为0.765。

（五）组织声誉

使用梅尔和阿什福思（1992）开发的组织声誉量表，共8个条目，其中两个条目为反向测试。具体条目如“人们都高度评价这家公司”“这家公司在当地享有盛誉”“其他公司的人也很尊重这家公司”，由企业家助理或秘书填答。该量表的Cronbach's α为0.943。

（六）控制变量

为了控制其他变量对组织政治参与和组织慈善行为的影响，我们选取企业家的个人特征和企业特征作为控制变量。就企业家个人特征而言，包括年龄、性别和教育程度等。就企业特征而言，包括企业成立时间和员工规模。

四、分析方法

本章采用SPSS 18.0和Mplus 7.0对结构方程模型进行检验。

第三节　中国企业家伦理精神影响组织社会治理行为的实证检验

一、模型的拟合度检验

为了检验企业家伦理精神、组织声誉、道德效能感、组织慈善行为和组织政治参与的区分效度。本章比较了一因素模型（所有项目测的是同一个因素）、二因素模型（企业家伦理精神、组织声誉和道德效能感测的是同一个因素，组织慈善行为和组织政治参与测的是另一个因素）、三因素模型 a（企业家伦理精神和组织声誉测一个因素，道德效能感测一个因素，组织慈善行为和组织政治参与测一个因素）、三因素模型 b（企业家伦理精神和道德效能感测一个因素、组织声誉测一个因素、组织慈善行为和组织政治参与测一个因素）、四因素模型 a（企业家伦理精神和组织声誉测一个因素，道德效能感测一个因素，组织慈善行为测一个因素，组织政治参与测一个因素）、四因素模型 b（企业家伦理精神和道德效能感测一个因素，组织声誉测一个因素，组织慈善行为测一个因素，组织政治参与测一个因素）和五因素模型（企业家伦理精神、组织声誉、道德效能感、组织慈善行为和组织政治参与各测一个因素）。表 10 - 1 的结果表明，五因子模型的数据拟合效果最为理想（X^2/df = 1.890，RMSEA = 0.069，CFI = 0.902，TLI = 0.880，SRMR = 0.084）。由于竞争模型比较之目的在于从可能的竞争模型中选择最优，因此并不需要严格遵循验证性因子分析的拟合标准。所以，可以运用该模型来进行下一步的假设检验。

表 10 - 1　　竞争模型拟合效果比较

模型	X^2	df	X^2/df	RMSEA	CFI	TLI	SRMR
五因子模型（EL，OR，ME，PP，OP）	770.966	408	1.890	0.069	0.902	0.880	0.084
四因子模型 a（EL + OR，ME，PP，OP）	805.638	412	1.955	0.071	0.893	0.872	0.093
四因子模型 b（EL + ME，OR，PP，OP）	1 028.117	412	2.495	0.089	0.833	0.799	0.098
三因子模型 a（EL + OR，ME，PP + OP）	814.407	415	1.962	0.071	0.892	0.871	0.092

续表

模型	X^2	df	X^2/df	RMSEA	CFI	TLI	SRMR
三因子模型 b （EL + ME，OR，PP + OP）	1 029.471	415	2.481	0.089	0.833	0.801	0.098
二因子模型 （EL + OR + ME，PP + OP）	1 036.425	417	2.485	0.089	0.832	0.800	0.099
单因子模型 （EL + OR + ME + PP + OP）	1 039.659	418	2.487	0.089	0.831	0.800	0.099

注：N = 189，EL = 企业家伦理精神，OR = 组织声誉，ME = 道德效能感，PP = 组织政治参与，OP = 组织慈善行为。

二、描述性统计、相关性和信度分析

本章首先对控制变量和关键变量进行描述性统计和相关分析，呈现了它们的均值、标准差和相关系数（如表 10 - 2 所示）。企业家伦理精神与组织政治参与显著正相关（$r = 0.408$，$p < 0.01$），与组织慈善行为显著正相关（$r = 0.535$，$p < 0.01$），与道德效能感显著正相关（$r = 0.320$，$p < 0.01$）；道德效能感与组织政治参与显著正相关（$r = 0.366$，$p < 0.01$），与组织慈善行为显著正相关（$r = 0.352$，$p < 0.01$）。这为本章进一步论证假设提供了基本前提。

本章采用内部一致性系数 Cronbach's Alpha 来检验问卷的信度。从表 10 - 2 对角线数据可以看出，企业家伦理精神的内部一致性系数为 0.938，组织声誉为 0.943，道德效能感为 0.805，组织政治参与为 0.765，组织慈善行为为 0.769，各量表的信度系数介于 0.765 ~ 0.943，组织政治参与和组织慈善行为由于题项较少呈现出较低的信度系数，但是均在可接受的范围内。因此，各量表均具有良好的可靠性。

表 10－2　　描述性统计、相关性和信度分析

项目	均值	标准差	1	2	3	4	5	6	7	8	9	10
1. 性别	1.08	0.271	—									
2. 年龄	5.46	1.514	-0.141	—								
3. 教育程度	2.77	0.757	-0.091	-0.017	—							
4. 组织成立年限	6.26	1.352	-0.296**	0.319**	-0.048	—						
5. 员工规模	172.35	23.846	0.205**	-0.086	0.155*	0.022	—					
6. 企业家伦理精神	4.467	0.513	-0.258**	-0.052	0.040	0.230**	-0.115	**0.938**				
7. 组织声誉	3.945	0.704	-0.256**	-0.190**	0.028	0.093	0.035	0.477**	**0.943**			
8. 道德效能感	4.350	0.439	-0.315**	-0.042	0.051	0.186*	-0.166**	0.320**	0.435**	**0.805**		
9. 组织政治参与	3.947	0.571	0.133	-0.079	0.116	0.094	-0.072	0.408**	0.335**	0.366**	**0.765**	
10. 组织慈善行为	4.016	0.709	-0.163*	-0.316*	-0.007	0.287**	0.084	0.535**	0.536**	0.352**	0.475**	**0.769**

注：N = 189，* 表示 $p<0.05$，** 表示 $p<0.01$，*** 表示 $p<0.001$，双尾检验，对角线是 Cronbach's Alpha 系数。

三、共同方法偏差检验

本章采用哈曼（Harman）单因素方法对可能存在的共同方法偏差进行检测。把企业家伦理精神（15 题）、组织声誉（8 题）、道德效能感（5 题）、组织政治参与（2 题）和组织慈善行为（2 题）的所有题项进行探索性因子分析，未旋转的分析结果显示，共析出 6 个因子，其中第一个因子的变异解释率为 37.912%，未占绝大多数。因此，本章数据中的共同方法偏差问题并不严重。

四、假设检验

（一）主效应检验

假设 H8 认为，企业家伦理精神对组织政治参与有显著正向影响。在此基础上，假设 H8a、H8b 和 H8c 进一步指出，企业家伦理精神的三个维度德行修养、集体动机和天下情怀都对组织政治参与有显著正向影响。表 10－3 的回归分析结果显示，在控制了企业家性别、年龄、教育程度、组织成立年限和员工规模之后，企业家伦理精神（模型 M1：$\beta=0.440$，$p<0.001$）、德行修养（模型 M2：$\beta=0.390$，$p<0.001$）、集体动机（模型 M3：$\beta=0.373$，$p<0.001$）和天下情怀（模型 M4：$\beta=0.409$，$p<0.001$）都能显著预测组织政治参与。而且 ΔR^2（各个模型与 M0 对比后的 R^2 增量）都在 0.001 的水平上显著。据此，假设 H8、H8a、H8b、H8c 得到数据支持。

假设 H9 认为，企业家伦理精神对组织慈善行为有显著正向影响。在此基础上，假设 H9a、H9b 和 H9c 进一步指出，企业家伦理精神的三个维度德行修养、集体动机和天下情怀都对组织慈善行为有显著正向影响。表 10－3 的数据结果显示，在控制了企业家性别、年龄、教育程

表 10－3 主效应检验结果

项目	组织政治参与					组织慈善行为				
	M0	M1	M2	M3	M4	M5	M6	M7	M8	M9
控制变量										
性别	0.226**	0.308***	0.307***	0.270***	0.302***	－0.125+	－0.041	－0.039	－0.080	－0.049
年龄	－0.125+	－0.055	－0.075	－0.068	－0.063	－0.454***	－0.381***	－0.401***	－0.395***	－0.391***
教育程度	0.169*	0.148*	0.141*	0.159**	0.156*	－0.017	－0.039	－0.047	－0.027	－0.030
组织成立年限	0.213**	0.112	0.141+	0.124+	0.132+	0.393***	0.289***	0.316***	0.302***	0.311***
员工规模	－0.160*	－0.115+	－0.142**	－0.107	－0.126+	0.064	0.111+	0.084	0.119*	0.098+
自变量										
企业家伦理精神		0.440***					0.453***			
德行修养			0.390***					0.413***		
集体动机				0.373***					0.382***	
天下情怀					0.409***					0.410***
R^2	0.091	0.261	0.227	0.215	0.241	0.282	0.462	0.435	0.413	0.433
ΔR^2	0.091**	0.170***	0.136***	0.124***	0.150***	0.282***	0.180***	0.153***	0.131***	0.151***

注：N＝189。＋表示 $p<0.1$，＊表示 $p<0.05$，＊＊表示 $p<0.01$，＊＊＊表示 $p<0.001$。

度、组织成立年限和员工规模之后，组织慈善行为都能被4个自变量显著预测：企业家伦理精神（模型M6：$\beta=0.453$，$p<0.001$）、德行修养（模型M7：$\beta=0.413$，$p<0.001$）、集体动机（模型M8：$\beta=0.382$，$p<0.001$）和天下情怀（模型M9：$\beta=0.410$，$p<0.001$）。而且ΔR^2（各个模型与模型M5对比后的R^2增量）都在0.001的水平上显著。由此，假设H9、H9a、H9b、H9c也得到了数据支持。

（二）中介效应检验

假设H10认为，在企业家伦理精神与组织政治参与的关系中，道德效能感起到中介作用。同时，企业家伦理精神3个维度德行修养、集体动机和天下情怀对组织政治参与的影响路径中，假设H10a、H10b、H10c认为道德效能感在其中也起到了中介作用。假设H11认为，在企业家伦理精神与组织慈善行为的关系中，道德效能感起到中介作用。同时，企业家伦理精神3个维度德行修养、集体动机和天下情怀对组织慈善行为的影响路径中，假设H11a、H11b、H11c认为道德效能感在其中也起到了中介作用。

本章采用多层线性回归方法验证道德效能感在以上关系中的中介作用。根据巴伦和肯尼（Baron and Kenny，1986）的建议，中介作用需满足以下条件：（1）自变量显著预测因变量；（2）自变量显著预测中介变量；（3）中介变量显著影响因变量；（4）同时纳入自变量和中介变量时，中介效应仍然显著，而自变量的影响减弱或消失。表10-3主效应显示，企业家伦理精神及其3个维度显著正向影响组织政治参与和组织慈善行为，条件（1）得到满足。表10-4多层线性回归数据显示，企业家伦理精神（模型M11：$\beta=0.219$，$p<0.01$）、德行修养（模型M12：$\beta=0.223$，$p<0.01$）、集体动机（模型M13：$\beta=0.149$，$p<0.05$）和天下情怀（模型M14：$\beta=0.214$，$p<0.01$）对道德效能感均存在显著影响，条件（2）得到满足。同时，道德效能感对组织政治参与（模型M15：$\beta=0.416$，$p<0.001$）和组织慈善行为（模型M20：$\beta=$

表 10－4　多层线性回归（道德效能感的中介效应）

项目	道德效能感					组织政治参与					组织慈善行为				
	M10	M11	M12	M13	M14	M15	M16	M17	M18	M19	M20	M21	M22	M23	M24
控制变量															
性别	-0.254**	-0.213**	-0.208**	-0.236**	-0.214**	0.226**	0.379***	0.378***	0.357***	0.375***	-0.125+	-0.003	-0.001	-0.029	-0.009
年龄	-0.14+	-0.105	-0.112	-0.117	-0.108	-0.125+	-0.02	-0.037	-0.026	-0.027	-0.454***	-0.363***	-0.380***	-0.370***	-0.371***
教育程度	0.055	0.045	0.039	0.051	0.048	0.169*	0.133*	0.128*	0.141*	0.140*	-0.017	-0.047	-0.054	-0.038	-0.039
组织成立年限	0.161*	0.111	0.12	0.125	0.118	0.213**	0.075	0.100	0.078	0.091	0.393***	0.269***	0.294***	0.275***	0.289***
员工规模	-0.138+	-0.116	-0.128+	-0.116	-0.120+	-0.160*	-0.076	-0.098	-0.064	-0.085	0.064	0.132*	0.107+	0.145*	0.121*
自变量															
企业家伦理精神		0.219**					0.367***					0.414***			
德行修养			0.223**					0.313***					0.372***		
集体动机				0.149*					0.318***					0.350***	
天下情怀					0.214**					0.336***					0.370***
中介变量															
道德效能感						0.416***	0.333***	0.343***	0.366***	0.340***	0.270***	0.178**	0.184**	0.216***	0.187**
R^2	0.142	0.183	0.186	0.162	0.183	0.091	0.352	0.323	0.328	0.336	0.282	0.488	0.462	0.452	0.462
ΔR^2	0.142***	0.042**	0.044**	0.020*	0.041**	0.091**	0.261***	0.232***	0.237***	0.245***	0.282***	0.206***	0.180***	0.170**	0.180***

注：N＝189。＋表示 $p<0.1$，＊表示 $p<0.05$，＊＊表示 $p<0.01$，＊＊＊表示 $p<0.001$。

0.270，$p < 0.001$）均具有显著正向影响，条件（3）得到满足。下面分析道德效能感的具体中介效应：

在企业家伦理精神对组织政治参与的影响路径中，加入道德效能感后，企业家伦理精神的影响效应从0.440（$p < 0.001$，模型M1）下降为0.367（$p < 0.001$，模型M16），说明道德效能感起到了部分中介作用，假设H10得到了支持。同理，在企业家的德行修养、集体动机、天下情怀对组织政治参与的影响过程中，加入道德效能感后，企业家德行修养的影响效应从0.390（$p < 0.001$，模型M2）下降为0.313（$p < 0.001$，模型M17），集体动机从0.373（$p < 0.001$，模型M3）下降为0.318（$p < 0.001$，模型M18），天下情怀从0.409（$p < 0.001$，模型M4）下降为0.336（$p < 0.01$，模型M19），说明道德效能感在以上关系中均起到部分中介作用，假设H10a、H10b、H10c得到了数据支持。为进一步检验中介效应的稳健性，本章还采用了Bootstrapping分析检验中介作用的显著性。基于1 000次重复抽样后的Bootstrapping分析结果显示，在企业家伦理精神对组织政治参与的影响过程中，道德效能感的间接效应达到显著水平，95%的偏差校正的置信区间为[0.164，0.323]，该置信区间不包括0。具体而言，企业家的德行修养、集体动机、天下情怀对组织政治参与的影响过程中，道德效能感的间接效应均达到显著水平，95%的偏差校正的置信区间分别为[0.191，0.308]、[0.140，0.230]、[0.167，0.265]，置信区间均不含0。

在企业家伦理精神对组织慈善行为的影响路径中，加入道德效能感后，企业家伦理精神的影响效应从0.453（$p < 0.001$，模型M6）下降为0.414（$p < 0.001$，模型M21），说明道德效能感起到了部分中介作用，假设H11得到了支持。同理，在企业家的德行修养、集体动机、天下情怀对组织慈善行为的影响过程中，加入道德效能感后，企业家德行修养的影响效应从0.413（$p < 0.001$，模型M7）下降为0.372（$p < 0.001$，模型M22），集体动机从0.382（$p < 0.001$，模型M8）下降为0.350（$p < 0.001$，模型M23），天下情怀从0.410（$p < 0.001$，模型

M9）下降为0.370（$p<0.01$，模型 M24），说明道德效能感在以上关系中均起到部分中介作用，假设 H11a、H11b、H11c 得到了数据支持。为进一步检验中介效应的稳健性，本章同样采用了 Bootstrapping 分析检验中介作用的显著性。基于1 000 次重复抽样后的 Bootstrapping 分析结果显示，企业家伦理精神对组织慈善行为的影响过程中，道德效能感的间接效应达到显著水平，95% 的偏差校正的置信区间为［0.062，0.115］，该置信区间不包括0。具体而言，企业家的德行修养、集体动机、天下情怀对组织慈善行为的影响过程中，道德效能感的间接效应均达到显著水平，95% 的偏差校正的置信区间分别为［0.161，0.269］、［0.095，0.178］、［0.083，0.150］，置信区间均不含0。

（三）调节效应检验

假设 H12 认为，组织声誉在企业家伦理精神与道德效能感的关系中起调节作用。由表 10－5 显示，交互项“企业家伦理精神 × 组织声誉”对道德效能感显著正相关（模型 M26：$\beta=0.358$，$p<0.001$），证明组织声誉在企业家伦理精神与道德效能感之间起到调节作用。

表 10－5　　　　多层线性回归（组织声誉的调节效应）

项目	道德效能感	
	M25	M26
截距项	6.240	6.528
控制变量		
性别	－0.250**	－0.196**
年龄	－0.153*	－0.084
教育程度	0.053	0.042
组织成立年限	0.173*	0.118+
员工规模	－0.138+	－0.124+

续表

项目	道德效能感	
	M25	M26
自变量		
企业家伦理精神		0.153 *
组织声誉		0.177 ***
交互项		
企业家伦理精神 × 组织声誉		0.358 ***
R^2	0.156	0.358
ΔR^2	0.156 ***	0.066 ***

注：N = 189，+ 表示 p < 0.1，* 表示 p < 0.05，** 表示 p < 0.01，*** 表示 p < 0.001，双尾检验。

在此基础上，我们采用艾肯和韦斯特（1991）等建议的方法，以组织声誉加减一个标准差，进行曲线斜率的简单估计，并绘制了中心化后的交互效应图，结果见图 10 - 2。当组织声誉减去一个标准差的情况下，斜率为 - 0.125（p < 0.05），在组织声誉加上一个标准差的情况下，斜率为 0.477（p < 0.001）。表明在高的组织声誉情况下，企业家伦理精神对道德效能感的正向影响越强烈；在低的组织声誉情况下，企业家伦理精神对道德效能感的影响方向发生了变化，变成了负向影响。因此，组织声誉在企业家伦理精神与道德效能感之间起调节作用，即企业家伦理精神对道德效能感的正向影响在高组织声誉的情况下要比低组织声誉的情况下更强烈。假设 H12 得到进一步支持。

（四）被调节的中介效应检验

根据爱德华和兰伯特（2007）提出的被调节的中介效应模型，本章认为组织声誉也调节了道德效能感在企业家伦理精神—组织政治参与关系和企业家伦理精神—组织慈善行为关系的中介作用。在此基础上，本章进一步提出了假设 H13 和 H14，即组织声誉调节了企业家伦理精神通过道德效能感对组织政治参与产生的间接影响，也调节了企业家伦理精神通过道德效能感对组织慈善行为产生的间接影响。本章运用 Bootstrapping 技术从整体上验证被调节的中介效应模型。

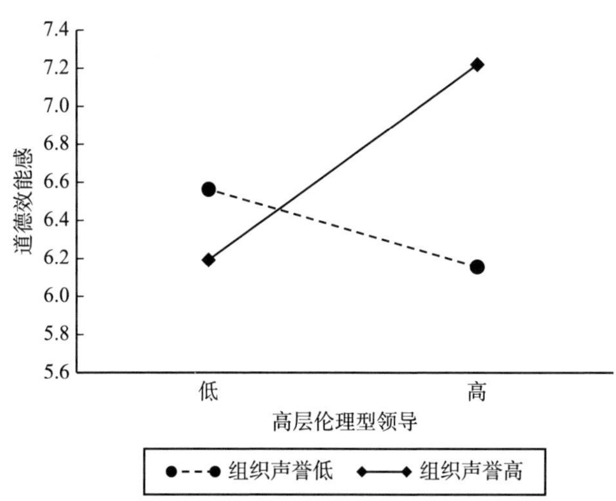

图 10－2　组织声誉对“企业家伦理精神—道德效能感”关系的调节效应

由表 10－6 可以看出，在企业家伦理精神通过道德效能感对组织政治参与产生间接影响的路径中，虽然组织声誉低时第二阶段的负向影响显著（$\beta=-0.140$，$p<0.05$），组织声誉高时第二阶段的正向影响也显著（$\beta=0.331$，$p<0.05$），但两者间不具有显著差异（$\beta=0.471$，$p>0.05$）。而组织声誉低时第一阶段的负向影响显著（$\beta=-0.210$，$p<0.05$），组织声誉高时第一阶段的正向影响也显著（$\beta=0.403$，$p<0.001$），同时第一阶段在组织声誉高和低时的差异也显著（$\beta=0.613$，$p<0.001$）。据此，组织声誉的调节作用主要体现在从企业家伦理精神到道德效能感的路径中，是第一阶段被调节的中介效应模型。

表 10-6　被调节的中介效应检验（企业家伦理精神→组织政治参与）

调节变量	阶段		效应	
	第一阶段	第二阶段	直接效应	间接效应
组织声誉低	-0.210*	-0.140*	-0.307	-0.417*
组织声誉高	0.403***	0.331*	0.110	0.220*
差异	0.613***	0.471	0.417	0.637***

注：N=189，* 表示 $p<0.05$，** 表示 $p<0.01$，*** 表示 $p<0.001$，双尾检验。

从表 10-6 的直接与间接效应检验结果可以看出，低水平组织声誉和高水平组织声誉在直接效应上不具有显著差异（$\beta=0.417$，$p>0.05$），而在间接效应上则具有显著差异（$\beta=0.637$，$p<0.001$）。由此可见，组织声誉对道德效能感在企业家伦理精神与组织政治参与关系中的中介效应具有显著的调节作用，即组织声誉调节了企业家伦理精神通过道德效能感对组织政治参与产生的间接影响，假设 H13 得到支持。

第一阶段是指从企业家伦理精神到道德效能感，第二阶段是指道德效能感到组织政治参与，直接效应是指从企业家伦理精神到组织政治参与，间接效应是指第一阶段与第二阶段的乘积。

由表 10-7 可以看出，在企业家伦理精神通过道德效能感对组织慈善行为产生间接影响的路径中，虽然组织声誉低时第二阶段的负向影响显著（$\beta=-0.094$，$p<0.05$），组织声誉高时第二阶段的正向影响也显著（$\beta=0.490$，$p<0.001$），但两者不具有显著差异（$\beta=0.584$，$p>0.05$）。而组织声誉低时第一阶段的负向影响显著（$\beta=-0.210$，$p<0.05$），组织声誉高时第一阶段的正向影响也显著（$\beta=0.403$，$p<0.001$），同时第一阶段在组织声誉高和低时的差异也显著（$\beta=0.613$，$p<0.001$）。据此，组织声誉的调节作用主要体现在从企业家伦理精神到道德效能感的路径中，是第一阶段被调节的中介效应模型。

表 10 -7　被调节的中介效应检验（企业家伦理精神→组织慈善行为）

调节变量	阶段		效应	
	第一阶段	第二阶段	直接效应	间接效应
组织声誉低	-0.210*	-0.094*	-0.380	-0.452*
组织声誉高	0.403***	0.490***	0.193	0.239*
差异	0.613***	0.584	0.573	0.691***

注：N=189，* 表示 $p<0.05$，** 表示 $p<0.01$，*** 表示 $p<0.001$，双尾检验。第一阶段是指从企业家伦理精神到道德效能感，第二阶段是指道德效能感到组织慈善行为，直接效应是指从企业家伦理精神到组织慈善行为，间接效应是指第一阶段与第二阶段的乘积。

从表 10 -7 的直接与间接效应检验结果可以看出，低水平组织声誉和高水平组织声誉在直接效应上不具有显著差异（$\beta=0.573$，$p>0.05$），而在间接效应上则具有显著差异（$\beta=0.691$，$p<0.001$）。由此可见，组织声誉对道德效能感在企业家伦理精神与组织慈善行为关系中的中介效应具有显著的调节作用，即组织声誉调节了企业家伦理精神通过道德效能感对组织慈善行为产生的间接影响，假设 H14 得到支持。

第四节　结果与讨论

本章聚焦探讨中国企业家伦理精神如何通过道德效能感的中介作用对组织政治参与和组织慈善行为产生影响，并探讨了组织声誉的调节作用。实证研究发现，所有研究假设均得到了支持，具体验证结果如表 10 -8 所示。

表 10 -8　假设检验结果总结

假设内容	验证结果
H8：企业家伦理精神对组织政治参与有显著正向影响。	√
H8a：企业家的德行修养对组织政治参与有显著正向影响。	√

续表

假设内容	验证结果
H8b：企业家的集体动机对组织政治参与有显著正向影响。	√
H8c：企业家的天下情怀对组织政治参与有显著正向影响。	√
H9：企业家伦理精神对组织慈善行为有显著正向影响。	√
H9a：企业家的德行修养对组织慈善行为有显著正向影响。	√
H9b：企业家的集体动机对组织慈善行为有显著正向影响。	√
H9c：企业家的天下情怀对组织慈善行为有显著正向影响。	√
H10：在企业家伦理精神与组织政治参与的关系中，道德效能感起到中介作用。	√
H10a：在企业家德行修养与组织政治参与的关系中，道德效能感起到中介作用。	√
H10b：在企业家集体动机与组织政治参与的关系中，道德效能感起到中介作用。	√
H10c：在企业家天下情怀与组织政治参与的关系中，道德效能感起到中介作用。	√
H11：在企业家伦理精神与组织慈善行为的关系中，道德效能感起到中介作用。	√
H11a：在企业家德行修养与组织慈善行为的关系中，道德效能感起到中介作用。	√
H11b：在企业家集体动机与组织慈善行为的关系中，道德效能感起到中介作用。	√
H11c：在企业家天下情怀与组织慈善行为的关系中，道德效能感起到中介作用。	√
H12：组织声誉在企业家伦理精神与道德效能感的关系中起调节作用，即企业家伦理精神对道德效能感的正向影响在高组织声誉的情况下要比低组织声誉的情况下更强烈。	√
H13：组织声誉调节了企业家伦理精神通过道德效能感对组织政治参与产生的间接影响。	√
H14：组织声誉调节了企业家伦理精神通过道德效能感对组织慈善行为产生的间接影响。	√

研究结果表明，中国企业家伦理精神对组织政治参与和组织慈善行为均产生了显著的积极影响，其中道德效能感起到部分中介作用，且组织声誉发挥了调节作用。具体可归纳为以下四点。

（1）中国企业家伦理精神有助于提高组织政治参与。

假设 H8、H8a、H8b、H8c 都得到了数据的支持，充分说明了企业家伦理精神能显著促进组织政治参与。一方面，中国企业家是组织代理人，他们渴望通过参与政治反映组织的合理诉求，进而为组织发展谋求更好的政策环境；另一方面，也是更为重要的，在中国，政治参与是企业及其高管将组织收益和成功经验惠及大众、贡献社会的重要途径，是他们追求“内圣外王”的重要结果。

（2）中国企业家伦理精神有助于提高组织慈善行为。

假设H9、H9a、H9b、H9c都得到了数据的支持，充分说明了企业家伦理精神能显著促进组织慈善行为。具有伦理精神的企业家具有比一般人更高的道德标准，表现出明显的亲社会行为。组织慈善行为作为组织社会责任的最高形式，是企业家个人价值实现的重要途径，有着强烈的内在动机和价值认同，故而倾向于引导组织和员工从事慈善行为。而且，企业家处于组织的较高层级，拥有将个人慈善意志转化为组织慈善行为的可能性。

（3）道德效能感的中介作用。

假设H10、H10a、H10b、H10c和H11、H11a、H11b、H11c都得到了数据支持，充分说明在企业家伦理精神与组织政治参与、企业家伦理精神与组织慈善行为的关系中，道德效能感都发挥了显著的中介作用。企业家伦理精神促使企业从事更多的社会责任行为，除了为企业赢得社会合法性地位或政策优势外，企业家的道德自觉和内心体验也尤为重要。他们在推动企业组织从事慈善行为或参与政治时不再仅仅是“精打细算”，而是觉得“理应如此”。

（4）企业家伦理精神促进组织政治参与和组织慈善行为的路径中，组织声誉是关键的促成要素。

本章的研究结果显示，组织声誉调节了企业家伦理精神与道德效能感的关系，进而调节了企业家伦理精神通过道德效能感对组织政治参与/组织慈善行为产生的间接影响。组织声誉是衡量组织成功的关键指标，组织成功与否又决定着组织政治参与和组织慈善行为的积极性和可能性（例如，组织声誉差的企业家很难当选人大代表或政协委员），因此组织声誉成为影响企业家伦理决策的关键要素。组织声誉为企业发展创设了一定的外部舆论环境，这一情境线索被企业家及其成员所感知，构成了领导决策的心理环境。当组织声誉高时，利益相关者对企业的整体道德水平做出积极评价，这种社会赞许性进一步强化了企业家维护企业形象和品牌的信心，道德效能感增强。相反，当组织声誉低时，外界对企业的负面评价会占用企业家的情绪资源和认知努力，进而一定程度上降低了道德效能感，所以数据结果显示当组织声誉低时，企业家伦理精神通过道德效能感对组织政治参与和组织慈善行为呈现出负向影响。

参考文献

[1]［美］班杜拉:《社会学习理论》，辽宁人民出版社2015年版。

[2] 毕思斌、张劲松:《论政商关系互动的演变过程与管服”改革对政商关系的影响》，载于《河南师范大学学报（哲学社会科学版)》2020年第47期。

[3]（清）陈确:《陈确集》，中华书局2009年版。

[4] 陈晓萍，等:《组织与管理研究的实证方法》，北京大学出版社2008年版。

[5] 陈晓萍:《走出社会困境：有效诱导合作的心理机制》，北京大学出版社2013年版。

[6]［美］戴维·J. 弗里切:《商业伦理学》，杨斌等译，机械工业出版社1999年版。

[7]［日］稻盛和夫:《京瓷哲学：人生与经营的原点》，周征文译，东方出版社2016年版。

[8] 范恒、周祖城:《伦理型领导与员工自主行为：基于社会学习理论的视角》，载于《管理评论》2018年第30卷第9期。

[9] 费孝通:《乡土中国》，人民出版社2015年版。

[10]［美］费正清:《美国与中国》，世界知识出版社2000年出版。

[11]［德］弗里德里希·包尔生:《伦理学体系》，何怀宏、廖申白译，商务印书馆2021年版。

[12] 高兆明:《心灵秩序与生活秩序：黑格尔〈法哲学原理〉释

义》，商务印书馆2014年版。

［13］高兆明：《心灵秩序与生活秩序：黑格尔〈法哲学原理〉释义》，商务印书馆2015年版。

［14］宫玉振：《铁马秋风集：企业如何向军队学打胜仗》，中信出版社2021年版。

［15］古志辉：《先秦儒家思想：管理学视点的分析》，载于《南开管理评论》1999年第6期。

［16］（明）顾宪成：《泾皋藏稿》，中国社会科学出版社1986年版。

［17］何轩、马骏：《被动还是主动的社会行动者？——中国民营企业参与社会治理的经验性研究》，载于《管理世界》2018年版第34卷第2期。

［18］何自力：《全面建成高水平社会主义市场经济体制》，载于《学习时报》，2024年7月，http：//theory.people.com.cn/n1/2024/0719/c40531－40280883.html.

［19］［德］黑格尔：《法哲学原理》，贺自昭译，仰哲出版社1984年版。

［20］［德］黑格尔：《法哲学原理》，商务印书馆1982年版。

［21］［德］黑格尔：《精神现象学》，商务印书馆1986年版。

［22］黄光国：《人情与面子：中国人的权利游戏》，中国人民大学出版社2010年版。

［23］［德］康德：《道德形而上学》，中国人民大学出版社2007年版。

［24］（宋）黎靖德编：《朱子语类（全五册）》，山东友谊社1993年版。

［25］李建玲、刘善仕：《中国企业伦理型领导的结构特征、伦理渗透与伦理反思——基于Z公司的案例分析》，载于《管理案例研究与评论》2017年第10卷第3期。

［26］李岚：《小微民营企业政治参与研究——以我国中部地区为例》，载于《河南社会科学》2016年第24卷第4期。

［27］ 李珮瑶：《后发现代化进程中的“组织化”与“再组织化”——以单位共同体变迁为中心》，载于《山东社会科学》2020 年第 8 期。

［28］ 李鹏程：《论市场经济作为文化伦理现象》，载于《中国社会科学》1995 年第 5 卷 13 期。

［29］ 李珊珊：《中国情境下伦理型领导对组织公民行为影响研究》，中南大学博士学位论文，2012 年。

［30］ 李伟阳：《基于企业本质的企业社会责任边界研究》，载于《中国工业经济》2010 年第 9 期。

［31］ 李彦龙：《企业社会责任的基本内涵、理论基础和责任边界》，载于《学术交流》2011 年第 2 期。

［32］［爱］理查德·坎蒂隆：《商业性质概论》，余永定、徐寿冠译，商务印书馆 1986 年版。

［33］ 梁漱溟：《梁漱溟全集第三卷》，山东人民出版社 2005 年版。

［34］ 梁燕、李燕萍：《企业高层领导政治能力：概念、整合模型及研究展望》，载于《外国经济与管理》2019 年第 41 期。

［35］ 刘放桐：《新编现代西方哲学》，人民出版社 2000 年版。

［36］ 刘国芳、辛自强：《间接互惠中的声誉机制：印象、名声、标签及其传递》，载于《心理科学进展》2011 年第 19 卷第 2 期。

［37］ 刘小浪等：《关系如何发挥组织理性——本土企业差异化人力资源管理构型的跨案例研究》，载于《南开管理评论》2016 年第 19 卷第 2 期。

［38］ 刘益等：《不同情商水平下领导行为与员工组织承诺关系的实证研究》，载于《南开管理评论》2007 年第 10 卷第 2 期。

［39］［美］Solomon，R C：《伦理与卓越》，上海译文出版社 2006 年版。

［40］ 罗党论、刘璐：《民营上市公司“出身”、政治关系与债务融资》，载于《经济管理》2010 年第 7 期。

[41] [英] 洛克:《政府论》，瞿菊农、叶启芳译，商务印书馆1982年版。

[42] [德] 马克斯·韦伯:《新教伦理与资本主义精神》，彭强、黄晓京译，陕西师范大学出版社2002年版。

[43] 毛基业、李高勇:《案例研究的“术”与“道”的反思——中国企业管理案例与质性研究论坛（2013）综述》，载于《管理世界》2014年第2期。

[44] 毛基业、李晓燕:《理论在案例研究中的作用——中国企业管理案例论坛（2009）综述与范文分析》，载于《管理世界》2010年第2期。

[45] 莫申江等:《由敬畏到人心：组织伦理系统破解员工离职困局的新视角——以山东老家饮食连锁公司为例》，载于《管理世界》2015年第2期。

[46] 莫申江、王重鸣:《国外伦理型领导研究前沿探析》，载于《外国经济与管理》2010年第32卷第2期。

[47] 聂辉华、张雨潇:《分权、集权与政企合谋》，载于《世界经济》2015年第6期。

[48] 彭国翔:《儒家传统：宗教与人文主义之间》，北京大学出版社2007年版。

[49] [美] P. 普拉利:《商业伦理》，洪成文译，中信出版社2002年版。

[50] [美] Einstein, H and Bohr A:《企业伦理学基础》，上海社会科学院2001年版。

[51] [法] 萨伊:《政治经济学概论》，陈福生、陈振骅译，商务印书馆1963年版。

[52] 沈毅:《体制转型背景下的本土组织领导模式变迁——以某国有改制企业的组织“关系”实践为例》，载于《管理世界》2012年第12期。

[53] [德] 施泰因曼，勒尔：《企业伦理学基础》，李兆雄译，上海社会科学院2001年版。

[54] 斯蒂格利茨：《政府为什么干预经济》，中国物资出版社1998年版。

[55] 宋超、陈建成：《"80、90后"新生代员工管理与激励》，载于《人力资源管理》2011年第5期。

[56] 孙海燕：《儒家伦理是利他主义吗——兼与王海明教授商榷》，载于《道德与文明》2014年第4期。

[57] 孙健敏、陆欣欣：《伦理型领导的概念界定与测量》，载于《心理科学进展》2017年第25卷第1期。

[58] 孙隆基：《中国文化的深层结构》，中信出版社2015年版。

[59] [美] 所罗门：《伦理与卓越》，罗汉、黄悦等译，上海译文出版社2006年版。

[60] 陶建宏等：《高阶理论研究综述——基于跨层次整合视角》，载于《科技管理研究》2013年第33卷第10期。

[61] 田虹、张洪利：《企业社会责任义利观的阐释》，载于《社会科学战线》2010年第2卷。

[62] 田涛、吴春波：《下一个倒下的会不会是华为》，中信出版社2017年版。

[63] [英] 托马斯·霍布斯：《利维坦》，商务印书馆1985年版。

[64] [英] R. H. 托尼：《宗教与资本主义的兴起》，赵月瑟译，上海译文出版社2013年版。

[65] 万寿义、刘正阳：《制度背景、公司价值与社会责任成本——来自沪深300指数上市公司的经验证据》，载于《南开管理评论》2013年第16卷第1期。

[66] 王畿：《王龙溪全集》，华文书局股份有限公司1970年版。

[67] 邬爱其、金宝敏：《个人地位、企业发展、社会责任与制度风险：中国民营企业家政治参与动机的研究》，载于《中国工业经济》

2008 年第 7 期。

［68］吴晓波:《影响商业的 50 本书》，浙江大学出版社 2020 年版。

［69］席酉民、韩巍:《中国管理学界的困境和出路：本土化领导研究思考的启示》，载于《西安交通大学学报（社会科学版）》2010 年第 30 卷 2 期。

［70］谢国桢:《明代社会经济史资料选编中册》，福建人民出版社 1980 年版。

［71］薛会娟、杨静:《领导力的整合：Trickle-down 模式下的领导效应》，载于《心理科学进展》2014 年第 22 卷第 3 期。

［72］薛有志:《民营企业多元化战略、政治资源与公司绩效》，载于《商业经济与管理》2010 年第 9 期。

［73］阎俊、常亚平:《西方商业伦理决策理论及模型》，载于《企业文明》2005 年第 3 期。

［74］杨光飞:《关系治理：华人家族企业内部治理的新假设》，载于《经济问题探索》2009 年第 9 期。

［75］［德］伊曼努尔·康德:《道德形而上学》，孙少伟译，九州出版社 2007 年版。

［76］于惊涛、肖贵蓉:《商业伦理：理论与案例（第 2 版）》，清华大学出版社 2016 年版。

［77］余英时:《儒家伦理与商人精神》，广西师范大学出版社 2004 年版。

［78］原理、胡国栋:《儒家自我观与现代组织中的伦理型领导》，载于《学海》2017 年第 6 期。

［79］原理:《基于儒家传统德性观的中国本土伦理领导力研究》，载于《管理学报》2015 年第 12 卷第 1 期。

［80］［美］约瑟夫·熊彼特:《经济分析史》，商务印书馆 2020 年版。

［81］曾春海:《儒商与企业伦理》，载于《湖南大学学报（社会科学版）》2015 年第 2 期。

[82] [美] 詹姆斯·C. 柯林斯、杰里·波拉斯：《基业长青（企业永续经营的准则）》，中信出版社2006年版。

[83] 张笑峰、席酉民：《伦理型领导：起源、维度、作用与启示》，载于《管理学报》2014年第11卷第1期。

[84] 张雄：《市场经济中的非理性世界》，立信会计出版社1995年版。

[85] 张永军等：《伦理型领导研究中的前沿问题：现状与趋势》，载于《中国人力资源开发》2016年第3期。

[86] 张永军、赵国祥：《伦理型领导对员工反生产行为的影响机制：多层次视角》，载于《心理科学进展》2015年第23卷第6期。

[87] 张玉利、谢巍：《改革开放、创业与企业家精神》，载于《南开管理评论》2018年第21卷第5期。

[88] 章发旺、廖建桥：《伦理型领导与伦理问题报告：道德效力与道德认同的作用》，载于《管理评论》2017年第29卷第12期。

[89] 赵汀阳：《天下体系》，中国人民大学出版社1995年版。

[90] 郑伯埙等：《家长式领导的三元模式：中国大陆企业组织的证据》，载于《本土心理学研究》2004年第24卷第2期。

[91] 周黎安：《行政发包制》，载于《社会》2014年第34卷第6期。

[92] 朱苏丽等：《超越工具性交换：中国企业员工——组织类亲情交换关系的理论建构与实证研究》，载于《管理世界》2015年第11期。

[93] 朱学恩：《"隆礼至法"还是"隆礼重法"——荀子政治哲学观探讨》，载于《社会科学家》2009年第3期。

[94] 朱贻庭：《"伦理"与"道德"之辨——关于"再写中国伦理学"的一点思考》，载于《华东师范大学学报（哲学社会科学版）》2018年第50卷第1期。

[95] 左正三《民营企业家的政治参与：一种经济学解释》，载于《中央社会主义学院学报》2017年第208卷第4期。

[96] Aiken L. S. and West S. G. ed al., *Multiple regression: Testing*

and interpreting interactions, Newbury Park, Sage Publications, 1991.

[97] Andrew C. and Carnegie A., The gospel of wealth, *North American Review*, Vol. CXLVIII, 1889.

[98] Treviño L. K. et al., A qualitative investigation of perceived executive ethical leadership: Perceptions from inside and outside the executive Suite, *Human Relations*, Vol. 56 No. 1, 2003, pp. 5 – 37.

[99] Aquino K. and Reed A., The self-importance of moral identity, *Journal of Personality and Social Psychology*, Vol. 83, No. 6, 2002.

[100] Avolio B. J. and Gardner W. L., Authentic leadership development: Getting to the root of positive forms of leadership, *The Leadership Quarterly*, Vol. 16, No. 3, 2005, pp. 315 – 338.

[101] Ayn R., et al., *Shrugged*, New York: Random House, 1957.

[102] Balliet D., et al., Reward, punishment, and cooperation: A meta-analysis, *Psychological Bulletin*, Vol. 137, No. 4, 2011.

[103] Barney G. G., *Basics of grounded theory analysis: Emergence vs. Forcing*, Mill Valley, California: Sociology Press, 1992.

[104] Baron R. M. and Kenny D. A., The moderator-mediator variable distinction in social psychological research: Conceptual, strategic and statistical considerations, *Journal of Personality and Social Psychology*, Vol. 51, No. 6, 1986.

[105] Batkundl S. S., A model of organizational commitment: Instrumental and intrinsic motivation and beyond, *Canadian Journal of Administrative Sciences*, Vol. 10 No. 2, 2009, pp. 154 – 166.

[106] Bereczkei T., et al., Public charity offer as a proximate factor of evolved reputation-building strategy: An experimental analysis of a real-life situation, *Evolution and Human Behavior*, Vol. 28, No. 4, 2007.

[107] Berheim J. B., Reinforcing ethics at work, *The Human Resource Professional*, Vol. 4, No. 2, 1992, pp. 55 – 58.

[108] Biron M., Negative reciprocity and the association between perceived organizational ethical values and organizational deviance, *Human Relations*, Vol. 63, No. 6, 2010, pp. 875 – 897.

[109] Blumentritt T. P., Foreign subsidiaries' government affairs activities: The influence of managers and resources, *Business and Society*, Vol. 42, No. 2, 2003.

[110] Bonner E. T., A conceptual clarification of the experience of awe: an interpretative phenomenological analysis, *The Humanistic Psychologist*, Vol. 39, No. 3, 2011, pp. 222 – 235.

[111] Borman W. C. and Motowidlo S. J., Task performance and contextual performance: The meaning for personnel selection research, *Human Performance*, Vol. 10, No. 2, 1997, pp. 99 – 109.

[112] Bouckenooghe D., et al., How ethical leadership shapes employees' job performance: The mediating roles of goal congruence and psychological capital, *Journal of Business Ethics*, Vol. 129, No. 2, 2015, pp. 1 – 14.

[113] Bowen D. and Ostroff C., Understanding HRM – Firm performance linkages: The role of the "strength" of the HRM system, *Academy of Management Review*, Vol. 29, No. 2, 2004.

[114] Bowen H., et al., *Social Responsibilities of the Businessman*, New York: Harper, 1953.

[115] Brammer S. and Millington A., Corporate reputation and philanthropy: An empirical analysis, *Journal of Business Ethics*, Vol. 61, No. 1, 2005.

[116] Brickson S. L, Organizational identity orientation: The genesis of the role of the firm and distinct forms of social value, *The Academy of Management Review*, Vol. 32, No. 3, 2007.

[117] Brown M. E. and Mitchell M. S., Ethical and unethical leader-

ship: Exploring new avenues for future research, *Business Ethics Quarterly*, Vol. 20, No. 4, 2010, pp. 583 –616.

[118] Brown M. E. and Treviño L. K., Ethical leadership: A review and future directions, *Leadership Quarterly*, Vol. 17, No. 6, 2006, pp. 595 –616.

[119] Brown M. E., Ethical and unethical leadership: Exploring new avenues for future research, *Business Ethics Quarterly*, Vol. 20, No. 4, 2010, pp. 583 –616.

[120] Brown M. E., Treviño L. K. and Harrison D. A., Ethical leadership: A social learning perspective for construct development and testing, *Organizational Behavior and Human Decision Processes*, Vol. 97, No. 2, 2005, pp. 117 –134.

[121] Bruch H. and Walter F., The keys to rethinking corporate philanthropy, *Sloan Management Review*, Vol. 47, No. 1, 2005.

[122] Caldwell C., Organizational governance and ethical systems: A covenantal approach to building trust, *Journal of Business Ethics*, Vol. 58, No. 1, 2005, pp. 249 –259.

[123] Campbell J., et al., *For business ethics: A critical approach*, Florence: Rout ledge, 2005.

[124] Carroll A., A three-dimensional conceptual model of corporate performance, *Academy of Management Review*, Vol. 4, No. 4, 1979.

[125] Carter D. R., et al., Social network approaches to leadership: An integrative conceptual review, *Journal of Applied Psychology*, Vol. 100, No. 3, 2015, pp. 597 –622.

[126] Charmaz K., *Constructing grounded theory: A practical guide through qualitative analysis*, London: SAGE, 2006.

[127] Chen J. C., Patten D. M., et al. (2008), Corporate charitable contributions: A corporate social performance or legitimacy strategy?, *Journal*

of Business Ethics, Vol. 82, pp. 131 – 144.

[128] C. L. R. , M. M. J. , Multidimensionafity of leader-member exchange: An empirical assessment through scale development, *Journal of Management*, Vol. 24, No. 1, 1998, pp. 43 – 72.

[129] Cullen J. B. , et al. , An ethical weather report: Assessing the organization's ethical climate, *Organizational Dynamics*, Vol. 18, No. 2, 1989, pp. 50 – 62.

[130] Dabos G. E. and Rousseau D. M. , Mutuality and reciprocity in the psychological contracts of employees and employers, *Journal of Applied Psychology*, Vol. 89, No. 1, 2004.

[131] Deckop J. R. , et al. , Doing unto others: The reciprocity of helping behavior in organizations, *Journal of Business Ethics*, Vol. 47, No. 2, 2003.

[132] Deconinck J. B. , The influence of ethical climate on marketing employees' job attitudes and behaviors, *Journal of Business Research*, Vol. 63, No. 4, 2010, pp. 384 – 391.

[133] Deluga, R. J. and Perry, J. T. The relationship of subordinate upward influence behavior, satisfaction and perceived superior effectiveness with leader-member exchanges, *Journal of Occupational Psychology*, Vol. 64, No. 3, 1991, pp. 239 – 252.

[134] Domino M. A. , et al. , Social cognitive theory: The antecedents and effects of ethical climate fit on organizational attitudes of corporate accounting professionals——A reflection of client narcissism and fraud attitude risk, *Journal of Business Ethics*, Vol. 26, No. 1, 2014, pp. 1 – 15.

[135] Edwards J. R. and Lambert L. S. , Methods for integrating moderation and mediation: A general analytical framework using moderated path analysis, *Psychological Methods*, Vol. 12, No. 1, 2007.

[136] Eisenhardt K. M. , Building theories from case study research,

Academy of Management Review, Vol. 14, No. 4, 1989, pp. 532 – 550.

[137] Farh J. and B. Cheng, A cultural analysis of paternalistic leadership in Chinese organizations, *management and organizations in the Chinese context*, Springer, 2000, pp. 84 – 127.

[138] Feisch C and Huppenbauer M, New insights into ethical leadership: A qualitative investigation of the experiences of executive ethical leaders, *Journal of Business Ethics*, Vol. 123, No. 1, 2014, pp. 23 – 43.

[139] Fei X. T., Hamilton G. H. and Wang Z., *From the soil: The foundations of Chinese society-a translation of Fei Xiaotong's Xiangtu Zhongguo*, CA: University of California Press, 1992.

[140] Ferrel O. C., F. J. and Ferrell L. ed., *Business ethics: Ethical decision making and cases*, New York: Houghton Mifflin Company, 2008.

[141] Fioravante P. L., Corporate philanthropy and its effect on an organization: A qualitative study. Capella University, 2011.

[142] Fiset J., *The good shepherd: The impact of relational leadership interventionary behavior on workplace ostracism*, Concordia University, 2014.

[143] Fontana A., *The interview: From structured questions to negotiated text*, Sage Publications, 2000.

[144] Gardberg N. A. and Fombrun C. J., Corporate citizenship: creating intangible assets across institutional environments, *The Academy of Management Review*, Vol. 31, No. 2, 2006.

[145] Garfinkel H., et al., *Studies in ethnomethodology*, Englewood Cliffs, NJ: Prentice Hall, 1967.

[146] Gibson J. L., Organizational ethics: No longer the elephant in the room, *Healthc Manage Forum*, Vol. 25, No. 1, 2012, pp. 37 – 43.

[147] Giessner S. R., et al., In the moral eye of the beholder: The interactive effects of leader and follower moral identity on perceptions of ethical leadership and LMX quality, *Frontiers in Psychology*, No. 6, 2015.

[148] Gintis H., et al., Strong reciprocity and the roots of human morality, *Social Justice Research*, Vol. 21, No. 2, 2008.

[149] Glaser B. G., *Theoretical sensitivity*: *Advances in the methodology of grounded theory*, mill valley, California: Sociology Press, 1978.

[150] Godfrey P. C., The relationship between corporate philanthropy and shareholder wealth: A risk management perspective, *Academy of Management Review*, Vol. 30, No. 4, 2005.

[151] Gotsi M. and Wilson A. M., Corporate reputation: Seeking a definition, *Corporate Communications An International Journal*, Vol. 6, No. 1, 2001.

[152] Graebner M. E. and Eisenhardt K. M., Theory building from cases: Opportunities and challenges, *Academy of Management Journal*, Vol. 50, No. 1, 2007, pp. 25 – 32.

[153] Hambrick D. C. and Mason P. A., Upper echelons: The organization as a reflection of its top managers, *Academy of Management Review*, Vol. 9, No. 2, 1984.

[154] Hang, KK, Chinese models of conflict resolution, *Foundations of Chinese Psychology*, Vol. 1, 2012.

[155] Hannah S. T. and Bruce J. A., Moral potency: Building the capacity for character-based leadership, *Consulting Psychology Journal*, Vol. 62, No. 4, 2010.

[156] Han T. S., Chiang H. H. and Mcconville D., et al., A longitudinal investigation of person-organization fit, person-job fit, and contextual performance: The mediating role of psychological ownership, *Human Performance*, Vol. 28, No. 5, 2015, pp. 425 – 439.

[157] Hartmann D. J., et al., Coding ethical decision-making in research, *Science and Engineering Ethics*, Vol. 23, No. 1, 2017.

[158] Haselhuhn M. P. and Mellers B. A., Emotions and cooperation

in economic games, *Cognitive Brain Research*, Vol. 23, No. 1, 2005.

[159] Hoseliz B. F., The early history of entrepreneurial theory, *Exploration*, Vol. 3, No. 4, 1951.

[160] House R. J., et al (eds.), *Culture, leadership, and organizations: The GLOBE study of* 62 *societies*, 2004.

[161] Jean - François, L. G. and Régis, F., Altruism and cooperation. University of Newcastle Upon Tyne, 2009.

[162] J. M. Logsdon, Wood D. J., Global business citizenship and voluntary codes of ethical conduct, *Journal of Business Ethics*, Vol. 59, No. 1, 2005.

[163] Jones T. M., Ethical decision making by individual in organizations: An issue-contingent model, *The Academy of Management Review*, Vol. 16, No. 2, 1991.

[164] Kaptein M., The moral entrepreneur: A new component of ethical leadership, *Journal of Business Ethics*, Vol. 156, No. 4, 2017.

[165] Kaya Ç. and Başkaya R., The roles of organizational and ethical climate on individual performance of employees, *Business Management Dynamics*, Vol. 5, No. 8, 2016, pp. 27 – 38.

[166] Kelman S. and Sounman H., "Hard", "Soft" or "Tough Love" management: What promotes successful performance in a cross-organizational collaboration, *International Public Management Journal*, Vol. 19, No. 2, 2015, pp. 141 – 170.

[167] Khan M. R., Jam F. A. and Ramay M. I., The impacts of organizational commitment on employee job performance, *European Journal of Social Sciences*, Vol. 15, No. 3, 2010, pp. 292 – 298.

[168] Kirzner I. M., et al., *The meaning of market process: Essays in the development of modern Austrian economics*, New York: Routledge, 1992.

[169] Knight R. F. H, et al., *Uncertainty and profit*, New York:

Houghton Mifflin Company, 1921.

[170] K. Y. R. , *Case study research: Design and methods*, CA: Sage Publications Inc, 2008.

[171] Lavine M. , Paradoxical leadership and the competing values framework, *The Journal of Applied Behavioral Science*, Vol. 50, No. 2, 2014, pp. 189 –205.

[172] Levine J. and Butler J. , Lecture vs. Group decision in changing behavior, *Journal of Applied Psychology*, Vol. 36, No. 1, 1952.

[173] Lieberman M D, Gaunt R, Gilbert D T, et al. Reflexion and reflection: A social cognitive neuroscience approach to attributional inference, *Advances in Experimental Social Psychology*, 2002, 34: 199 –249.

[174] Li H. Y. and Zhang Y. , The role of managers' political networking and functional experience in new venture performance: Evidence from china's transition economy, *Strategic Manage Journal*, Vol. 28, No. 8, 2007.

[175] Lin N, Capitalism in China: A centrally managed capitalism (CMC) and its future, *Management and Organization Review*, No. 7, 2011, pp. 63 –96.

[176] Lin Y. , et al. , *The wisdom of confucius*, New York: Random House, 1938.

[177] Lin Y. , *The wisdom of Confucius*, New York: Random House, 1938.

[178] Litz, B T, et al. , Moral injury and moral repair in war veterans: A preliminary model and intervention strategy, *Clinical Psychology Review*, Vol. 29, No. 8, 2009.

[179] Liu J. , Kwan H. K. and Fu P. P, et al. , Ethical leadership and job performance in China: The roles of workplace friendships and traditionality, *Journal of Occupational & Organizational Psychology*, Vol. 86, No. 4, 2013, pp. 564 –584.

[180] Li X. H. and Liang X. Y. , A confucian social model of political appointments among Chinese private-firm entrepreneurs, *Academy of Management Journal*, Vol. 58, No. 2, 2015.

[181] Li X. , Liang X. , A confucian social model of political appointments among Chinese private-firm entrepreneurs, *Academy of Management Journal*, Vol. 58, No. 2, 2015, pp. 592 –617.

[182] Lynn M. , et al. , Social and economic exchange: construct development and validation, *Journal of Applied Social Psychology*, Vol. 36, No. 4, 2006, pp. 837 –867.

[183] Maas K. and Liket K. , Talk the walk: Measuring the impact of strategic philanthropy, *Journal of Business Ethics*, Vol. 100, No. 3, 2011.

[184] Mael F. and Ashforth B. E. , Alumni and their alma mater: A partial test of the reformulated model of organizational identification, *Journal of Organizational Behavior*, Vol. 13, No. 2, 1992.

[185] Mathias B. D. , et al. , After the harvest: A stewardship perspective on entrepreneurship and philanthropy, *Journal of Business Venturing*, Vol. 32, No. 4, 2017.

[186] Mayer D. M. , et al. , Examining the link between ethical leadership and employee misconduct: The mediating role of ethical climate, *Journal of Business Ethics*, Vol. 95, No. 1, 2010, pp. 7 –16.

[187] Mayer D. M. , How low does ethical leadership flow? Test of a trickle-down model, *Organizational Behavior and Human Decision Processes*, Vol. 108, No. 1, 2009, pp. 1 –13.

[188] Mcleod M. S. , et al. , Methods and Analytical E. , Organizational ethics research: A systematic review of techniques, *Journal of Business Ethics*, Vol. 134, No. 3, 2016, pp. 1 –15.

[189] M. E. K. , Building theories from case study research, *Academy of Management Review*, Vol. 14, No. 4, 1989, pp. 532 –550.

[190] Meyer J. P. and Allen N. J. , A three conceptualisation of organizational commitment, *Human Resource Management Review*, Vol. 1, No. 1, 1991, pp. 61 –98.

[191] Milton L. P. and Westphal J. D. , Identity confirmation networks and cooperation in work groups, *Academy of Management Journal*, Vol. 48, No. 2, 2005.

[192] Mises L. , et al. , *Human action*: *A treatise on economics*, *New Haven*, CT: Yale University, 1949.

[193] Moreton, et al. *to serve God and Wal – Mart*: *The making of Christian free enterprise*, Cambridge, MA: Harvard University Press, 2009.

[194] Ogunfowora B. , The impact of ethical leadership within the recruitment context: The roles of organizational reputation, applicant personality, and value congruence, *Leadership Quarterly*, Vol. 25, No. 3, 2014, pp. 528 –543.

[195] Oldham G. R. and Cummings A. , Employee creativity: Personal and contextual factors at work, *Academy of Management Journal*, Vol. 39, No. 3, 1996.

[196] Park C. H. , et al. , The impact of ethical leadership on employees' in-role performance: The mediating effect of employees' psychological ownership, *Human Resource Development Quarterly*, Vol. 26, No. 4, 2015, pp. 385 –408.

[197] Paulhus D. L. , *Socially desirable responding*: *The evolution of a construct*, IEEE Hot Interconnects, 2002.

[198] Quinn H. , Roles executives play: CEOs, behavioral complexity, and firm performance, *Human Relations*, Vol. 46, No. 5, 1993.

[199] Quinn R. E. and Cameron, K. S. , *Diagnosing and Changing Organizational Culture*: *Based on the Competing Values Framework*, San Francisco: Jossey – Bass, 2011.

[200] Rafiei M., et al., Studying the impact of the organizational commitment on the job performance, *Management Science Letters*, Vol. 4, No. 8, 2014, pp. 1841 – 1848.

[201] Rahim M. A., A measure of styles of handling interpersonal conflict, *Academy of Management Journal*, Vol. 26, No. 2, 1983.

[202] Redding, S. G., *The spirit of Chinese capitalism*, Berlin: Walter de Gruyte, 1990.

[203] Resick C. J., et al., A cross-cultural examination of the endorsement of ethical leadership, *Journal of Business Ethics*, Vol. 63, No. 4, 2006.

[204] Resick C. J., et al., The bright-side and the dark-side of CEO personality: Examining core self evaluations, narcissism, transformational leadership, and strategic influence, *Journal of Applied Psychology*, Vol. 94, No. 6, 2009.

[205] Reynolds S. J., A neurocognitive model of the ethical decision-making process: Implications for study and practice, *Journal of Applied Psychology*, Vol. 91, No. 4, 2006.

[206] R. H. T., *Research in organizations: Foundations and methods in inquiry-scale development principles and practices*, San Francisco, CA, US: Berrett – Koehler Publishers, 2005.

[207] Romano A. and Balliet D., Reciprocity outperforms conformity to promote cooperation, *Psychological Science*, Vol. 28, No. 10, 2017.

[208] Rosnan H., et al., Attitudes towards corporate social responsibility among budding Business's Leaders, *Social and Behavioral Sciences*, No. 107, 2013.

[209] Schatzki T R, et al., *The practice turn in contemporary theory*, New York: Routledge, 2001.

[210] Schaubroeck J. M., Embedding ethical leadership within and

across organization levels, *Academy of Management Journal*, Vol. 55, No. 5, 2012, pp. 1053 – 1078.

[211] Schumpeter J. A., The creative response in economic history, *The Journal of Economic History*, Vol. 7, No. 2, 1947.

[212] Sendjaya S. and Cooper B., Servant leadership behaviour scale: A hierarchical model and test of construct validity, *European Journal of Work and Organizational*, Vol. 20, No. 3, 2011, pp. 416 – 436.

[213] Sepp K. I., From 'Shock and Awe' to 'Hearts and Minds': The fall and rise of us counterinsurgency capability in iraq, *Third World Quarterly*, Vol. 28, No. 2, 2007, pp. 217 – 230.

[214] Siggelkow N., Persuasion with case studies, *Academy of Management Journal*, Vol. 50, No. 1, 2007, pp. 20 – 24.

[215] Silin R. H., Leadership and values: The organizational of large-scale Taiwanese enterprises, Harvard University, 1976.

[216] Smith A., et al., *The theory of moral sentiments*, New York: Prometheus Books, 1759.

[217] Smith A., et al., *The wealth of nations*, London: Dent & Sons, 1776.

[218] Solomon R. C., *Ethics and excellence: Cooperation and integrity in business*, New York: Oxford University Press, 1993.

[219] Sonenshein S., The role of construction, intuition, and justification in responding to ethical issues at work: The sensemaking-intuition model, *Academy of Management Review*, Vol. 32, No. 4, 2007.

[220] Stamper C. L., et al., Typology of organizational membership: Understanding different membership relationships through the lens of social exchange, *Management and Organization Review*, Vol. 5, No. 3, 2009, pp. 303 – 328.

[221] Stenmark C. K. and Mumford M. D., Situational impacts on lead-

er ethical decision-making, *Leadership Quarterly*, Vol. 22, No. 5, 2011.

[222] Stouten J. , Can a leader be seen as too ethical? The curvilinear effects of ethical leadership, *Leadership Quarterly*, Vol. 24, No. 5, 2013, pp. 680 – 695.

[223] Student Z. L. M. and Mohtashami J. , Relationship between ethical leadership and organisational commitment of nurses with perception of patient safety culture, *Journal of Nursing Management*, Vol. 26, No. 5, 2018, pp. 726 – 734.

[224] Thompson K. J. , Thach E. C. and Morelli M. , Implementing ethical leadership: Current challenges and solutions, *Insights to a Changing World Journal*, No. 4, 2010, pp. 107 – 116.

[225] Tjosvold D. , Cooperative and competitive dynamics within and between organizational units, *Human Relations*, Vol. 41, No. 6, 1988.

[226] Treviño L. K. , et al. , A qualitative investigation of perceived executive ethical leadership: Perceptions from inside and outside the executive Suite, *Human Relations*, Vol. 56 No. 1, 2003, pp. 5 – 37.

[227] Treviño L. K. , et al. , Moral person and moral manager: How executives develop a reputation for ethical leadership, *California Management Review*, Vol. 42, No. 4, 2000, pp. 128 – 142.

[228] Treviño L. K. , et al. , The ethical context in organizations: influence on employee attitudes and behaviors, *Business Ethics Quarterly*, Vol. 8, No. 3, 1988, pp. 447 – 476.

[229] Uhl – Bien M. , Complexity leadership theory: Shifting leadership from the industrial age to the knowledge era, *The Leadership Quarterly*, Vol. 18, No. 4, 2011, pp. 298 – 318.

[230] Uhl – Bien, M, "Complexity leadership theory: Shifting leadership from the industrial age to the knowledge era", *The Leadership Quarterly*, Vol. 18, No. 4, 2011.

[231] Velazquez, M. G. , et al. , *Business ethics*: *Concepts and cases*, *Pearson Education Inc*, 2005.

[232] Voegtlin C. , et al. , Neuroscience research and ethical leadership, *Ssrn Electronic Journal*, No. 3, 2010.

[233] Walumbwa F. O. , Leader personality traits and employee voice behavior mediating roles of ethical leadership and work group psychological safety, *Journal of Applied Psychology*, Vol. 94, No. 5, 2009, pp. 75 –86.

[234] Wang H. L. and Qian C. L. , Corporate philanthropy and corporate financial performance: The roles of stakeholder response and political access, *Academy of Managent Journal*, Vol. 54, No. 6, 2011.

[235] Wang J. and Coffey B. S. , Board composition and corporate philanthropy, *Journal of Business Ethics*, Vol. 11, No. 10, 1992.

[236] Weber J. M. , et al. , A conceptual review of decision making in social dilemmas: Applying a logic of appropriateness, *Personality and Social Psychology Review*, Vol. 8, No. 3, 2004.

[237] Werbel J. D. and Carter S. M. , The CEOs' influence on corporate foundation giving, *Journal of Business Ethics*, Vol. 40, No. 1, 2002.

[238] Westwood F. , Leadership and communication. *British Journal of Perioperative Nursing*, Vol. 11, No. 4, 2001.

[239] White L. P. and Lam L. W. , A proposed infrastructural model for the establishment of organizational ethical systems, *Journal of Business Ethics*, Vol. 28, No. 1, 2000, pp. 35 –42.

[240] White M D. Examining Dynamic Leadership: A Mixed Methods Analysis of Organizational Effectiveness, *Business Psychology*, 2016.

[241] Whittington R. , Completing the practice turn in strategy research, *Organization Studies*, No. 27, 2006, pp. 613 –634.

[242] Working hard to make a difference? Efficiency wages, public service motivation and effort, *Review of Public Personnel Administration*,

Vol. 31, No. 1, 2011, pp. 67 – 86.

[243] Wu J. B., et al., The norm of reciprocity: Scale development and validation in the chinese context, *Management and Organization Review*, Vol. 3, No. 2, 2006.

[244] Yalabik Z. Y., et al., Work engagement as a mediator between employee attitudes and outcomes, *International Journal of Human Resource Management*, Vol. 24, No. 14, 2013, pp. 2799 – 2823.

[245] Yasuda N. and Mitsuhashi H., Learning from political change and the development of MNCs' political capabilities: Evidence from the global mining industry, *Management International Review*, Vol. 57, No. 5, 2017.

[246] Yin R. K., *Case study research: design and methods* ed., Los Angeles, California: Sage Publications, 2014.

[247] Zhang X., Li N., Brad Harris T., Putting non-work ties to work: The case of guanxi in supervisor-subordinate relationships, *The Leadership Quarterly*, Vol. 26, No. 1, 2015.

[248] Zhang Y., et al, Paradoxical leader behaviors in people management: Antecedents and consequences, *Academy of Management Journal*, Vol. 58, No. 2, 2015, pp. 538 – 566.